看透财富的商人

卡内基自传

Andrew Carnegie

〔美〕安德鲁·卡内基◎著 予 涵◎编译

远方出版社

图书在版编目(CIP)数据

看透财富的商人：卡内基自传 / (美) 卡内基著；予涵编译. --呼和浩特：远方出版社,2017.12（2020.6重印）

ISBN 978-7-5555-0955-4

Ⅰ.①看… Ⅱ.①卡…②予… Ⅲ.①卡内基(Carnegie, Andrew 1835-1919)-自传 Ⅳ.①K837.125.38

中国版本图书馆 CIP 数据核字(2017)第 304035 号

看透财富的商人：卡内基自传

KANTOU CAIFU DE SHANGREN KANEIJI ZIZHUAN

作　　者　卡内基
编　　译　予　涵
责任编辑　云高娃　武舒波
责任校对　云高娃　武舒波
封面设计　胡椒书衣
版式设计　王志利
出版发行　远方出版社
社　　址　呼和浩特市乌兰察布东路 666 号　邮编 010010
电　　话　(0471)2236471 总编室　2236460 发行部
经　　销　新华书店
印　　刷　北京市艺辉印刷有限公司
开　　本　145mm×210mm　1/32
字　　数　210 千
印　　张　9.5
版　　次　2017 年 12 月第 1 版
印　　次　2020 年 6 月第 3 次印刷
标准书号　ISBN 978-7-5555-0955-4
定　　价　38.00 元

编者说

身为一名编辑，不应该质问和阻挠他人讲述一个人一生的经历，尤其是讲述他本人的经历。这样的人生传记应该由作者用他独特的方式表述出来，在他讲述过程中所表现出来的热情和兴奋理应作为传记的一部分，这是因为人的真实本性正是从他的夸张表述中反映出来的，而在现实生活中，作者那桀骜不驯的个性往往被个人修养遮掩住。所以，编辑在整理这部自传时，为了使叙述的内容显得更连续、流畅，只是将章节按照时间和事件发生的顺序进行了调整，在内容上并没有进行大的改动。

作者是一位伟大的人，他创造了一段非同寻常的辉煌历史，我们也许不适合对他妄加评论，哪怕是赞扬。但是，可以肯定的是，这位作者的一生是曲折的、离奇的、精彩的，就算是《天方夜谭》里的故事无法匹敌：一个来自苏格兰的穷小子在美国摸爬滚打，历经磨难和坎坷，一步一步建造起自己的规模宏大的企业王国，蜕变成“钢铁大王”，创造了巨大的财富。后来，为了人类的文明和进步，他又主动地、有计划地捐献出自己的全部财产。不仅如此，他创立的财富准则在财产分配上为后世的百万富翁们做出了表率，令世人永生难忘，不容忽视。他这一生辉煌无比，他不仅是国家的建设者，思想的领导者、作家、演讲家，还是工人、学生、政治家的朋友，更是上至贵族，下至平民的同盟者。但是，这些比起他伟大的理想追求——捐赠自己的财产、追求世界和平、关爱人类——只是一些有意思的小插曲罢了。

我们作为与作者同时代的人，也许无法恰当地看待他的人生经历，不过我们的后代应该可以真正认识到这部自传的价值。卡内基先生用明快的语言风格记录了自己的故事，让我们有幸了解他的一生。这部回忆录值得每一个人保存、纪念，阅读了它，其他类似的回忆录也许再也无法吸引住我们。

约翰·C. 戴克

1920 年 8 月于纽约

序 言

我的丈夫退出商界后，美国及英国的一些好朋友都建议他写写自己的早年经历，他经不住朋友的再三恳求，便开始抽时间写了起来。可是没过多久，他便发现自己在苏格兰的悠闲假日全用在了撰写回忆录上，这让他的生活变得更加忙碌了，他一心期盼的退休生活根本没有想象的那么清闲。我们每年夏天都会在奥尔特纳加郊外的小平房里待上一段时间，卡内基先生自传的大部分也是在那里写的。他一边回忆一边记录自己的早年往事，很是开心，他说，他好像又经历了一次早年的生活。然而，1914 年 7 月，天空中开始凝聚起战争的乌云，8 月 4 日，我们知道战争已经无法避免，于是便匆匆离开这个幽静的住所，回到了斯基伯。因为在斯基伯，我们能够更为详细地了解到现实情况。

他的回忆录不得不停了下来，他的心思也不再花费在自己的私人事务上。在那个时候，他还生活得像个中年人，甚至是年轻人，有时去打高尔夫球，有时去钓鱼，有时去游泳，有时索性一天内完成这三件事。他多次企图继续写作，但最后都没能写成。当时战争四起，灾难重重，但他是一个相当乐观的人，即使面临希望破灭，他也努力表现出快乐的样子。然而，他的心还是破碎了，他遭遇了一次严重的感冒，后来又两度患上肺炎，在病痛的折磨下，他突然变得苍老了。

一位与卡内基先生同时代的人——比卡内基先生早去世了几个月——对卡内基评价说："衰老从来没有在他身上出现过。"事实上，卡内基先生最令人震撼的就是他承受衰老的勇气和方法，对于这一点，那些与他交往甚密的人都知道。他细心、体贴，人们都喜欢他；对他人给予的快乐和帮助，他充满感激，哪怕是一丁点儿的帮助；他从来不考虑自己，而是一直心存希望：日子会越来越好的。他一直精神饱满，直到上帝将他带走，他的精神将一直鼓舞我们奋勇向前、乐观生活。

在手稿的扉页上，卡内基先生写了这样一段话："这部回忆录，我认为大部分内容应该删去，困为或许只有一小部分能吸引大众读者，而大部分内容可能只会引起我的亲戚、朋友的兴趣。不管是谁帮我整理这些书稿，都要注意切不可给读者带去太多的负担。务必要挑选一个热情而睿智的人来完成这件事。"

谁能担当此任呢？我们的朋友约翰·C. 戴克教授是不二人选。戴克教授只是看到手稿，还没阅读到卡内基先生的批注时就极为肯定地说："我要满怀爱心地去整理这部手稿并将它出版。"这个选择是双向的，更是一个基于珍贵而美好的友谊的明智选择，教授的工作态度充分证明了这一点。

露易丝·惠特菲尔德·卡内基

1920 年 4 月 16 日于纽约

目 录

Contents

第一章　我的童年生活

一位圣贤说："任何人的人生经历，只要是其真实生活的展现，都会给人带来愉悦。"如果这句话说的是实情的话，那么我的这篇回忆录或许不会让那些对我有所了解的亲戚朋友太失望，至少会引起一部分知道我的人的兴趣，对此我还是有些自信的。我也正是在这个信念的支持下写这部回忆录的。

梅隆法官的自传充分验证了这位圣贤的观点。梅隆先生是我在匹兹堡的一个朋友，几年前曾真实地记录过自己的故事。当然，梅隆先生的故事给朋友们带来了无限乐趣，而且会世代相传，对后代子孙产生影响。不仅如此，这本书也倍受诸多不了解他的人的喜爱。这本书向我们展示了一个人的真实情况，这是它的最大价值。这本书只是为家人而写，并不是想引起众人的关注。我也不想作为一个公众人物来讲述我的故事，只想作为一个与家人、朋友亲密相处的人，随意地叙述自己的一生。我相信，他们会对我的故事感兴趣的，哪怕是最琐碎的事情。

1835 年 11 月 25 日，在苏格兰丹佛姆林市的一所小平房的阁楼里诞生了一个男婴，那就是我——与祖父同名的安德鲁·卡内基。我家的房子位于摩迪街和普奥里街的拐角处。正如人们常说的那样："我的父亲穷困而老实，我的亲戚都是好人。"我的家庭背景正验证了这句至理名言。很久以来，丹佛姆林就是苏格兰著名的织布贸易中心。我的父亲威廉·卡内基当初就是一名织布工人。

当时，我的祖父不仅是激进派的领袖，而且是"帕提梅尔学院"——一个快乐社团——的负责人，在当地大小算个名人。他睿智风趣，平易近人，而且意志坚定，热情洋溢。当我时隔14年后再次回到丹佛姆林时，一个老人听说我是"教授"（我祖父的挚友们送给他的称号）的孙子后便来看我。这位老人看上去很老了，鼻子和下鄂都明显地表现出了老态。

他颤颤巍巍地走到我跟前，伸出颤抖的手抚摸着我的头说："你就是安德鲁·卡内基的孙子？天啊，跟你爷爷太像了。"

我在丹佛姆林从一些老人那里听到了很多关于祖父的故事，下面就是一个。有一年除夕，村子里的一家窗户外突然出现了一个鬼脸，让这家的个性十足的老太太大吃一惊，她仔细看了看，大叫道："天啊，是安德鲁·卡内基，该死的家伙！"对，这就是我的祖父，他经常打扮成喜欢戏闹的年轻人，去吓唬他的老朋友，尤其是女性朋友，尽管当时他已经75岁了。

我觉得自己就是从祖父那里继承了乐观的性格，以及可以忘却烦恼、笑看人生的能力，还有朋友们所说的可以把丑小鸭变成白天鹅的本事。我觉得无比骄傲，因为我与他同名。在我看来，与财富相比，开朗的性格更有意义，性格可以后天培养，一个人的思想也可以沐浴在阳光之下，就跟身体一样。所以，年轻人要时刻注意培养自己乐观的性格，它远比拥有财富更重要。假如我们能够具备一点点哲人的思想，并且不会因为犯下一点错误便不停地责备自己，那么我们就能始终保持微笑，不会被烦恼所纠缠。伯恩斯说："世上最可怕的事情就是自责。"这是一项重要的生活原则，它深深地影响着我的人生，比任何其他的说教都管用。我的老朋友贝利·沃克和我的看法一样。当被医生问及睡眠状况时，他回答说令人很失望，他根本睡不着，然后他又眨了眨眼睛说："不过我在教堂里倒能舒服地眯一会儿。"

我的外祖父托马斯·莫里森更加有名，他和《政治评论》的撰稿人威廉·古伯特是朋友，他们经常通信。丹佛姆林一位了解我外祖父的老人称赞他是一位出色的演说家，而且能力超群。我的外祖父曾经是《先驱报》的出版商，当时《先驱报》被民众视为最活跃的一份报纸，尽管它与古伯特的《政治评论》相比只是一份小报刊。他在很多文章中论述了技术教育的重要性，我读过不少相关作品。我认为其中最有价值的是70多年前出版的一本小册子，名叫《心智教育与手工教育》。我的外祖父比较注重手工教育，在小册子的结尾处，他这样写道："年轻的时候我学会了制鞋、修鞋，感谢上帝！"1833年，这句话被古伯特放进《政治评论》中出版了，作为一名编辑，他评论说："我与尊敬的朋友、苏格兰记者托马斯·莫里森的通信是最有价值的通信之一，这些书信在《政治评论》中刊登过。"由此可见，我的写作能力应该是继承自父母双方的两个家族。

我的外祖父莫里森是一位热心的政治家、天生的演说家。他在当地担任激进派的领导人，后来他的儿子，即我的舅舅贝利·莫里森继任了这个位置。在美国，很多知名人士为了与“托马斯·莫里森的外孙”握握手而来看望我。克利夫兰和匹兹堡铁路公司总裁法默先生有一次对我说：“我所有的学问和修养都受你外祖父的影响。”著名的丹佛姆林历史研究家埃比尼泽·亨德森曾宣称：他小时候正是因为受到过我外祖父的帮助，才有了后来的成就。

这些赞美之词使我对生活有了更高的追求。但是我认为，格拉斯哥一家报社记者所说的话是其中最能触动我心弦的。他曾听过我在圣安德鲁大礼堂做的关于美国地方自治的演讲，写过很多关于我本人及家族，特别是关于我外祖父的报道，他说：“站在演讲台上的托马斯·莫里森的外孙与从前的托马斯·莫里森多么像啊，不管是举动还是外表都一模一样，这一发现着实令我吃惊不已。”

我 27 岁那年回丹佛姆林的情形让我确信一点，那就是我跟外祖父长得极其相似，尽管我已经记不清自己是否见过他。当时我的舅舅贝利·莫里森和我坐在一起，黑亮的大眼睛里盈满了泪水。他一句话也说不出来，控制不住内心的悲痛跑了出去。好大一会儿他才回到房间，并对我说，他似乎从我身上看到了他父亲当年的样子。他说不清具体的模样，只是有那种感觉。母亲也经常说，我外祖父的某些特征在我身上若隐若现。基因是多么微妙啊，姿态这种非生理的东西竟然也能够遗传，这实在令我太震撼了！

我的外祖父与爱丁堡一位颇有地位的女子霍奇小姐结了

婚。霍奇小姐受过良好的教育，举止优雅，遗憾的是，她在孩子还很小的时候就去世了。当时外祖父在丹佛姆林做皮革生意，经济条件还不错。然而，他在滑铁卢战争后破产了，只有他的长子、我的贝利舅舅的童年是在优越的条件下度过的，他当时甚至有小马骑；而其他几个小一点的孩子只能在困苦不堪的环境中成长。

二女儿玛格丽特是我的母亲，关于她，我感觉难于言尽。她继承了她母亲的高贵、优雅，有修养。我对她的感觉只有两个字——“神圣”，或许某一天我可以将她的一些事情写下来，但并不确定可以完整地描绘出她的形象。在这个世界上，我可能是唯一懂她的人。我的父亲去世后，她便完全属于我了。对此我在我的第一本书中作了说明——献给我的母亲，我最爱的巾帼英雄。

出生在这样一个了不起的家庭，是我的幸运。不同的环境和传统将深深影响着孩子的一生，所以出生地对于一个人来说也是极其重要的。艺术评论家罗斯金认为，爱丁堡的城堡影响着每一个聪慧的男孩。同样，丹佛姆林的大教堂影响着这里的每一个孩子。苏格兰的威斯敏斯特大教堂是马尔科姆·坎摩尔国王和他的王后玛格丽特——苏格兰的守护神——于 11 世纪（1070 年）修建的。现在大教堂和历代国王出生的宫殿遗址还在，与它们同在的还有皮坦克里夫峡谷、玛格丽特王后的神龛，以及国王马尔科姆国王之塔的遗址。有一首名叫《帕特里克·斯彭斯先生》的古老歌谣这样唱道：

丹佛姆林塔上，国王正襟端坐，

酣畅地饮用着血红色的葡萄佳酿。

在阿比大教堂的中心，布鲁斯国王的陵墓与圣·玛格丽特王后的陵墓比肩矗立，它们的四周环绕着诸多皇亲国戚的陵墓。出生在这里的孩子何其幸运，睁开眼就能感受到这个城市的浪漫与神秘。这座城市位于福思湾向北三英里的高地上，站在城里可以俯视大海，向南可以遥望爱丁堡，向北可以看到奥奇丽山峰。这一切都让人不由自主地想起丹佛姆林当初作为苏格兰首都和宗教中心的辉煌。

能在这样的环境中成长是非常幸运的，这里的孩子不仅受到诗意和浪漫的滋养，还受到历史和传统的熏陶，这一切构成了孩子们的童真世界，但愿这一真实世界能够永远存在。哪怕在后来面对残酷的现实生活时，这种真实也依然存在；哪怕到了生命的终点，早年的这些印象也不会因时间的推移而消失。即使偶尔消失也是瞬间即回，不时地出来施加影响，提升他的思想，丰富他的生活。在丹佛姆林，每一个聪明的孩子都受到大教堂、宫殿和峡谷的影响。它们无时无刻不影响着这里的孩子，点燃他潜在的火花，让他成为一个与众不同的人，让他超脱不如意的出身，达到更高的境界。我的父母也成长于这样鼓舞人心的环境中，所以他们的身上彰显出强烈的浪漫和诗意气息，对此我深信不疑。

父亲的织布生意获得成功后，我们从摩迪街搬到了里德公园一座普通的旧式苏格兰房子里。这座房子相对宽敞一些，父亲的四五台织布机放在楼下一层，我们住在上面一层。每次上楼，必须通过房子外面的楼梯。我最早的记忆正是从这里开始的，而且我在这里的第一个记忆是，有一天我看见了一幅小型的美国地图，感到十分惊奇！小地图用卷轴卷着，大约两平方英尺的样子。当时，父亲、母亲、威廉姨父和艾特肯姨妈正围着它寻找匹兹堡，他们指出了伊利湖和尼亚加拉河。不久，姨父和姨妈就坐船去了那个充满希望的地方。

我记得当时我家的阁楼上藏着一面非法旗帜，我和表哥乔治·劳德（小名叫多德）为此十分恐惧。我觉得那面旗帜很可能是父亲，或姨父，或者家中其他的激进分子为了反对《谷物法》而制作的，他们要拿着它去示威游行。当时城里发生了多次骚乱，骑兵部队已经进驻市政大厅。祖父、外祖父和叔叔、舅舅们分成了彼此敌对的两个派别，而我的父亲则奔波于各大集会进行演讲。整个家庭动荡不安。

我清楚地记得，有一天晚上，有几个人用力地敲击我家的后窗，告诉我的父母，我的舅舅因为非法集会而被关进了监狱。舅舅集会的地点离城里有好几英里①，治安官带着士兵逮捕了他，当晚又将他送进了城里。大批围观群众跟着他们。后来我们了解到，老百姓为了营救舅舅曾恐吓政府。由于担心事态变得难以控制，引发更大的麻烦，镇长让舅舅到临街的窗前劝群众离开。舅舅答应了。他对群众说："如果大家今天晚上做的是正确的事情，就请你们放下武器吧。"大家都照他的话做了。过了一会儿，舅舅又说："现在请大家平静地离开吧。"我的舅舅是个有精神感染力的守法公民，但骨子里也十分激

---

① 英里：英制的长度单位，1 英里 =1.609344 公里。

进，同时对美国极其向往，如同我们家庭里所有的成员一样。

可以想象，这些私下里口口相传的话语将深深地触动我们的内心。我对当时的一些话题非常感兴趣，比如谴责国王和贵族政府，指责各种政权，颂扬共和国体制的壮美、美国的优越性、一块养育我们同胞的土地、一个自由平等的家园等。作为一个孩子，我也想杀死国王、公爵和贵族。我认为杀死他们是一种勇敢的行为，对国家是有利的。

一直以来，我非常崇拜那些并非通过捷径取得成就的阶级或个人，这也是童年经历带给我的影响。我一向看不起那些只有高贵的出身，而自己没有多大出息的人。“他什么也做不了，只不过恰好出生在一个好家庭而已，没什么了不起的；他们家族真正有出息的人已经埋在泥土里了，就像土豆一样。”这些人生来就享有特权，而任何人都不应该一出生就享受特权。

长期以来，丹佛姆林的盛名很大程度上是因为它的激进思想，尽管它的佩斯利涡纹旋花呢也很出名。我认识不少丹佛姆林拥有自己的织布机的手工业者，他们按工作量多少来拿工资，而不是按时间。他们通常从大的制造商手中接活，然后拿回家进行纺织。

当时人人都怀有强烈的政治热情。每天午饭后，城里随处可见系着围裙的男人，三五成群地聚在一起议论国家大事，他们常常提起休姆、科布登、布赖特等名字。我当时年龄还小，但对他们的话题却颇感兴趣，因此成了他们的忠实听众。所有人都认为有必要进行一场变革。人们经常组织集会，还订阅了伦敦的报纸，每天晚上一起看报纸上的最新评论文章，有趣的是，很多传教士也来认真听讲，我的舅舅贝利·莫里森经常负责给大家读报，他读完后就跟大家一起讨论，气氛非常热烈。

城镇里时常举行这样的政治集会。我和家里其他人一样，对集会很感兴趣，经常去参加。我的父亲和叔叔不时会在集会上发表演讲。我对其中一天晚上的集会至今仍记忆犹新，那天我挤进一个户外大型集会的听众之中，突然听到一阵热烈的叫好声，当时台上演讲的是我的父亲，这让我感到十分激动。当我身边的那个人得知发言的人是我的父亲时，他竟然让我坐到他的肩上去。

这样的生活环境使我逐渐成长为一名笃定坚忍的小共和主义者，树立了“为公民权利奋斗终身”的信仰。至于父亲所熟知的公民权，当时的我并不清楚。

那时在姨父劳德身上发生了一件特别精彩的事情，这个故事与丹佛姆林议会代表约翰·布赖特的朋友 J. B. 史密斯有关。姨父是委员会的成员，在史密斯的“神教徒”身份公开以前，一切都很顺利。“你们愿意支持这位神教徒吗?”主持投票的人问。会场里鸦雀无声。一个铁匠（卡耐·希尔村的史密斯委员会领袖）表示自己绝对不会将选票投给他。姨父不同意他的看法，便赶着马车去找他，两人在村里的一个酒馆里见了面。

铁匠说：“先生，我坚决不投票给一个神教徒。”

“那么，假如某个基督教徒是他的竞争对手呢?”姨父反问道。

“可恶!”

铁匠终于同意把票投给史密斯。史密斯最终得到了半数以上的选票，成功获选。

不久，由于手工织布机被蒸汽织布机取而代之，我家面临着一场巨大的危机。工业革命已然到来，但父亲毫无察觉，仍然以传统方式辛勤地劳作着。很快，父亲的织布收入大幅下降，危急时刻，身为家庭中坚力量的母亲毅然站了出来，采取措施来度过这次家庭经济危机。为了增加收入，她在摩迪街开了一家小店。尽管收入不是很多，但却使全家人仍然可以继续过着安逸而体面的生活。

我开始体会到了什么是穷困。父亲携带着最后一点布匹去见那位大制造商，这真是令人恐惧的一天，父亲能不能接到新的活儿，就看这次会面了。母亲焦虑万分地在家里等消息。父亲回来了，直到今天回想起他的样子，我仍然会心痛不已。他看上去就像伯恩斯所说的那样，“不粗俗，不卑劣，不可憎”，可是脸上却爬满了绝望，似乎在乞求上苍：“再赐给我一片充满希望的土地吧，让我可以继续生存下去。”

当时我就暗暗发誓，将来我一定要努力改变家里的生活状况。幸运的是，家里的生活水平并没有因为贫穷而降低，比起邻居要好得多。在母亲的支持下，家里的两个男孩仍然衣着光鲜、整洁。

我无意中听见父亲说，除非我自己要求去上学，否则他不会主动送我去。后来我从来没有提出过要去上学，这使父亲懊悔不已。他找到罗伯特·马丁校长，请他照顾我。有一天，在校长的邀约下，我们与一群已经入学的伙伴一起去郊游。回来后，我要求去马丁学校上学。父母听了终于放了心。不用想也知道，他们马上同意了我的请求。那一年，我 8 岁。日后的经验使我认识到，孩子在这个年龄入学并不算晚。

我很喜欢上学，每天都开开心心地去学校，但因为我早晨要去摩迪街头的井边提水，有时耽误了去学校，我为此闷闷不乐。那口井里并没有多少水，什么时候能储到水也不一定，有的时候等我打到水已经是中午了。有的老太太经常在前一天晚上就将水桶放在井边占好位置，我经常跑过去插队，因此被老太太们骂过很多次。我不愿向这些尊敬的老太太低头，于是就经常为自己辩解。她们都叫我“坏孩子”，并到处宣扬。我的辩论和好斗的本领或许就是这样培养出来的，一直无法改变。

校长知道我迟到的原因，很体谅我。后来，我托关系找到一份兼职，利用课后时间去小店里打工。10 岁的时候，我就成了父母的好帮手，我为此感到很满意。没过多久，我就取得了诸多店主的信任，经常替他们保管账目，并由此知道了很多生意上的事情。

让我郁闷的是，在学校里，男生们给我起了一个绰号——“受马丁宠爱的孩子”。有时走到大街上他们也这样叫我，我不知道这个绰号的由来，只是觉得这是一种极大的羞辱，马丁是我的校长，也是一位好老师，可我因为这个原因一直没有报答他，而且现在也没有机会回报他了，为此我懊悔不已。

在此我想再谈谈乔治·劳德的父亲，我的姨父劳德。他也深深地影响着我。当时父亲每天都在织布机房里劳作，根本没有时间管我。而姨父是海尔街一家商店的老板，平时挺清闲的。海尔街聚集了众多贵族店长（丹佛姆林的店长属于贵族阶层)。姨妈在我入学没多久就去世了，姨父痛苦不已，从那以后，除了跟他的独生子乔治或者和我在一起，他的脸上鲜有笑容。他很善于和小孩子打交道，我们从他那里学到了很多东西。他精通英国历史，经常讲给我们听，还让我们想象房间墙上的某个地方站着英国国王，将他知道的知识演示给我们看。时至今日，我仍然对那些生动的画面印象深刻：维多利亚抱着她的孩子坐在门后面；约翰国王在姨父家的壁炉上面签着大宪章。

多年以后，我在威斯敏斯特教堂找到了历代国王的名册，从而知道了姨父没讲的内容。姨父最尊崇的国王是奥利弗·克伦威尔国王，据说他的尸体曾停放在威斯敏斯特一个小教堂的一张停尸桌上。他是一位共和主义国王，曾经写信警告罗马教皇不要再迫害教徒，否则大英帝国将炮轰梵蒂冈。毋庸置疑，我们都觉得克伦威尔是一位大英雄。

劳德姨父让我掌握了苏格兰关于华莱士、布鲁斯、伯恩斯、布林德·哈里、司各特、拉姆齐、坦纳希尔、霍格以及费格斯等的早期历史，使我的心中涌起一股爱国热情，也就是伯恩斯所说的苏格兰情结，这种情结直到今天也没有消失。华莱士身上有着英雄应具备的所有特点，理所当然成为我们心目中的英雄。但是有一天，一个可恶的男孩竟然说英格兰比苏格兰大很多，我跟他进行了激烈的辩论，之后很难过地跑去请姨父帮忙。

“奈格，不是那样的。如果展开苏格兰的高地，使它变成英格兰那样的平地，苏格兰当然比英格兰大。可是，高地怎么能展开成平地呢?”的确，高地无法展开成平地！姨父的话犹如一缕春风，吹走了我内心的烦恼，使我的爱国热情得到了安抚。

后来，我又遇到了一个难题：英格兰的人口比苏格兰多。我再次去找姨父。“是的，奈格，英格兰和苏格兰的人口是7：1，在班诺克本战役①中，双方的人口比例更大。”听了姨父的话，我非常兴奋，英国人多也没什么了不起的，苏格兰还是赢得了胜利。我受伤的心灵又一次得到了安抚。

有人曾说过这样一句话：战争繁衍战争。每一次战争都引发下一次战争，从而导致各民族间世代为敌。英美之间就是如此。美国孩子不仅读过华盛顿和瓦莱福格的故事，还知道英国人雇佣赫西瓦人刺杀美国人的历史，因此都极为痛恨英国人。苏格兰和英格兰之间也是如此。英格兰人要打苏格兰，实在是卑鄙得很，而苏格兰人则非常善良。两个民族的成见就此形成，并将继续传承下去。

劳德姨父家里经常会有客人来，他总是对客人说，他不仅能轻而易举地让我和多德（乔治·劳德）哭或笑，还能让我们两个变成对手，打斗起来。可以说，我们的情绪完全掌握在他的手里，他能用诗歌影响我们。姨父的另一个绝招是华莱士遭背叛的故事。他每次讲起这个故事，我们都会痛哭流涕。这个故事一直吸引着我们，而姨父也经常对故事重新改编修饰。英雄故事对孩子们的影响是显而易见的。

我经常去海尔街找姨父和多德，跟他们一起度过了童年的

---

① 班诺克本战役是苏格兰第一次独立战争的决定性战役，发生在公元14世纪，苏格兰人以少胜多，战胜了英格兰军队。

大部分时间。我和多德就像亲兄弟一样，感情非常深厚。家里人一直叫他“多德”，叫我“奈格”。我们也这样称呼彼此，他从来不叫我“卡内基”，我也不叫他“乔治”。我们都觉得这样称呼对方，显得更为亲密。

我家在摩迪街，从姨父家回去有两条路：一条要经过教堂的墓地，这条路上没有路灯，非常恐怖；另一条经过五月门，是条大路，而且有路灯。每次姨父总是一脸坏笑地问我走哪条路。我崇拜华莱士，所以总是肯定地回答走教堂那条路。我感到无比骄傲，因为自己每次都能经受住路灯的诱惑，而选择走教堂那边的路。每次走到教堂门前的拱桥那里，看到四周漆黑一片，我的心便紧张得怦怦直跳，几乎要跳出胸膛。我尝试着吹起口哨，想借此驱赶恐惧，并想象华莱士遇到敌人、鬼怪的话，他会怎么办。

当年，我和表兄从来没有正确评价过罗伯特·布鲁斯国王。我们认为，布鲁斯只是一个国王而已，根本无法与人们心目中的英雄华莱士相比。我们心目中的第二位英雄是约翰·格雷厄姆先生。所有苏格兰男孩心中都怀有强烈的爱国热情，这是一种强大的力量，一直支撑着他们成长，直到死亡。如果你问我这股力量来自哪里，我想正是来源于那位苏格兰英雄华莱士。在孩子心目中，最值得信任的人就是自己尊崇的英雄。

后来我去了美洲一些国家，每次听到他们说自己有很多自豪的事情，我就不由自主地替他们感到悲哀。如果一个国家没有华莱士、布鲁斯、伯恩斯，那么它有什么值得骄傲的东西呢？我觉得，只有苏格兰人或是到过苏格兰的人才知道什么是真正的骄傲，否则那不过是自以为是的骄傲而已。长大后，随着知识的增长，我才明白，任何国家都有自己的英雄、传奇、风俗以及成就。但是，无论到什么时候，一个真正的苏格兰人都不会诋毁自己的国家及其在世界上的地位，而是尽力去验证那些来自其他国家的评价，以此告诫子孙后代，不要玷污自己的国家，而要努力为它做贡献。

我一直以自己是个苏格兰人而骄傲，很多年后，我仍然觉得自己所在的这块新大陆只不过是一个临时的住所。有人曾问彼得森校长的儿子："你喜欢加拿大吗?"他回答说："去那儿旅游挺好，可我不能去那里居住，我不想离布鲁斯和华莱士太远。"我跟他的想法是一样的。

第二章　从丹佛姆林到美国

劳德姨父很重视培养我和多德的背诵能力。这让我们受益匪浅。我们两个最常做的一件事就是，捋起袖子，头上戴着纸做的头盔，脸上涂上墨汁，手中拿着木剑，装扮成戏剧中的人物，给同学和大人们背诵台词。

我对诺瓦尔和格雷纳温之间的一段对白印象深刻，这段对白可以说是这部戏的经典，其中有一个词“可恶的造作”出现了很多次。每次说到这个词，我俩都有些担忧。刚开始的时候，观众总是笑话我们，因为我们一说到那个词就咳嗽两声，含糊地带过。后来姨父说，“可恶”这个词没什么，我们才敢将它清晰地说出来。从那以后，我们经常练习这个词，我说的次数比较多，因为我扮演格雷纳温。因为心中没有了顾虑，我们说得越来越自然，越来越轻松。一天清晨，马乔丽·弗莱明正在生气，沃尔特·司各特问她怎么回事。她说：“司各特先生，我想发火，我真想说声‘可恶’，可是我说不出来。”我非常理解她的心情。

后来我们的演出越来越精彩，即使需要说出不文明的词语。既然牧师在讲道坛上可以说“混蛋”一词，那么，我们也可以在朗诵时自然地说出“可恶”这个词语。我还清楚地记得，诺瓦尔在与格雷纳温搏斗时说过：“只有死亡才能结束战争。”后来这句话出现在1897年《北美评论》的一篇文章中，姨父看到后，马上从丹佛姆林写信告诉我这件事。

姨父的教育方式极大地提高了我的记忆力。我觉得，鼓励年轻人记住或背诵一些经典故事，是一种非常有效的学习方式。我对自己的速记能力感到非常满意，一些朋友也为此惊诧不已。我能记住所有的事情，不管我对它是否感兴趣。不过，我只会记住那些令我印象深刻的东西，其他的则很快淡忘。

在丹佛姆林上学时，我们每天都有一个考试：默写两首诗，而且是双音节的。每次我都能轻松过关。我的做法是，利用上学路上的五六分钟时间去背诵，时间虽然很短，但对我已经足够了。第一节课就是诗歌，我很容易就能默写出来。不过，如果30分钟后再让我默写一遍，我肯定办不到了。

我这辈子赚到的第一个便士来自于马丁校长，并且是凭自己的能力，而不是依靠家人。当时我将伯恩斯的诗《人注定是悲伤的》完整地向他背诵了一遍，他就给了我一便士。多年后，我在伦敦的一次晚宴上与约翰·莫利先生聊起沃兹沃斯，莫利先生说他很喜欢伯恩斯的一首诗——《晚年》，遗憾的是他寻找了很久，一直没能找到原文，于是我就给他背诵了一段，他马上给了我一便士。这让我感到很荣幸。莫利先生跟马丁校长一样，实在是太可爱了。我觉得他这个人很真诚。

我和多德从来没有受过宗教的约束，也从来不用去理解诸如《简明教义问答手册》之类其他孩子不得不硬着头皮去学习，却永远无法读懂的经书。我们家族包括莫里森和劳德家族在内，跟对待政治一样，对宗教怀着一定的偏见，所有人都反对教义。我的家人没有一个加入过长老教会，所有人都不信仰加尔文教，包括我的父亲、艾特肯姨父和姨妈、劳德姨父，以及卡内基叔叔。他们曾经在某个时期非常推崇斯维登伯格学说。对于与宗教有关的事情，母亲从来不表示看法。她从来没去过教堂，也不关心那里的事情。我的母亲非常能干。当时我家没有佣人，她负责家里的所有家务，包括准备礼拜天全家人的午餐。她当时最喜欢读的一本书叫《查宁基督教》。

我的童年时代是在一种极为动荡的气氛中度过的，不管是宗教还是政治。那个时候，我不仅听到了很多宗教思想，还听过许多政治方面的先进思想，比如消灭特权、公民平等权、共和制等。它们对我的成长产生了深远的影响。我认为加尔文教的条律过于严苛，幸亏我及时向人倾诉，才得以摆脱那场噩梦。我对一件事记忆深刻，有一次，我们都在听牧师布道，父亲提出要脱离长老教会。

长老教会的教义令父亲无法容忍。“你们信奉的宗教、崇拜的神就是这样子的？我需要一个更好的信仰，一位更好的神。”说完，父亲就走出了教堂，从此再也没有进去过。不过他也在留意别的教会。每天清晨他都会到小隔间里祷告。是的，他从来都是一个虔诚的信徒，认为任何宗教都代表着正义。宗教流派各式各样，但他心中只有一个信仰。与牧师相比，父亲更加博学，我崇拜他，以他为荣。牧师给人们勾画的并不是一位圣人，而是一个古老遗嘱中残酷的复仇者，就好像安德鲁·D. 怀特在自传里称自己是一个永远的复仇者。

养宠物是我童年时代最大的快乐，比如养鸽子、兔子等。我很感激父亲帮我给这些宠物搭了漂亮的窝。我和小伙伴们时常聚集在我家里。母亲说，一个家庭必须充满快乐，因为要想让孩子走向正途，家庭是最好的地方。对父母来说，没有比让孩子快乐地成长更为重要的事情了。这一期间，我做成了平生第一笔生意：小伙伴们利用周末假日给我的兔子寻找食物，而我用他们的名字给小兔子命名。这笔生意显然是不公平的，小伙伴们为我服务了一个季度，为小兔子采蒲公英、三叶草，可我却没有给他们一分钱，用他们的名字给小兔子取名这个报酬简直少得可怜。每当想起这件事，我就羞愧难当。尽管如此，我觉得这次活动充分证明了我的组织才能，所以我对此非常珍惜。

学会用人之道，知人善任，是获得成功的一个重要途径，相比之下，知识的多少倒不是那么重要了。任何人都要珍惜知人善任的能力。我不了解蒸汽机，可我会尽力去了解比蒸汽机更复杂的事物——人。1898 年的一天，我们旅行时途经苏格兰高地的一家小旅馆，遇到了一位绅士，他说他叫麦金托什，当初曾给小兔子找过食物，而且其中一只小兔子就是以他的名字命名的。现在他是一位大家具制造商，我们一直保持着密切的联系。这次会面令我激动万分。他是我成年后见过的唯一一个曾经一起养兔子的伙伴。这段友谊非常珍贵，我希望与他经常见面，一起珍藏这段友谊[①]。

蒸汽机的发明与运用，使丹佛姆林的小作坊式生意面临危机。后来，我的父母写信给匹兹堡的两个姨妈，表示想去她们那里生活。父母这样做只是想让两个儿子有个更好的生活环境，而不是想改变家境。姨妈们马上回信表示欢迎。随后，父母开始将织布机和家具一一出售。那段时间父亲特别高兴，经常能听到他那喜悦的歌声：

出发，出发，向西方那块乐土出发。在那里，密苏里河汹涌澎湃，滚滚流向大海。在那里，人们自由自在，虽然辛苦，却能从大地上收获同等的果实，不管是穷人还是富人。

然而，我们的织布机根本卖不上好价钱，整个出售过程很不如意。我们连远赴美国的路费也没有攒够。后来还是母亲的好朋友亨德森夫人借给我们 20 英镑[②]，才使我们能够成行。母亲对朋友向来真诚仁义，所以总能结交到愿意帮助她的朋友。亨德森夫人将钱借给我们是冒着一定风险的，所以劳德姨父和莫里森舅舅为我们做了担保。1848 年 5 月 17 日，我们离开了丹佛姆林，在此之前，劳德姨父已经为我们做好了准备。那一年，父亲 43 岁，母亲 33 岁，我 13 岁，弟弟汤姆年仅 5

---

① 今天，1913 年 12 月 1 日，也就是我阅读手稿的这一天，我读到了他写来的一封信，信中他回忆了我们的童年趣事。我给他写了一封回信，我想他收到信后肯定也会觉得珍贵而亲切的。——作者注

② 英镑：英国的货币单位。1 英镑 =8.942 元。

岁。汤姆是个漂亮的小男孩，有一头漂亮的白头发，一双亮晶晶的黑眼睛，特别招人喜欢。

从那以后，除了在美国的一所夜校里上过一个冬天的课，我再也没进过校门。后来，父母请了一位法语老师，每天晚上到家里来教我法语。这位法语老师还是一位演说家，我幸运地跟他学了很长一段时间演讲的技巧。在他的教导下，我不仅学会了读、写、算术，还开始学习代数和拉丁语。当时我的书法比现在好多了，这一点可以从我在一次旅途中给劳德姨父写的一封信中看出来。为了赶上同龄的孩子，我努力学习英语语法，后来勉强达到了他们的水平。我经常阅读华莱士、布鲁斯、伯恩斯的故事，并能背诵其中的经典诗句。我很喜欢诸如《天文夜谭》之类的童话故事，每每读来，就像进入了一个神秘的如梦一般的世界。

那天一早，我们从丹佛姆林出发，坐上火车奔赴查尔斯顿。透过车窗，看着丹佛姆林渐渐远去，看着那座庄严而古老的大教堂慢慢从视线中消失，我不禁泪流满面。离开丹佛姆林14年，就跟那天早上一样，我每天想的第一件事就是："我什么时候能再回到那片土地?"14年来，大教堂塔上的"罗伯特·布鲁斯国王"几个大字仿佛拥有一种魔力，总是闪现在我的脑海。那里不仅有大教堂，更有我熟悉的乐园，以及我童年的所有记忆，每天晚上8点，那座晚钟就会敲响，提醒我该上床睡觉了。在《美国的四驾马车游英国》一书中，我曾经提起过我们路过大教堂的这座大钟时的情形，在此引用几段：

我和沃尔斯教士长乘坐马车前往廊桥，当时我们都站在马车的前排座位上。忽然，我听到了大教堂的钟声，这是为母亲和我而鸣的钟声。我忍不住流下了眼泪，猛地跪倒在地。我扭过头对教士长说，我忍不住了，我仿佛一下子昏厥过去了。幸好身边没有多少人，我极力调整自己的情绪，使劲咬着嘴唇，甚至咬出了血。我小声告诉自己："要镇静，一切都会好的，一定要坚持住。"教堂的钟声是那么的优美、动听，远远胜过任何一种声音，从我的耳朵直击心灵。

童年时期，每天晚上钟声响起时，父母就会把我抱到床上睡觉；每天晚上，父母都温柔地向我述说钟声的意义。因为他们的讲述，钟声在我心中变成了美妙的音符。他们的声音如同来自天堂和圣父，虽然是责怪我今天又犯了什么错，但听着却悦耳无比。我了解他们，他们并没有真的发火，也从来没有真的生气过，他们只是觉得遗憾，很遗憾。假如我能再次听到大教堂的钟声，我想我肯定会控制不住自己的情绪而痛哭流涕。不同的时候，晚钟的含义也是不同的，现在它想告诉我："欢迎游子再次回到它温暖的怀抱。"

上苍既不会施舍我们什么，也不会替我们规划什么。唯有晚钟是那样的大公无私，将它的爱心奉献给我们。我们离开丹佛姆林之前，弟弟汤姆也逐渐体会到了晚钟的神奇。

卢梭的心愿是在优美的音乐声中死去，而我则希望临终时能听到大教堂的晚钟。它将告诉我，我的人生已经走到了尽头，它会像过去陪伴那个漂亮的白发男孩一样，在我生命的最后一刻伴我入睡。

很多读者写信告诉我，每次读到这一段，他们都会泪流满

面。我想它之所以能引起读者的共鸣，一定是因为那是我的心声。

我们乘小船走向停泊在福思湾的“爱丁堡”号汽船。快要登上汽船的时候，我跑到劳德姨夫跟前，紧紧地搂着他的脖子，大声哭喊道：“我不要离开你，我不要离开你！”一位善良的水手将我从姨父身上拉开，将我扛到轮船的甲板上。后来我再次回到丹佛姆林时，尊敬的姨父对我说，那是他一生中见过的最动人的场面。

我们从格拉斯哥乘坐“威斯卡塞特”号出发了，这是一艘重达 800 英吨①的帆船。我们在海上航行了 7 个星期，这一期间，我跟水手们混熟了，从他们那里知道了很多绳索的名字，也学会了怎样应对船长的指令。这艘船上的船员不多，当他们忙不过来时就经常请乘客帮忙。所以，他们每个星期天都会邀请我和他们一起享用葡萄干布丁。最后我都有点舍不得离开他们了。

刚到纽约时，我感到有点目不暇接。移民之前，我最远的一次旅行是去爱丁堡，当时我根本没有工夫去仔细观看格拉斯哥。纽约不愧是第一大工业城市，车来车往，行人匆匆，交通拥挤。这一切看得我眼花缭乱。这时发生的一件小事给我留下了深刻的印象。当时我正经过城堡公园的保龄球场，有个帅气的年轻人突然抓住我的手，他上身穿蓝色的夹克，下身穿白色的裤子。我定睛一看，原来是“威斯卡塞特”号上的船员罗

① 英吨：英国的重量单位。1 英吨 = 1016.04 千克。

伯特·巴里曼。

他领着我来到一个冷饮摊前，给我买了一杯汽水。我喝了一口，顿时感到全身舒爽，这种享受简直无法言喻，就好像喝了一口从雕花的黄铜瓶子里倒出的美酒一样。后来每次从这里经过，我都会看一眼那位老妇人的冷饮摊，并情不自禁地想起那位好心的船员。我曾经去找过他，可他早已去世了。如果给我一个机会，我真想让他的晚年过得更愉快一些。在我心目中，他就是完美无缺的汤姆·鲍林①，我把他当作男性美的楷模，只要听到那首老歌，他的形象就会浮现在我的脑海中。

在纽约，我们只认识基隆夫妇，他们有三个优秀的儿子，分别叫约翰、威利、亨利。基隆夫人名叫尤菲米娅·道格拉斯，是母亲在丹佛姆林从小就认识的好友。基隆先生是父亲在织布业务上的合作伙伴。他们热忱地款待了我们一家。令人欣慰的是，1900 年，威利从我手中购买了我们在纽约的房子对面的一块地。他的两个女儿结婚后，他又把这块地留给了她们，于是，就如同当年基隆夫人和我的母亲一样，我们的第三代也成了死党。

父亲接受纽约的移民代理人的提议，带领我们从布法罗和伊利湖转道克利夫兰，再通过运河到俄勒冈州。这花费了我们 3 个星期的时间，如果在今天只需要 10 个小时就可以了。当时西部很多城市没有铁路，匹兹堡也没有。一路上，我们看到很多人正忙着修路，包括伊利铁路。现在想来，那三个星期的旅行还算顺利，只有一点不尽如人意，那就是为了乘坐来自俄

---

① 汤姆·鲍林：是 18 世纪末的一首流行歌曲，又叫《水手的碑刻》。

亥俄州的汽船前往匹兹堡，我们不得不留在俄勒冈州的一艘趸船上等待。这里的蚊子十分猖獗，让我平生第一次领教了蚊子的厉害。母亲被咬得最厉害，第二天早上连眼睛都睁不开了。蚊子没有放过任何一个人，但即便如此，我仍然能进入梦乡。我一向睡得很好，根本不知道什么是恐惧的夜晚、什么叫生活在地狱里的孩子。

在朋友们焦急的等待中，我们终于到达了匹兹堡。他们热情地招待了我们，使我们满身的疲倦一扫而空。我们跟他们一起住在阿尔勒格尼。霍根姨父的兄弟在丽贝卡街开了一家小织布店。艾特肯姨妈将二楼的两间房让给我们住，而且不收我们的租金。就这样，我们在这里安了家。

不久，父亲从姨父手中接过了织布生意，开始织台布。但经销商们都不愿意批发布匹，于是，父亲除了织布，还要走乡串户地去推销布匹，然而效果并不好，收入少得可怜。

这时，无所不能的母亲又站了出来，为家人排忧解难。她小时候曾经利用跟外祖父学来的修鞋技术换过零花钱。在家庭面临危机之际，她这门手艺又发挥了作用。我的合作伙伴兼好朋友亨利·菲普斯的父亲菲普斯先生跟我外祖父一样，经营着一家鞋店。我们在阿尔勒格尼是邻居。我家没钱请佣人，所以家务都是由母亲一手操持。每天做完家务后，她便从菲普斯先生那里接一些活来做。为了每周赚 4 美元，她经常工作到深夜。每天傍晚做完一些家务后，她就让弟弟坐在她腿上帮她穿针、蜡线，同时就像过去给我讲故事那样，给弟弟讲苏格兰的故事或寓义深刻的寓言，声音里充满了慈爱。

这是我们这个正直而贫困的家庭里最为珍贵的东西。在这个家里，父母亲的角色都是多重的，母亲既是护士、厨师，又是家庭教师、圣徒，而父亲则是我们的向导、顾问和朋友。我和弟弟从中收获了许多东西，这是那些富家子弟和贵族孩子继承的遗产无法相提并论的。

在邻居们眼中，我的母亲并不仅仅是一位勤劳的家庭主妇，更是一位善良睿智的女性。他们一遇到困难就会来找母亲，而母亲总能给他们一些好的建议。我从许多人的口中听到过母亲对他们的帮助。我的母亲就是这样优秀，无论走到哪里，不管在何处安家，不管是穷人还是富人，她都无私地给予帮助。

第三章　从最底层做起

在匹兹堡安家后，我首先面临的最大问题就是做什么。我已经13岁了，也想为全家在这片新土地上站稳脚跟出点力，于是想要找份工作，但却不太容易。当时生活用品比较便宜，维持一家人的生计每年至少需要300美元。我很想找份每个月能挣25美元的工作，这样全家就不用接受亲朋好友的帮助了。

霍根姨父的兄弟经常问我的父母，想让我干什么。结果有一天，我亲眼看到了一幕令我震惊不已、终身难忘的场景。霍根先生出于好心，向母亲提议让我提着装有小玩意的篮子到街上去卖，因为我长相可爱，而且头脑灵活，一定能赚很多钱。母亲听了，放下手里的针线活儿，噌地一下从椅子上站起来，挥舞着双手恼怒地说："你说什么，让我的儿子像那些粗人一样做一个沿街叫卖的小贩？与其这样，还不如把他扔进阿尔勒格尼河去。你走开！"她愤怒地指着大门，示意霍根先生快走。霍根先生灰溜溜地离开了。母亲则犹如一个落魄的女王，直直地站在那里。随后她瘫倒在地，痛哭起来。但她很快停止了哭泣，抱着我和弟弟，说她没能控制好自己的情绪，希望我们别放在心上。她还说我们可以做很多事情。一个人只要走正道，就会有益于社会，并赢得他人的尊敬。母亲认为，世上最可耻的事情就是懒惰，她并不是因为商贩的身份低下才生气，而是觉得小商贩就像是无业游民，无法得到别人的尊重。她实在不愿意自己的儿子一辈子庸庸碌碌地活着，否则，她宁愿与两个儿子一起去死。

全家人都强烈地渴望获得自尊、独立和荣誉，我为自己生活、成长于这样的家庭里而感到无比自豪。沃尔特·司各特描述伯恩斯的一句话很适合用来评价我的母亲——“她是这个世界上最有远见卓识的人!”

母亲是一位女英雄，眼里揉不进一点庸俗、自私、欺诈和阴险的沙子。而我的父亲不仅拥有崇高的品质，受人爱戴，而且是一个忠诚的圣徒。在他们的潜移默化下，我和汤姆也希望自己成为这样的人。

没过多久，父亲放弃了手织机的买卖，转到布莱克斯多克先生的棉纺厂打工。布莱克斯多克先生也是苏格兰人，来到阿尔勒格尼已经很多年了。在父亲的帮助下，我也找到了平生的第一份工作——在工厂里负责线轴绕线，周薪1.2美元。那段日子十分艰苦，冬天为了在天亮之前赶到工厂，我和父亲天不亮就起床；午饭只有很短的休息时间；每天下班后天都黑了。这份工作让我感到痛苦无比，体会不到任何乐趣。唯一的安慰是自己终于可以挣钱补贴家用了。拿到第一笔工资的时候，我内心激动不已，充满了成就感，后来我挣到了数百万的钱，但却没有当时那种满足感。现在，我也能给家里挣钱了，可以减轻一些父母的压力。父亲又唱起了那首《荡起扁舟》，歌声悦耳极了。每次父亲开唱，我就接着唱出后面的几句词：

清晨，
埃里克、乔克和甄妮蒂
起床出门。
他们荡起扁舟去捉鸟雀、鳝鱼，
为我们大家解除危困。

能够像埃里克、乔克和甄妮蒂那样帮助父母，我感到很骄傲。但我并不想一直干这份工作。埃里克、乔克和甄妮蒂虽然很勤劳，能够挣钱补贴家用，但他们必须接受正规教育才能更有出息。苏格兰是这个世界上最早建立教区学校的民族，作为地道的苏格兰人，父母自然会对孩子进行教育，不管他们是什么样的出身。

后来，另一家线轴制造商约翰·海先生问我愿不愿意去他那里工作，他需要一个男孩帮忙。我同意了，那里的周薪是2美元。刚开始我在线轴厂的地下室操作一台蒸汽机，兼烧锅炉。这份工作比原来的更加枯燥，而且难度更大。我时而害怕蒸汽的压力不够，工人们埋怨动力不足，时而害怕压力太大，引起锅炉爆炸，于是只能整宿整宿地待在床边，不停地测量气压。

尽管我很厌烦这份工作，但为了不给父母增添烦恼，我决心学会忍耐，做一个男子汉。我对自己抱着很大的期望，希望每一天都有所改变。我相信，只要坚持，就一定有希望。我时常扪心自问：如果华莱士处于这样的境况，他会怎样做呢？一个真正的苏格兰人会怎样做呢？我想他肯定会坚持到底。

机会终于来了。一天，海先生问我会写哪种字体，因为他要写海报，但工厂里没有文员，但他的字也写得很差劲。我试了试，结果他满意极了，于是让我负责出海报的工作。我的算术也很熟练，海先生对我充满了好感，开始让我负责别的工作，从而使我摆脱蒸汽车间的乏味工作。

海先生分配给我的新工作是，将刚生产出来的线轴浸泡在油桶里。这份工作需要在一个独立的车间进行，于是我可以独自待着，这使我感到十分庆幸。但是，强烈的汽油味熏得我直想吐，不管我多么努力，多么恼恨我的弱点，始终无法克服胃里泛起的恶心感觉，哪怕拼命地想华莱士和布鲁斯也无济于事。不过，如果我不吃早饭和午饭，到了晚上就会食欲大振，而且能够很好地完成任务。一个信奉华莱士和布鲁斯的人，是永远不会放弃的。

海先生是一个好雇主，我觉得自己很幸运。我可以帮海先生处理账目，因为他使用的是简式记账法。后来听说很多公司使用的是复式记账法，我便和同事约翰·菲普斯、托马斯·N. 米勒和威廉·考利商量一起去读夜校。那一年我们在匹兹堡的威廉斯学校学会了复式记账法。

1850 年的一天，电报局的经理大卫·布鲁克斯先生与霍根姨父下棋时——他们两个都酷爱国际象棋——说他那里需要一个送信人，问霍根姨父能不能帮他找一个好男孩。这是一件非常重要的事情，关系到一个人，甚至一个国家的命运，但布鲁克斯就是这么一个不拘小节的人，什么事情在他眼中都是小事，当有人劝他别在琐碎的事情上浪费精力时，他总是问什么样的事情算是琐碎的事。事实上，上帝赐予我们的最好礼物往往就是这些琐事，年轻人务必要记住这一点。

霍根姨父向布鲁克斯先生提到了我，并说要问问我的意见。这份工作的周薪是2.5美元。我仿佛是一只盼望自由的笼中小鸟，当然愿意去了。母亲也表示同意，但父亲却认为我还太小、不够成熟，无法胜任这份工作。而且，父亲觉得这份工作存在危险，因为可能很晚还要去村子里送信，因此，他觉得目前的工作比较好，我应该继续做下去。但父亲很快改变了主意，决定让我去试试。我想他肯定见过海先生。海先生认为，我去电报局工作虽然对他不利，但对我而言却更有发展前途，建议我去尝试一下。他还承诺如果我确实胜任不了电报局的工作，随时可以回去。

不久，我按照通知去河对面的匹兹堡拜见布鲁克斯先生。电报局坐落于伍德大街的第四个拐角处。一个阳光明媚的清晨，我在父亲的陪同下，从阿尔勒格尼步行来到匹兹堡。我决定独自面对自己的命运，于是坚持让父亲在外面等着，一个人去二楼办公室拜访那位不凡的大人物。在某种程度上，我已经把自己看成是一个美国人了。在此之前，一听到同伴们喊我“苏格兰佬，苏格兰佬!”我总是回答：“对，我为自己是个苏格兰人而感到骄傲。”慢慢地，我说话已经没有多少乡音了，偶尔才会冒出一点来。我觉得如果父亲不在场，我会表现得更好，更有发言权。

那天我穿着一件白色的亚麻衬衫和蓝色的紧身衣，一般只在安息日[1]时才会穿上。初到电报局工作的前几个星期，我就这么一套夏装，每到星期六晚上，不管我是不是值班，也不管我多晚回家，母亲都会把它们洗干净、熨干。

面试很成功。我对布鲁克斯先生说，我对匹兹堡还不是很熟悉，需要适应一段时间。同时我向他保证，我会尽心尽力去做。他问我什么时候能来上班。我干脆地回答说："如果需要，现在就可以。"我认为，只要有机会，一定要紧紧抓住。这一点值得每一个年轻人借鉴。布鲁克斯让另一个男孩带着我熟悉环境，了解工作的内容。我抽空出去将这个喜讯告诉了父亲，并让他回去告知母亲。

1850 年是值得纪念的一年，因为我在这一年跨出了人生的第一步。这里不仅有报纸、钢笔、铅笔，还有明媚的阳光。而在过去，我一直在阴暗的地下室里操作蒸汽机，满身煤灰，看不到任何希望，而且每个星期仅有 2 美元的薪水。这份工作让我一下子进入了天堂。在这里，我每时每刻都能学到新东西，我越来越觉得自己的渺小，有很多东西需要学习。我的眼前似乎出现了一架天梯，爬上它就能达到人生的巅峰，我要倾尽全力去攀登。

我们的固定客户大多是一些商家，我担心自己无法记住这些商家的地址。于是，我将所有公司的名字都写下来，每到晚上就按顺序背诵，终于记住了所有商家的名字和门牌号。后

---

① 安息日：原意为"七"，希伯来语的意思是"休息""停止工作"，是犹太教每周的休息日，从星期五日落开始，到星期六晚上结束。

来，我将这些信息背得滚瓜烂熟，即使闭上眼睛也能说出来。

我接下来的任务是去结识这些商家的职员，认识了他们，也许可以少跑一些路，比如在给某个商家送信时遇到他们，这对一个信差来说是非常幸福的事情。如果足够幸运，碰到一个商场的大人物，对方往往还会表扬他。

1845 年 4 月 10 日，匹兹堡遭遇了一场大火，几乎整个商业区都被烧毁了，直到 1850 年还没完全恢复过来。当时的房子很少用砖建造，大多数是用木材，根本耐不住火。匹兹堡只有 4 万人，商业中心还没有发展到第五大道，那里相当冷清，人们知道它，主要是因为那里有个剧院。为数不多的公司零零散散地分布在阿尔勒格尼的联邦大道上，在过去，第五大道的中心是一片池塘，我还曾在上面滑过冰。后来，我们在那里建立了联邦钢铁厂，再后来这里变成了美丽的甘蓝花园。

鲁滨逊将军是第一个在俄亥俄州河西部出生的白人孩子，我曾给他送过一次电报。我见证了第一条电报线路从东部引入匹兹堡。我还见证了第一列火车机车从俄亥俄州经费城，通过运河到达阿尔勒格尼（属宾夕法尼亚州），它载运的货物是从一艘平底船上卸载的。从本市到东部没有直达的火车，旅客要想去费城，要花费三天时间，先通过运河到阿尔勒格尼山脚，再坐 30 英里的火车到霍利戴斯伯格，然后再从运河到哥伦比亚，坐 81 英里的火车到达目的地。

当时匹兹堡最盛大事情之一，就是往返于本市与辛辛那提之间的汽艇的通航。汽艇负责两市之间的邮件的收发和递送。匹兹堡作为内陆河到运河的中转站，是一个重要的枢纽，东西部地区的商品大都经由这里流通。当时这里没有多少生铁，一家轧钢厂在这里投资炼钢，一年里生产的钢还不到一吨。因为没有合格的燃料，这家工厂后来倒闭了。匹兹堡储藏着大量优质的焦炭，但一直没能得到开采，就跟潜藏于地下的天然气一样。

送信是一份充满乐趣的工作。我很快交到了一位好朋友，他的名字叫大卫·麦卡戈，是上一任信差队长的继任者，后来成了远近闻名的阿尔勒格尼山谷铁路公司的部门主管。当时，东西两线的电报分属两个独立的部门，我和大卫负责东线的所有信件，西线的信件则由另外两个男孩负责。大卫出生于美国，但却有苏格兰血统。他的父亲是一个纯正的苏格兰人，说话时跟我的父亲很像。

大卫担任信差队长没多久，因为还缺一个信差，我推荐了我的挚友罗伯特·皮特克思，后来他顶替我做到宾夕法尼亚铁路匹兹堡分部的主管和总代理。罗伯特也是一个地地道道的苏格兰人。于是，匹兹堡东线所有的电报都是由苏格兰男孩来递送，周薪是2.5美元。每天早上，我们三个轮流打扫办公室，这也是信差的份内事。可以说，我们三个都是从底层做起来的。后来，电报公司又来了两个人，一个是后来奥利弗兄弟制造公司的总裁——侯·H. W. 奥利弗，另一个是律师 W. C. 莫兰德，他们也跟我们站在同一个起跑线上。在人生的旅途中，只要肯付出努力，就不会败给富家子弟，所以，年轻人不必担忧，从打扫卫生做起的男孩不也登上成功的顶峰了吗？

当时，送信还有很多好处。有的时候，如果你送信及时，就可能从水果批发商那里得到一袋苹果，或从面包店、甜品店老板那里得到一些甜点。在送信的过程中，我总能碰到一些好心人，他们尊重我，欣赏我的机智，有时会让我帮他们寄一些信件。我认为，对一个孩子来说，这些是非常有意义的，任何一个努力进取的孩子都需要这种关注。而一个机智而勤奋的孩子总能赢得睿智的成功人士的关注。

当时有这样一条规定：如果递送的信件超过一定的数量，就可以额外得到 10 美分。我们为此经常发生争吵，因为大家都想得到那“10 美分的信件”。后来我想出了一个解决的办法，那就是将这些信件平均分配，周末的时候再平均分配所得到的钱，由我负责记账。这样一来，我们又能够和平共处了。共享这份额外的收入，意味着我们真正的合作开始了，我们之间再也没有因此而发生过争吵。这次财务管理是我的一次成功的尝试，为以后的财务策划奠定了基础。

不过，对于这笔额外的收入，孩子们觉得自己可以自由支配，于是毫无节制地去糖果店买零食，结果导致我们常常入不敷出。作为这笔红利的管理者，我不得不通知糖果店的老板，对于这些孩子因饥饿和贪婪而欠下的债务，我一分也不会偿还。罗伯特欠的账最多，他满口的牙都因为吃糖而坏掉了。有一天，我教训了他一顿，他还狡辩说，他肚子里长了很多虫子，不吃甜食的话，虫子就会咬他的肚子。

第四章　爱上阅读与戏剧

我们几个信差工作得非常努力，也得到了很多快乐。公司规定我们要轮流值班，直到晚上邮局关门，两天轮一次。每天下午我们6点下班，而值晚班时要到晚上11点多才能回家。工作之余，我的时间所剩无几，根本无法去读书充充电，家里也没有多余的钱给我买书。幸运的是，我找到了一个知识宝库。

我由衷地感谢詹姆士·安德森上校，他的图书室里收藏了400册图书，而且宣布每周六向孩子们开放，并且可以借书。我从朋友托马斯·N. 米勒那里得知，这是安德森上校的图书室首次向童工开放，然而我们却不在被许可的范围内。于是，我写信给《匹兹堡电讯》，强烈要求图书室向所有童工开放。很快，我的意见被詹姆士·安德森上校采纳了。这是我第一次接触媒体，并取得了成功。

米勒把我介绍给安德森上校，他们住得很近。从那以后，我便如饥似渴地读起了书，就好像长期生活在黑暗中的人终于享受到了阳光一样。我将所有的空闲时间都用来读书，再也不觉得自己在浪费光阴了，也丝毫感觉不到疲倦。我觉得自己前途一片光明，因为每个周六都可以阅读新的书籍。通过阅读，我了解了麦考利的散文和历史著作，喜欢上了班克罗夫特的《美国史》，也爱上了拉姆的散文。不过，当时我只阅读过莎士比亚的几篇文章，直到匹兹堡剧院建成之后，才真正开始欣赏莎士比亚。

我的一群好兄弟，包括约翰·菲普斯、詹姆斯·R. 威尔逊、托马斯·米勒、威廉·考利，也经常光顾安德森上校的图书室。阅读成了我们生活中必不可少的一项内容。它使我们学会了礼仪，慢慢改掉了身上的坏习惯。在此我再次感谢安德森上校，他的善举影响了我们的一生。我取得一定成就后所做的第一件事，就是给他立了一块纪念碑，碑文这样写道：

詹姆士·安德森上校在西宾夕法尼亚首创了免费图书馆，特立此碑以纪念他的创举。他亲自担任图书管理员，每个周六下午向所有童工开放。他将自己的藏书以及他自己都奉献给了这项伟大的事业。安德鲁·卡内基作为立碑人，当初也是一名童工。那个时候，开放这样的图书室等于向孩子们敞开了一座知识宝库，不仅让年轻一代拥有了知识，更开发了他们的想象力。

我曾捐资在阿尔勒格尼建造了一个钻石广场，如今，这块纪念碑就矗立在广场的礼堂和图书馆前。

这块纪念碑只能略表我的感激之情，与安德森上校的付出相比，实在是不值一提。在我看来，出资建造一个公共图书馆是最有意义的事情。政府应当支持私人建立公共图书馆，这能给孩子们带来很大的收益。我坚信，在不久的将来，我今天所说的话必将由我捐助的图书馆作出充分验证。只要有一个孩子能从中受益，就像当年我从安德森上校的图书室受益一样，我的图书馆就没有白建。

俗话说：三岁看大，七岁看老。少年时期是一个人一生发展的重要时期，对整个人生具有着深远的影响。阅读让我明白了世上从来没有免费的午餐，没有人可以不劳而获。每一个年轻人都应该努力去汲取知识。多年后我发现，曾有 5 个织布工在丹佛姆林创办过第一个移动图书馆，父亲就是其中之一，我为此感到无比自豪。

父亲创办的移动图书馆特别有意思，自创办那天起就移来移去，换了不下 7 个地方。第一次移动是父亲等 5 人用围裙和煤斗将图书从织布房搬到休息室。父亲等人创办了第一个移动图书馆，而我则创办了最近一个图书馆，这是我平生做出的最有价值的事情，为此我感到荣幸之至。每次发表公开演讲，我总是说我的父亲是一名织布工，而他是第一个图书馆的创办人之一。或许是上天的有意安排，我无比骄傲地继承了父亲创办图书馆的光荣传统。我的父亲是完美的、可敬的，更是善良的，我永远以他为榜样。

前面我说过，我对莎士比亚的欣赏是从匹兹堡剧院开始的。那个时候，匹兹堡老剧院的经理是福斯特先生，生意非常红火。当时福斯特先生发电报是免费的，因此，电报员可以免费观看戏剧，有时送信的人也能享受这一待遇。我们时常夜里才能到达剧院，这时如果提出到二楼看戏，通常会被批准。我们轮流送信，这样大家都有了看戏的机会。

慢慢地，我对戏剧有了初步的了解。通常情况下，剧院里演出的戏剧场面会很壮观，而没有多少文学韵味，但这对一个15岁的男孩来讲，仍然具有很大的吸引力。那里的演出是那么的壮观、美丽，又是那么的美好迷人，使我增长了不少见识。在此之前，我和我的伙伴们从来没有踏足过剧院或是歌舞厅，对公众娱乐表演一无所知。如今，我们抓住每一个去剧院的机会，全都成了小戏迷。

看过亚当斯表演的“狂风”之后，我开始喜欢上了莎士比亚。亚当斯是当时非常有名的一个悲剧演员，在匹兹堡演过很多部莎士比亚的剧目。我对亚当斯的台词记得很清楚，能够轻松地背诵出来。在此之前，我从来没有意识到语言具有着很大的魅力。韵律和音调在我身体里呼之即出，仿佛身体里本来就具有这种力量。因为“麦克白”这个角色，我疯狂地喜欢上了莎士比亚的剧目，开始欣赏起这种新的表达形式。过去我从来没有阅读过这些剧本。

后来我又通过“罗恩格林”这个角色认识了瓦格纳。当时我对瓦格纳还不了解，但这一剧目却给我一种全新的感觉。瓦格纳是一位真正的天才，个性十足、与众不同，他就像莎士比亚一样，也成了我的新朋友，他是我找到的另一架攀登高峰的阶梯。

几乎就在同一时期，上百号人组织了斯韦登伯格社团，成员都是阿尔勒格尼人。我的美国亲戚也在其中，而且在社团里最为激进。我和父亲也成了社团的成员。不过，母亲对这个社团毫无兴趣。母亲向来很有主见，她尊重一切宗教信仰，但反对宗教之间的争论。孔子曾说：君子务本，本立而道生[①]。这句话可以概括母亲的态度。

我对音乐的喜爱正是源于参加斯韦登伯格社团的唱诗班。赞美诗的插曲是我们从宗教剧中精心选择的。我的嗓音并不是很好，但是我很喜欢这些音乐，演唱时总是绘声绘色，所以我成了合唱团的固定成员。虽然我偶尔与音乐合不上拍，但是我很有激情，我坚信指挥科森先生会原谅我的。不久我就完全熟悉了宗教剧。说起来真是神奇，亨德尔的音乐作品竟然会引起一个孩子的兴趣！可以说，这里开启了我的音乐启蒙教育。

值得一提的是，父亲也是我的音乐启蒙老师，我不会忘记他所唱过的故乡的歌曲，那些歌曲是那么的伟大，那么的动听。对苏格兰民歌，不管是歌词还是曲调，我都非常熟悉。完全可以说，要想赢得贝多芬和瓦格纳那样的声誉，民歌是最好的基础。父亲在我眼中是最出色的歌唱家，但是他的那副好嗓子却没能遗传给我，我只是继承了他对音乐的挚爱。我的耳边时常响起孔子的感慨：“三月不知肉味，不图为乐之至于斯也。[②]”

除了夏季有两个星期的假期外，信差是没有休息日的。每到休假时期，我常常到俄亥俄州利物浦的姨父家找表兄弟们

---

① 出自《论语·学而》，意思是君子要致力于根本，确立了根本，才能确立治国做人的原则。

② 出自《论语·述而》，意思是三个月尝不出肉的滋味，没想到音乐的美达到了如此迷人的地步。

玩。我们常去河里划船。冬天的时候，我家没有假期了。幸好我家对面结冰的小河能满足一下我贪玩的心理。等到冰结得很厚时，我就抓住时机去溜冰。周六晚上回到家，我会请求父母早点起床，在做礼拜之前先去河里溜一会儿。父母对我的行为很宽容，母亲说，我想玩多长时间就玩多长时间；父亲也明确表示，只要不耽误去教堂，我可以尽情地去玩。

这种事情放在现在可能再正常不过，但在苏格兰却不一样。就算在今天，有些人仍然认为，安息日就是休息日，不应该去反省那些纯属自己想象出来的错误，而应该去参观画廊和博物馆。这些人显然没有多少进步。相比之下，我的父母就开明多了，他们打破传统，允许我们在安息日去散步，或阅读与宗教不相关的书籍，这在当时可是非常奇怪的事情。

第五章　电报公司

做了近一年的信差后，因为办公室经理约翰·P. 格拉斯上校经常外出宣传，于是，我开始到楼下的办公室帮忙。格拉斯先生很有政治远见，颇有声望。后来他外出的时间更长、次数更多，我也成了他的办公室助理。

这份工作相当辛苦。信差们因为我经常去做我职责之外的工作而排挤我、讨厌我，还因为我从不乱花那额外获得的 10 美分而说我太小气，渐渐疏远了我。我确实很节俭，但这是有原因的，只是他们不了解而已。父母在用钱方面特别仔细，我当然也不能藏私房钱，我得把钱节省下来补贴家用。我知道每周家里收入多少，又开支多少，我们还要添置家具、衣服之类的东西，所以我们必须节约用钱。我觉得没有哪个家庭会如此团结和睦。

我们离开苏格兰时，亨德森夫人曾借给我们 20 英镑，为了还上这笔钱，每攒足 50 美分，母亲就把它放进长筒袜里，直到攒足 200 枚。还清债务的那一天，全家都很高兴。债务很容易还清，还不清的是亨德森夫人对我们的恩情。后来我回丹佛姆林时又去她的住处拜访了她，就像前往神圣之所。亨德森夫人是一位善良、高贵的女人，无论世道怎样变化，我都不会忘记她。[①]

做信差时还发生了一件小事，令我既兴奋又激动。一个周六的晚上，又到了我们发薪水的时候。我们在柜台前排好队，等着格拉斯上校给我们发钱。我站在最前面。格拉斯先生将11美元15美分递过来，我忙伸手去接，可他却越过我将钱递给了后面的孩子。我很惊讶，也有些惶恐，以前发钱都是第一个发给我，这次难道是他弄错了？我心里涌起一股不祥的预感，"我犯了什么错吗？我是不是要被解雇了？"如果真是这样，我就给家人脸上抹黑了。我心里涌起一种大祸临头的感觉，痛苦极了。我等到别的孩子都离开后，格拉斯先生对我说："从现在起，你每个月的薪水将涨到13美元50美分，你的薪水应该比别的孩子多一些。"

我一下子愣住了，怀疑自己是不是听错了。我从他手中接过钱，兴高采烈地往家里跑去，都忘了有没有向他道谢。我觉得自己犹如进入了天堂，在阿尔勒格尼河桥上又蹦又跳。回到家后，我交给母亲11美元25美分，隐瞒了余下的2美元25美分。对我来说，这笔钱的意义比后来挣到的100万还要重要。

晚上睡觉前，我将这个秘密告诉了和我一起住在阁楼上的弟弟汤姆。汤姆当时还小，可他似乎也知道这笔钱的价值。我们第一次畅想未来：我们要一起开一家大公司，起名"卡内

---

① 上述文字是我几年前写的，现在亨德森夫人已经不在人世了，每次读到这里，我都会祈祷："安息吧，和您的朋友们一起安息吧！"我衷心地祈愿母亲这位挚友一路走好！——作者注

基兄弟”公司，我们要挣很多钱，只要是象征着财富的东西，我们都要得到，比如给父母买辆马车。当时我听说过这样一个故事：有一位苏格兰老太太，女儿嫁给了一位伦敦富商，女婿邀请她到伦敦跟他们一起住，还承诺给她买辆马车。老太太却说：“有马车有什么了不起，我坐在马车里，亲戚朋友谁也看不见我。”但我的父母可不一样，他们不仅可以坐着马车在匹兹堡观光，我还要让他们衣锦还乡，体面地坐着马车回到丹佛姆林。

第二天，当一家人围着餐桌吃早饭时，我将那额外的 2 美元 25 美分拿了出来，我看到父亲的眼睛顿时一亮，闪烁着骄傲的光芒，而母亲的眼睛里则盈满了泪花。毫无疑问，我的第一次成功和进步感动了他们。这件小事带给我的震撼是后来获得的任何成就都无法比拟的，我兴奋地流下了眼泪，感觉整个人轻飘飘的，仿佛飞到了云端。

前面说过，打扫卫生也是信差的职责，这又给我提供了一个很好的学习机会。每天早上打扫完操作室，如果操作员还没来，我们就可以练习使用发报机。很快，我就可以用发报机与另一个接收站的信差通话了，他们也在利用这个机会学习。

为了将新学到的知识付诸实践，人们总是想尽一切办法，我也不例外。一天早上，我正在打扫操作室，发报机里突然传来一阵强烈的信号，我判断有人急切地想与匹兹堡这边取得联系，于是大胆地操作起来，回应了对方。原来，费城想马上向匹兹堡这边发一则讣告。对方问我能否接收，我说可以试试，只是要慢一点。我成功地接收了信息，然后扯下纸带飞快地跑出去，站在门口等着布鲁克斯先生。我以为自己一定会挨批，但布鲁克斯先生不仅没有责怪我的草率，反而称赞了我，还叮嘱我以后要谨慎一些，千万不要出错。后来每当有操作员请假，公司就派我去帮忙照看发报机，就这样我学会了收发电报。

有一位操作员非常懒惰，经常让我去帮忙。在此我要感谢他。我当时的工作是将信息记在纸带上，然后念给抄写员记录。我听说西部有一个人只用耳朵听就能接收电报，这引起了我的兴趣。恰巧一位名叫马克伦的同事也会这种方法，我便跟着他学习，不久就学会了。一天，因为一个操作员不在，我又被请到操作室帮忙。接收一份电报时一个老抄写员认为我太鲁莽，并拒绝为一个信差打下手。无奈之下，我只得拔掉纸带，开始用耳朵接收信息，边听边将信息记录在纸上。他惊呆了，我永远忘不了他脸上的表情。他让我将铅笔和便笺本还给他。后来他再也没有为难过我，并成了我的好朋友和最佳搭档，他就是科特尼·休斯。

过了几天，格林斯堡想让布鲁克斯先生派个人过去照看电报机，因为操作员约瑟夫·泰勒想请两个星期的假，得找个顶替他的人。布鲁克斯先生问我能否过去，我立刻同意了。

“嗯，就派你过去吧。”

我马上搭乘邮政专车出发了。这是我第一次出差，一路上我兴奋不已，在旅途中认真地欣赏了这个国家。同行的还有祖籍苏格兰的律师大卫·布鲁斯先生和他的妹妹。我在格林斯堡的酒店吃了饭，这是我第一次在外面吃饭，感觉饭菜可口极了。

这一年是1852年，格林斯堡正在大兴土木，打算修建宾夕法尼亚铁路。这是一项宏伟的工程，我每天早上上班都能看到工程的进度，谁也没料到，后来的某一天我也为这项工程出了一份力。

做电报机的操作员，对我来说是一项重要的任务，这是我进入电报公司以来头一次接受这种任务，我心里有点紧张。为了不错过任何一份电报，我一直坐在电报机旁等着。一天晚上，电闪雷鸣，风狂雨暴，可我仍然不想切断联系，一直守在电报机旁边。突然一个闪电划过，因为离键盘太近，我被击倒在地。这次事故差点使我丢了性命。从那以后，每当遇到闪电天气，我都格外谨慎。我成功地完成了任务，得到了上司的赞赏。在其他信差的眼中，我回到匹兹堡时仿佛是衣锦还乡，风光无限。很快我就得到了提拔。当时公司缺少一个操作员，布鲁克斯先生向詹姆斯 · D. 里德致电推荐了我。里德先生是苏格兰的又一个优秀典范，后来我们成了好朋友。他从路易斯维尔发来电报说："如果您认为安迪能够胜任助理操作员的工作，那就选择他吧。"就这样，我成了一名电报操作员，月薪25 美元，这对我来说是一笔巨额财富。我很感激他们，是他们将我从一个信使提拔为电报操作员。那一年我 17 岁，顺利结束了学徒生涯，一天能挣一美元了，成了一个真正的男子汉。

对年轻人来说，电报公司的操作室是一所不错的学校，因为在这里可以用纸和笔进行创作。很快，我脑子里关于英国和欧洲的那点知识派上了用场。确实，知识随时都有可能发挥作用。当时海外的消息是通过电报从莱斯角发来的，这是一项最有挑战性的工作。我很喜欢这个工作，没过多久，这项任务就落到了我头上。

当时的电报线路很差，一旦遇到暴风雨天气，我们就得靠猜测来补全信息。我喜欢花一些时间补齐传输过程中漏掉的字母，而且不会打断发报员的工作，所以大家都认为我的猜测能力是最强的。我这样做并不存在什么风险，即使弄错一两个单词，也不会造成太大的麻烦。就这样，我对国际事物，尤其是英国的情况有了了解。只要看到开头的一两个字母，我就基本能猜出后面的内容。

我们公司天天都有记者出入，他们是各家报社派来转载新闻快讯的。后来，由一名记者为所有报社代办此事。这个记者给我提了一个建议：如果我将接收的信息多复制几份给他，我就能每周得到 1 美元的报酬。这是我第一次为报社工作，而且得到了不少报酬，我的月薪涨到了 30 美元。家里的生活状况日益好转，仿佛很快就能挣到上百万了。

影响我日后发展的还有一件事情：我和同事们成了韦伯斯特文学社的成员，而且还组成了一个良好的小团体。韦伯斯特文学社在匹兹堡非常有名，成为其中的一员让我们感到十分自豪。最近，汤姆 · 米勒还跟我提起当年的一件事，我们曾讨论过“司法官是不是应该由人民选举”这个话题，米勒说当时我讲了将近一个半小时。我觉得他一定是记错了。

加入这样的社团对年轻人很有益处。我很擅长辩论，思路清晰，反应敏捷，这归功于我过去学到的很多知识。在韦伯斯特文学社的经验为我以后的演讲打下了基础。我在演讲时很放松，就像跟家人聊天一样，绝对不会搞一言堂；我坚持自己的风格，不去效仿任何人。基于这两个原则，我在演讲时向来表现得很沉稳。

后来，我完全掌握了听声辨意的本领，只用耳朵就可以接收信息了。当时很少有人具备这个能力，有的人为此还专程跑到公司来看我接收电报，这让我一时名声大振。有一次，洪水毁坏了斯托本维尔和惠灵之间的发报系统，公司派我去斯托本维尔负责接收东西部的所有信息。每隔一两个小时，我便派出小船将接收的消息送到惠灵，小船返回时又把惠灵的紧急信息带回斯托本维尔。就这样，在电报系统恢复之前的一个星期里，东西两地的电报通讯一直畅通无阻。

在斯托本维尔工作期间，我听说父亲准备到惠灵和辛辛那提去销售台布，于是便到码头去等他，结果父亲乘坐的船直到深夜才抵达码头。我走过去迎接父亲，发现他为了省钱一直待在甲板上。我心里难过极了，像父亲这样的好人，怎么会遭这种罪呢？尽管心里很伤感，但我还是宽慰他说：“爸爸，别难过，你和妈妈很快就会拥有自己的马车了。”

父亲是一个典型的苏格兰人，保守、腼腆，而且敏感，极少夸奖我们，唯恐我们听多了表扬而得意忘形。但这次他真的被感动了，紧紧地抓着我的手，温和地说：“安迪，我为你自豪！”当时父亲看我的眼神时常浮现在我的脑海中，令我永生难忘。

父亲似乎也为自己刚才的话不好意思起来，声音有些颤抖。他两眼含着泪花，跟我道了晚安，并让我赶快回办公室去。这么多年来，父亲的话一直在我的耳边回响，温暖着我的心。我了解父亲，就像他了解我一样。苏格兰人就是这样，话语不多，但一字千金，感触越深，表达得越少。父亲的内心神圣无比，任何语言的表达都是一种亵渎和轻慢。父亲心地善良，待人真诚，深受朋友爱戴。他没有加入任何教会或神学组织，但他有一颗虔诚的赤子之心。他沉默寡言，但是诚实守信。唉，父亲这次回去后没多久就去世了，我们刚刚有了让他过上安逸生活的能力，他却去了天堂。

回到匹兹堡没多久，我认识了托马斯・A. 司各特，他被其所在领域的人称为“天才”。他是宾夕法尼亚铁路公司的区域负责人。他的上司是在阿尔图纳的罗姆贝特总裁，他们经常用电报联系。所以，司各特先生晚上经常到电报公司来，我值班时经常见到他。我先是认识了他的助理。有一天，这个助理对我说，司各特先生有意让我去他的公司担任专职电报操作员。

助理还告诉我当时他是这样回答的：“他应该不会同意吧，他现在已经是个操作员了。”

我一听不由得急了，对助理说：“不，我愿意去那里工作。请回去转告司各特先生。”

就这样，1853 年 2 月 1 日，我成了司各特先生的专职电报操作员，月薪 35 美元。月薪从 25 美元一下子涨到 35 美元，据我所知，这个增长幅度在当时应该是最大的了。公共电报线被临时拉进了司各特先生的办公室，在宾夕法尼亚铁路公司自己的电报系统建成之前，铁路公司在不影响电报公司正常工作的情况下，可以专享这条电报线路。

第六章　铁路公司

离开电报公司的操作室后，我走进了一个全新的广阔世界。刚开始工作并不是很顺利，当时我刚满 18 岁，也知道这个世界并不是那么单纯，但是，在此之前我从来没有骂过人，也没听过一句粗鲁之言，脑子里压根没有卑鄙无耻这个概念。

现在我却走进了一个粗人的队伍中，办公室是临时搭建的，跟货运列车长、扳道工、消防员以及司各特先生挤在一个办公室里办公。这里的环境与过去截然不同，我很不喜欢。我的家是那么的幸福、温馨，见不到一点阴险与鄙俗；过去和伙伴们在一起，也是那么的惬意、轻松，大家都很有上进心，都想成为一个受人尊重的人。当时的我非常讨厌与自己的本性及早年受到的教育相背离的事情。然而，与粗俗的人交往也有好处，它让我厌恶抽烟、诅咒或说粗话，从这个意义上说，这段经历激励着我一生洁身自好，我虽然不喜欢，却很感激。

这些人并非生来就粗俗堕落、丑陋不堪。那个时候人们暴粗口、抽烟、擤鼻涕的恶习十分普遍。铁路是一个新兴的行业，很多从事水运的粗人纷纷加入其中。他们中间也不乏优秀的年轻人，他们身居要职，举止得体，受人尊敬。他们很喜欢我，直到现在我偶尔还能听到一些关于他们的消息，好些人仍然活着，这真让人欣慰。过了一段时间，我和司各特先生终于搬进了独立的办公室。

不久，司各特先生派我去阿尔图纳取当月的工资表和支票。这次出差实在不同寻常。当时的阿尔图纳没有一点大城市的模样，除了铁路公司修建的几座办公楼外，街上空荡荡的，连商店也没有。在那里，我初次见到了铁路公司的总裁罗姆贝特先生。他的秘书罗伯特·皮特凯恩是我的朋友，也是我举荐过去的。后来，我的另外几个好朋友也都成了铁路公司的职员，我们又在一起工作了。

罗姆贝特先生严厉、固执，不善交际，与司各特先生截然不同。不过，他向我交待完事情后，对我说："今天晚上你一定要和我们一起喝茶。"他的邀请让我有点受宠若惊，支支吾吾地答应了。这次邀请使我备感荣幸。罗姆贝特夫人热情地招待了我们，罗姆贝特先生是这样向她介绍我的："他就是安迪，司各特先生的爱将。"他的介绍让我觉得无比骄傲，因为他说我是司各特先生的部下。

然而，我在回去的路上犯了一个致命的错误——我把工资单和支票弄丢了。我的前程几乎断送在这个错误上。当时我的口袋很小，装不了东西，于是就把工资单和支票揣进怀里，坐上了回程的火车。我很喜欢坐火车，火车摇来晃去，让人觉得很舒服。半路上，我伸手摸了摸装工资单的袋子，浑身顿时冷汗直冒——袋子不见了。

我本应该好好保管工资单和支票，就像保护自己的尊严一样，可我却失了职。我很清楚，这事很可能让我丢了工作，但隐瞒事实于事无补。我赶紧找到火车司机，向他说明了事情的经过，请求他帮忙找找。我觉得包裹是在火车剧烈晃动时被震出去的，应该与现在所在的地点仅相距几英里。他答应了我的请求，将火车掉了头。我细心地寻找着，终于在一条河流的岸边找到了它。看到它的那一刻，我简直不敢相信自己的眼睛，急匆匆地下车跑了过去，将包裹紧紧地抓在手里，还好，包裹没有任何破损，东西都还在。这之后我一直紧抓着它，直到安全抵达匹兹堡。这件事只有火车司机和消防员知道，他们承诺不会告诉任何人。

很多年后我才有勇气说出这件事。试想，如果火车震动得再厉害一点，很可能将包裹甩得更远，也许就会被甩进河里冲走了。那样一来我将永远无法弥补这个错误，不论我如何努力，上司都不会再相信我了。这件事也使我认识到，就算年轻人偶尔犯下大错，也不能对他们太过严苛。我时常会想，假如当初我没有找到包裹，我会面临什么样的结局呢？我会走上一条什么样的道路呢？我至今还记得包裹所在的位置，只要从那条线路经过，就好像看到它还躺在那里，耳边似乎响起一个声音："孩子，没关系。上帝会保佑你的，但以后千万不要犯这样的错误了。"

我对奴隶制一直持反对态度，但因为年龄太小，我没有资格参与选举。不过，我还是对1856年2月22日匹兹堡共和党举行的第一次全国性集会给予了大力拥护。为了反对威尔逊、黑尔和其他支持奴隶制的议员，一些共和党领导人在街上游行示威。我还专门为《纽约论坛周刊》组织过上百人的铁路工人俱乐部，并给大编辑贺瑞斯·格里利先生写过短信。为了唤醒人们的觉悟，促使人们行动起来，格里利先生作出了很大的贡献。

我的作品第一次变成铅字，出现在这个自由而激进的论坛上。我的职业生涯又掀开了一个新的篇章。很多年后，我还保存着那一期论坛。令人遗憾的是，发动内战才换来了解放与自由，这个代价无疑是昂贵的。但是，我们不仅要废除奴隶制度，还要废除分裂的联邦制度和各州的过高权力，这些都阻碍了建设强有力的中央政府。南部的思想不利于群众的团结。而现在，一切都掌握在最高法院手中，由律师和政界要员共同审理案件。统一给各个领域都带来了好处。凡事都要统一管理，包括结婚、离婚、破产、铁路监管、公司管理，等等。[①]

铁路公司很快有了自己的电报线路，需要招聘更多的操作员。新进的操作员进行培训后，大多安排在匹兹堡的办公室里。电报事业的发展速度相当惊人，只有增添新的电报部门，才能跟上它的发展步伐。1859 年 3 月 11 日，我过去的玩伴大卫·麦卡戈受我委派担任电报部门经理。我们首次将女孩招进了美国铁路部门的发报室，并向各个部门安排女学徒，让她们学习如何工作，并给她们分配恰当的工作。我的表妹玛丽亚·霍根小姐是第一批女操作员之一，她被安排到匹兹堡货运站当操作员。后来她也开始带学徒，她的办公室就像一所学校，培养了许多出色的操作员。实践证明，女操作员更靠谱

---

① 1907 年 7 月再次读到这段文字，我觉得自己仿佛未卜先知似的，现如今这些问题已经成了民众热议的焦点。——作者注

些。我认为，没有哪份工作的操作员更适合女性了。

当年我极为崇拜和尊敬司各特先生，他是一位非常不错的领导，很受大家爱戴。他深深地影响着我，我认为他一定会成为宾夕法尼亚铁路公司的总经理，果然不出我所料，他做到了。在他的帮助下，我也开始做一些分外的工作。我清楚地记得，我因为正确处理一件小事而受到了提拔。

那个时候，铁路还是单行道，火车的指令往往是通过电报下发的。在宾夕法尼亚铁路公司，只有经理才有权下达行车指令。当时铁路管理系统还不成熟，人们还没有受过相关的培训，所以下发行车指令是存在一定风险的。每当遇到事故，司各特就必须亲临现场指挥，因此他早上经常不在办公室。

一天早上，东区发生了一次严重的事故，西去的特快客运列车被暂停在铁路上，东行的客运列车在旗手的指挥下像蜗牛爬行一样前进，同时铁道上还停留着两个方向上的货运列车。当时司各特先生不在，我忍无可忍，决定发布“行车”指令。我很清楚，一旦出现错误，我必须卷铺盖走人，说不定还会受到刑事处罚。可是，货运列车已经在轨道上停留了一整夜，我不能眼睁睁地看着货运列车上的人受罪。我之前经常帮司各特先生写指令，知道应该怎样做，也相信自己可以做好。于是，我按自己的想法去做了。我认真地启动电报机，发出了指令，以司各特先生的名义将列车从这一站调到了另一站。当司各特先生回来时，一切都恢复了正常。他得知列车延误后，马上问道：“哦，怎么回事？”

他很快走到我身边，拿起铅笔就要写指令，我怯生生地对他说：“司各特先生，因为到处都找不到您，我已经以您的名义将这些指令发出去了。”

“现在一切正常了吗？东区的特快列车走到哪儿了？”他问道。

我将发出的指令拿给他看，并向他汇报了火车当前的位置、各列车长的回复，以及每列火车经过的站点。一切都正常运行着。他盯着我看了好久，我不知道将会发生什么，低着头不敢看他。但他一句话也没有说，片刻之后，他回到了自己的座位上。这件事就此划上了句号。他不愿肯定我的做法，但也没责怪我。一切顺利，当然最好；一旦出现差错，我就得负全责。这以后，司各特先生每天早上都准时到达办公室。

这件事我没有告诉任何人。我暗暗发誓，假如再有类似的事情发生，我决不再那样做，除非上司将权力授予我。这件事使我消沉了很长时间，直到我从匹兹堡货运部主管弗朗西斯卡先生那里得知司各特先生的真实态度。他说，事情发生的那天晚上，司各特先生问他：“你知道那个一头白发的苏格兰男孩做了什么吗？”

“哦，他做什么了？”

“他没有经过允许就以我的名义发出了行车指令。但他要是不这样做，我将后悔不已。”

“这么说他做对了？”

“是的，他做得非常好。”

我的心总算放下了。司各特先生的态度表明，如果再次发生类似的事情，我尽可以大胆去做。从那以后，司各特先生很少亲自发行车指令了。

我所认识的大人物中，约翰·埃德加·汤姆森先生是其中最了不起的一位，他是宾夕法尼亚铁路公司的总裁，后来我们创建的钢铁公司就是用他的名字命名的。他比格兰特将军还要沉默寡言，至少后者跟朋友在一起时非常健谈。他来匹兹堡视察时，看上去是那样的狂妄自大。后来我才知道，他是因为腼腆才不爱说话的。有一次，我在司各特先生的办公室见到了他，没想到他竟然走过来和我打招呼，称我为“司各特的安迪”。他知道了我发指令的事情。对于年轻人来说，能够完成更重要的任务就意味着达成了一半的人生目标。做一些本职工作之外的事情才能引起上司的重视，每一个追求进步的孩子都应该这样做。

不久，司各特先生要出去旅游一两个星期，他向罗姆贝特先生提议由我暂时顶替他的工作。当时我只有 20 岁，他的举荐无疑冒着很大的风险。然而，罗姆贝特先生采纳了他的建议。这对我来说是一个很好的机会。这段时间，一切都很顺利，只有一次，铁道的扳道工犯了一个无法弥补的错误。我很愤怒，立即调查了事情发生的经过，按照铁路规定将主要的责任人解聘，还停了另外两个相关人员的职。司各特先生回来后，有人向他汇报了这件事，想让他重新调查处理。或许我做得的确有点过头，可是事情已经发生，我只能顶住压力，表示我已经查明了事情的经过，也进行了恰当的处理，惩罚了相关人员。我认为这件事无须重新调查。司各特先生同意了我的做法，他从我的神情意识到了我对这个问题的敏感。

司各特先生内心或许认为我的惩罚太重了，但是他保持了沉默。很多年后我成了部门经理，终于意识到了这一点，对当初的做法愧疚不已。只有经历过，才能体会到宽容的意义，很多时候，宽容远比严惩更有效。轻微的惩罚有时反倒能收到更好的效果。宽容有时更为明智，尤其是对首次犯错的人来说，没有必要进行严厉的惩罚。

生老病死、来世今生这些问题是每个人都必须面对的，我和我的 5 个伙伴也不例外。我们的父母信仰不同，但都是善良忠厚之人，他们不仅给了我们生命，还辛勤养育了我们，这种恩情值得铭记终身。麦克米伦夫人的丈夫是匹兹堡长老会的教区长，在麦克米伦夫人的影响下，我们加入了长老会。① 麦克米伦先生为人谨慎、保守，信奉加尔文教，而麦克米伦夫人则平易近人，易于相处，我们都很喜欢她，我的朋友们有时也会去她的教堂。

有时我们和麦克米伦夫人也会因为信仰而发生争执，令人高兴的是，她从来没有因此而疏远我们。我们后来支持了米勒的布道，这是一种冒险的举动，我们很有可能因此而被赶走，说不定会更糟糕。尽管更信仰宗教，但是我们还是选择了神学。

约翰·菲普斯骑马时摔了下来，抢救无效去世了。我们都很悲痛。当时我坚信："约翰没有死，只是回到他出生的地方去。终有一天我们也会回去，永远和他在一起。"这多少缓解

---

① 我在 1912 年 7 月 16 日又读到了这段文字，突然记起麦克米伦夫人曾从伦敦给我写过一封信。当时她已经 80 岁了，两个女儿刚结婚。两个女婿都是响当当的人物，是民族的骄傲。一个是伦敦某大学的教授，一个是波士顿大学的教授。——作者注

了我们的痛苦，给我们带来了一丝快乐。柏拉图说："让自己快乐起来，只要心存希望，就能收获更多。"我们要记住这句话，永远不要放弃希望。这一生能与亲密的伙伴在一起是幸福的，假如下辈子还能在一起更是幸福的。生命有限，我们要坚定自己的信念，并以此安慰自己，就像柏拉图说的"让自己快乐起来"。每个人都要心存希望，牢记自己的责任，天堂就在我们眼前，家就是我们的天堂。

这段时间，司各特先生主动给我加了薪，使我的月薪从35美元涨到了40美元。同时我又多了一项工作——每个月给职员发工资，我们的薪水是用支票支付的。[①] 我总是将工资换成两个20美元的金币，如同收藏世界上最珍贵的艺术品一样。我们开了一次家庭会议，商议购买一块地，包括这块地上面的两幢小房子。当时我们自己住着其中一幢，霍根姨妈和姨父住着另一幢，后来他们搬到了别处，他们的房子就一直空着。在艾肯特姨妈的帮助下，我们曾在织布店的楼上住了很久，现在我们买下那幢房子后，终于可以把房子还给她了。我们刚买下那幢房子，霍根姨父便去世了，而我们又搬到了阿尔图纳，于是就将霍根姨妈接回老房子居住。记得当时房子的总价是700美元，我们拿出半年的积蓄100美元，付了首付款，每半年交一次利息。很快我们就还清了债务，终于拥有了自己的家产。在此之前，因为父亲去世，家里经历了一场痛苦的生离死别，

---

① 1907年3月28日，安德鲁·卡内基在美国军用电报公司的聚会上回忆道："我记得当时我拿着当月的工资报表找司各特先生签名，工资表显示我们每月的工资一共125美元。我当时的工资是35美元，他是怎样分配这些钱的呢？我一直很纳闷。"

那是1855年10月2日。父亲生病时欠了不少钱，我们不得不努力工作，化悲痛为力量，继续担负生活的重任。那段时期，家里几乎没有积蓄。

当时小斯韦登伯格会的领导人是大卫·麦坎德利斯先生。他很欣赏我的父母，不过双方除了礼拜天在教堂里打打招呼外，并没有过多的来往。麦坎德利斯先生与艾肯特姨妈关系很好，他曾对姨妈说，他知道母亲经常做善事，如果我们有什么困难，他很乐意帮助我们。

生活往往就是这样，喜欢锦上添花的人很多，但雪中送炭才最为感人。母亲刚失去丈夫，大儿子刚参加工作，小儿子尚年幼，生活极其艰难，这时候得到别人的帮助，对她来说是件暖心之事。但母亲并没有接受麦坎德利斯先生的帮助。当然，对于麦坎德利斯先生的恩情，我们一直铭记在心，把他如神一般放在心里。我始终认为，上帝会帮助每一个需要帮助的人。人们都乐意不求回报地去帮助那些需要帮助的人，在这个世界上，好人远比坏人多。

父亲去世后，我感到自己肩上的担子更重了。一家人继续负重前行，母亲做鞋，汤姆上学，我继续在铁路公司工作。突然有一天，我家幸运地迎来了一次大转机。

那天，司各特先生突然对我说，他可以帮我做一笔投资，威尔金斯堡的车站代理雷诺兹先生想要出售10股亚当斯快车的股票，只需要500美元。可是，当时的我别说500美元，50美元也没有。我知道这是一次与上司建立经济关系的好机会，于是就说自己可以凑到这笔钱。我知道这是一个冒险的举动，必须回去和母亲商量。母亲马上就同意了，她一向无所不能，想出了一个办法——贷款，以房子做抵押。

第二天一大早，母亲坐上汽艇去东利物浦找舅舅。舅舅是当地的治安法官，管理着一些农民投资的钱。母亲晚上抵达东利物浦，从舅舅那里借了 500 美元。在司各特先生的帮助下，我如愿得到了 10 股亚当斯快车的股票，只是还需要再交 100 美元的押金。但司各特先生没有立刻要这笔钱，而是说我什么时候方便什么时候再给他。就这样，我人生中的第一次投资顺利完成。

当时每月的利润远比现在多。一天早上，我的办公室桌上多了一个写着“安德鲁·卡内基先生”的白色信封。“先生”这个词让尚未成年的我感到又惊又喜。信封的一角上盖着亚当斯快车公司的圆形邮戳。我赶紧拆开信封，里面一张 10 美元的支票——纽约黄金交易所银行的支票。平生第一次不劳而获，拿到了利息，以及那个醒目的签名——“出纳员 J. C. 巴布科克”都令我永生难忘。我忍不住大叫起来：“太好了，我挖到了金矿。”

每个周日，我们几个好朋友都会聚在小树林里。这个周日聚会时，我把这张支票拿给伙伴们看，他们无不咋舌赞叹。他们对投资一直没有概念。我们商定好好存钱，等待机会再进行投资，然后像合伙做生意那样按股份进行分红。

有一次，司各特先生让我去给弗朗西斯科思先生（我们公司的火车代理商）传个口信。那是我第一次来到弗朗西斯科思先生家里，他的夫人请我进去，但我因为害羞，便拒绝了，而且还欺骗了她。我一向不喜欢去别人家里，这么多年来，从来没在她家吃过饭。有时司各特先生会极力地邀请我去他家吃饭。宾夕法尼亚铁路公司的首席律师斯托克先生住在乡下，那里风景秀丽，我第一次在别人家过夜就是在他家里。斯托克斯先生的邀请，让我十分惊讶，他是一个见多识广，很有身份的人，怎么可能会注意到我呢？后来我才知道，他看过我在《匹兹堡电讯》上发表的文章。我曾经梦想做一名编辑，并将贺瑞斯·格林莱和《论坛报》定为自己追求的目标。后来我买下了《论坛报》，可它却对我失去了吸引力。这也许是因为，得不到的东西永远是好的，一旦得到了，就会像珍珠失去光泽一般，对人毫无吸引力。

针对市民对宾夕法尼亚铁路公司的看法，我匿名在《匹兹堡电讯》上发表了一篇文章，出乎意料的是，它竟然被放在报纸的头条位置。那天我正坐在发报机前，突然收到斯托克斯先生发给司各特先生的一份电报，他请司各特先生帮他调查一下这篇文章的作者。我想，如果司各特先生从编辑手中拿到手稿，一眼就能认出是我写的，与其这样，不如主动向他交待。于是，我将一切告诉了司各特先生。他似乎不太相信，还说他早上看过这篇文章后，对这个作者也很好奇。后来我便接到了斯托克斯先生的邀请，让我去他美丽的家里度周末。这是一个愉快的周末，我们成了好朋友。

斯托克斯先生的家富丽堂皇，尤其是图书室里的那块大理石壁炉，耀眼夺目，使屋里的所有东西都失去了光彩。大理石的中央刻着一本摊开的书，上面写着：

不去思量是愚笨

不愿思量是执拗
不敢思量是屈服

我在心里暗暗发誓：总有一天我也要建立自己的图书室。现在我已经在基斯伯建立了图书室。

后来，我又在斯托克斯先生家度过一次周末，期间发生了一件趣事。当时我已经担任宾夕法尼亚铁路公司匹兹堡分部的经理。时值南方宣布分裂，北部预采取武力措施统一国家，我为此感到热血沸腾，但斯托克斯先生作为民主党人对此持反对态度。面对他那强烈的不满情绪，我忍不住提高了声音："斯托克斯先生，只需 6 个星期，我们就能把您这样的人消灭。"

他听了哈哈大笑起来，大声对他的妻子说："南希，南希，你快来看，这个苏格兰小伙子太坏了，竟然想在 6 个星期内消灭像我这样的人。"

那段时间发生的事似乎有些离奇。不久，我成了战地指挥部的秘书，负责政府的军事铁路和军用电报。斯托克斯先生受命成了少校。过去，他强烈地反对北方诉诸武力，现在都成了一名军人。人们围绕宪法权力展开了热烈的讨论。英格索尔上校说："美洲大陆的上空绝对不能飘扬两面旗帜。"是的，只能有一面旗帜，宪法要确保这一点。

第七章　步步高升

1856 年，21 岁的我跟着司各特先生去了阿尔图纳，他要去那里担任宾夕法尼亚铁路公司的总经理。我不愿离开匹兹堡，但为了事业，我只能离开。母亲一向追求上进，对我的调动感到很高兴，而且认为像司各特先生这样待人真诚、与人为善的领导值得追随。

很多人眼红司各特先生的升迁，刚上任，他就遇到了一次大罢工。当时他的妻子刚去世没多久，加上刚到阿尔图纳，人生地不熟，他看起来十分落寞。刚开始我们住在铁路公司的招待所，后来他在这里安了家，把孩子从匹兹堡接了过来。他很寂寞，好像一刻也不想离开我，希望我搬到他的卧室里去住。

罢工愈演愈烈。一天深夜，我被从被窝叫起来，得知列车被货运部的工人扔在了米夫林，整条线路都瘫痪了。司各特先生睡得正香，我不忍叫醒他，他太累了。但他还是醒了，我提议自己一个人去处理这件事，他迷迷糊糊地同意了。我迅速赶到办公室，以司各特先生的名义跟这些人谈判。我承诺明天一定给他们一个满意的答复。这次谈判很成功，工人们就很快回去工作了。

随后我收到消息，这次参加罢工的不仅有列车员，还有店员。这个消息的来源非常奇怪：一天晚上，我下班回家，走到阴暗处时，感觉身后有人跟踪。过了一会儿，跟踪我的人紧走几步，拦住我说："千万别让人看到我跟你在一起。我曾受过你的恩惠，一直想要报答你。我是一个铁匠，曾经去过你们匹兹堡的办公室找工作。你告诉我，匹兹堡不需要铁匠，但阿尔图纳可能会需要。你一点也不嫌麻烦，示意我稍等一会儿，很快帮我问了一下，并向他们推荐了我，还给了我一张去阿尔图纳的车票。就这样，我得到了一份不错的工作，很快将妻子和家人接了过来，在这里安了家，生活得很幸福，而这都是因为你的热心之举。对于你的恩情，我一直铭记在心。现在我要告诉你一些事，或许会对你有所帮助。"

他说，店员们决定在下周一举行大罢工，现在正在秘密进行签名活动。第二天一大早我就向司各特先生汇报了这件事。他马上下令在各家商店张贴通知，宣布解雇参与签名罢工的人，让他们到办公室结算工资。与此同时，我们掌握了签名者的名单，打了店员们一个措手不及，他们一下子慌了神。就这样，罢工不了了之。

后来我还做过很多类似铁匠所说的事情。适时地关心别人，哪怕是一句安慰的话，有时也能得到意外的回报。时常有陌生人说我曾帮助过他，但我觉得那些事根本无足挂齿。内战时期，我在华盛顿负责政府的铁路和电报，遇到有人想去前线寻找受伤或生病的儿子，或是将儿子的尸体运回家，我通常会让他们上火车。这种事情不计其数。尽管它们微不足道，但却给我带来了巨大的幸福和快乐，我由衷地感激它们。慷慨地行善，当你做得越多，生活便越幸福。适时地帮助穷人，即使无法得到回报，其意义也远胜于帮助一个百万富翁。“全心全意地施行善举，不留姓名，不求回报，是善良之人的独特优点。”真是至理名言啊！

在阿尔图纳的两年中，我和司各特先生同甘共苦，共同进退。期间公司收到了一个诉讼，斯托克斯少校将在格林堡审理此案。因为我是这个案件的主要证人，而斯托克斯少校不想让我出庭作证，于是打算将本案延后，并让司各特先生安排我尽快离开本州。我欣然同意了此事，因为这样我就可以见到正在俄亥俄州的克莱斯特莱斯铁路部门工作的好友米勒和威尔逊。我坐在火车尾部车厢的最后一排离开了阿尔图纳。途中，一位农民装扮的人听司闸员说我是宾夕法尼亚铁路公司总部的员工，于是拿着一个绿色的小袋子走到我跟前，说他发明了一种专门用于夜间行驶的车厢模型，想让我看一看，他一边说一边从袋子里拿出一个好像卧铺车厢的模型。

众所周知，卧铺车厢是现代社会必不可少的交通工具，它的发明人就是这个人——著名的 T. T. 伍德拉夫。我马上意识到此事不同凡响，于是向他保证一回去就向司各特先生汇报此事，并问他愿不愿前往阿尔图纳。我急着返回阿尔图纳，以便将卧铺车厢推荐给司各特先生。我抓住了这次机会，得到了司各特先生的赞赏。他让我给这位发明者发电报，邀请他来阿尔图纳。伍德拉夫先生很快与铁路公司签订了合同，并迅速帮我们制造了两列车厢。当时伍德拉夫先生还问我对这个项目是否感兴趣，愿不愿意入股，并答应给我 8% 的分红。这让我十分吃惊。

我确信这个项目一定能够获利，于是同意入股。这个项目是按分期交货、每月付款的方式进行。我的第一次付款份额是217.5美元。几经考虑，我决定冒险向银行贷款。我向当地银行老板劳埃德先生说明了情况，他把粗壮的胳膊搭在我肩上，说："安迪，你是对的，我会贷款给你。"

就这样，我给一个银行家写下了平生第一张借条。这可以说是我人生的一个关键时刻。卧铺车厢这个项目进行得很顺利，每个月我都能够拿到红利，足够我偿还贷款。这次投资使我掘到了人生第一桶金。[①]

不久，我把母亲和弟弟也接到了阿尔图纳，并想雇个佣人，但是母亲坚决反对，她不愿家里出现一个陌生人。她认为两为个儿子做事是自己的份内事，她乐意为孩子做任何事情，包括做饭、洗衣、缝补、铺床叠被、打扫房间，这是她做母亲的权力，她不希望一个陌生人插手。当然，没有人能剥夺她身为母亲的权力，可是我们仍然需要雇请佣人。起初只找了一个，后来又找了好几个。他们彻底打乱了我家的幸福生活，我们吃着陌生厨子做的美味佳肴，却吃不出过去的味道。因为他们只是为了钱，当然做不出母亲爱的味道。

我很庆幸自己出生在穷苦人家，年幼时没有受过保姆和家庭教师的照顾。穷苦的家庭里总是充满了温馨与快乐，生活在这种环境的孩子总是很恋家，孝顺父母。这些优点是富家孩子所缺少的，因为富裕的家庭中往往缺少温情。童年和青年时期对一个人极其重要，因为父母给予的关爱和呵护将影响他的一

---

① 1909年7月19日再次读到这些文字时，我听劳埃德先生的女儿说，劳埃德先生一直在惦记着我。我听后感动极了。——作者注

生。父亲是孩子的导师、顾问和朋友，母亲是孩子的保姆、裁缝、家庭老师、伙伴、英雄和圣人，孩子将从他们身上继承很多优良传统；然而富家的孩子却没有这些优势。

母亲完全没有意识到，她的儿子已经长大成人了。我对母亲说，现在她应该享清福了，儿子已经长大，可以自己处理问题，我们家的生活方式也应该有所变化，不能再像以前那样，我们还要在家里招待朋友。我紧紧地抱住母亲，让她知道她现在可以读书、旅游、招待挚友，不用像过去那么辛苦。总而言之，她可以适当提高自己的地位，像贵妇那样去生活。

毫无疑问，母亲没有接受我的说辞，但她最终也发现家里雇佣人势在必行。她第一次觉得她的大儿子成了一个真正的男子汉。我揽着她，诚恳地说："妈妈，您为了我和汤姆操劳了大半生，现在轮到我为您做点事情了。我们做个相互关爱的朋友吧。不久您就可以拥有自己的马车，做一位贵夫人。我和汤姆都希望请人来替您操持家务。"

母亲终于被说服了。我们带着她去邻居家做客。母亲生来气质高贵，举止优雅，尽管对上层社会的礼仪知之甚少，但在教育、学识、判断力和待人接物方面并不比别人差。

在阿尔图纳，我认识了司各特先生的外甥女——丽贝卡·斯图尔特小姐，和她在一起，我感觉很愉快。她来帮司各特先生打理家务，经常像个大姐姐一样照顾我。司各特先生不在的时候，她对我更是无微不至。我们经常在下午时驾着马车穿越树林。好几年我们一直保持着密切的交往。

1906 年的一天，我又翻阅了她的来信，感觉自己亏欠她太多了。事实上，她并不比我大多少，但是言行举止却比我成熟稳重多了，简直就是我的大姐姐。那段时间，我觉得她就是一位完美无暇的淑女。只可惜后来我们渐行渐远。她的女儿嫁给了苏塞克斯伯爵，再后来她们一家都移居海外了。

三年后，我又遇到了一个难题：1859 年，司各特先生升任公司副总裁，要调去费城工作。我一时无所适从：他会带上我吗？还是让我留在这里迎接新上司？我很舍不得离开司各特先生，想到还要面对新上司，心里愈发难过。我已经习惯了为他服务，不管是工作还是生活，是他给了我升职的机会，离开他后我该怎么办呢？

司各特先生从费城回来后，告诉我事情已经定下来了，他很快就要到费城去。他的位置将由运营部经理伊诺克·刘易斯先生顶替。他会怎么安排我呢？我好奇地等待着。终于他开口了：“现在来谈谈你的事情吧，你觉得你能管理匹兹堡部门吗？”

我已经 24 岁了，觉得自己能够胜任所有事情。我很庆幸自己遇到了司各特先生，否则我不可能变成今天这个样子。约翰·拉塞尔勋爵曾说，总有一天他会驾着快艇越过海峡，这让我十分钦佩他。于是，我对司各特先生说“我可以”，当时的我就像英雄华莱士和布鲁斯一样。

“嗯，不错，”司各特先生说，“匹兹堡现任经理坡兹先生很快会调到费城的运输部，我已经向上面推荐了你。总裁同意让你试试。你期望的薪水是多少？”

“薪水？”我生气地说，“谈什么薪水啊，我根本没有想过这些事。我能回匹兹堡坐上您原来的位置，已经感到很荣幸了。我真的不在乎薪水，多少都可以。”

那个时候，我的月薪是 65 美元。

“你也知道我过去的薪水是一年 1500 美元。现在坡兹先生一年拿 1800 美元。我想先给你 1500 美元的年薪，以后再涨到 1800 美元，当然你一定得好好干。你觉得怎样？”

“哦，请……我们还是不谈这个了吧。”我支支吾吾地说。

薪水并不重要，升职才是关键，以后我将独自管理一个部门，从匹兹堡发往阿尔图纳总部的公文上将会出现我的大名，这才是最值得骄傲的。

1859 年 12 月 1 日，我升任匹兹堡部门主管的文件终于发下来了。我们马上准备搬家。全家人都为我的升职而激动不已。阿尔图纳是个美丽的地方，可以享受惬意的乡村生活，我们也习惯了这里的生活，还在郊区一个风景秀丽的地方买了一大块地和一所大房子。但是，我们还是更想回到雾气重重、脏乱不堪的匹兹堡，因为那里有我们的许多老朋友。汤姆在阿尔图纳，学会了发报，回到匹兹堡后，他做了我的助手。

我很快走马上任了。这个冬天特别冷，线路很差，列车效率也很低，经常发生拥堵。铁轨修建在大块的石头上，需要铁铸的轨座加以固定，有一天晚上接连发生了 47 起因轨座断裂而引起的事故。那段时间，我夜以继日地在铁路上忙碌着，处理各种交通事故。有一次，我一连忙了八天八夜。我一向体力旺盛，精力十足，在强烈责任感的驱使下，我日夜奋战，搞得下属也疲惫不堪，可能我是所有担任过这项管理工作的人中最不体贴下属的一个。我睡眠一向很好，不管在什么地方、什么时候都能睡着。困了，我就抓紧时间睡一会儿，哪怕只有半个小时。

内战爆发后，宾夕法尼亚州的铁路运输量愈发繁重起来，我只得组织人员夜晚值班。我任命了一个夜班列车调度员，负责夜间的工作（上司不允许我这样做，但将在外君命有所不受，我没有听从命令）。

1860 年，我们在汉考克大街（即现在的第八大街）租了一幢别墅。当时的匹兹堡烟雾缭绕，手伸出来一会儿就会变黑；刚洗过脸和手，过不了多久就会变脏；头发上、皮肤上都粘着煤烟粉尘，皮肤备受刺激……总之，当时的匹兹堡简直无法用文字来描述。我们刚从阿尔图纳搬回来时很不适应，在汉考克大街住了一年多，就开始打算到乡下去住。公司的货运代理人 D. A. 斯图尔特先生向我推荐了一所位于荷姆伍德的房子，与他的住所相邻。我们马上搬到了那里，并在家里拉上了电报线，这样我在家里也可以工作了。

我们的生活彻底改变了，荷姆伍德有美丽的树林、山谷，还有一条清澈的小河，风景优美，花红柳绿，走在乡间小路上，犹如走在花海间。每户人家都有 5 ~ 20 英亩①的土地，我家周围也有一大片土地和花园。母亲可以种花、养鸡，她在这里过上了一生中最幸福快乐的生活。有一次，我正在拔草，母亲走过来责怪道：“小草也是绿色的生命。”我继承了她的这一品性，不愿意毁掉一花一草，有时我想摘一朵花别在钮扣孔

① 英亩：英美制面积单位，1 英亩 =4046. 864 798 平方米。

上，可是走到门口左看右看，始终不知道该摘哪一朵。

我们在乡下这里认识了很多新朋友。这里可以说是贵族区，住着很多有钱人。他们经常邀请我这个年轻的经理去他们的大房子里做客。音乐晚会是我们最喜欢的娱乐方式。我因此接触到很多以前不知道的事情，我决定，不懂的东西就要学，而且要马上学会。这样一来，我每天都能学到新东西，为此我感到很欣慰。

在这里，我遇到了范德沃特·本杰明和范德沃特·约翰两兄弟。我经常和约翰一起旅游，我们去过很多地方。我们和邻居斯图尔特夫妇越来越亲密，建立了深厚的友谊。更让人高兴的是，后来我和斯图尔特先生、约翰还成了生意伙伴。

认识西宾夕法尼亚的威尔金斯法官可以说是我当时最大的收获。威尔金斯法官年近八旬，文质彬彬、学富五车，而且记忆力超群，很受众人尊敬。他的妻子是美国副总统乔治·W.达拉斯的女儿，气质高雅，美丽动人，极富个人魅力。他们和女儿威尔金斯小姐、妹妹桑德斯夫人及其孩子们住在一起。可以说，这座豪宅是当地有修养、有知识、有上进的人追求的目标，就像是英格兰的男爵府。

我是那里的常客，所有活动我都积极参加，无论是音乐会、手势猜谜，还是威尔金斯小姐的戏曲，这些活动在某种程度上使我提高了自身的修养。法官先生是当时的知名人士，他经常引用一些名人的话来解释事情经过，例如，“杰克逊曾告诉我……”“我曾经对惠林顿公爵说……”等等。1834 年，他曾在杰克逊总统手下担任负责俄国事务的大臣。他以同样轻松的方式谈起他和沙皇的会面，使我似乎接触到了历史本身。于我而言，这座官邸就是一个全新的世界，我的思想和行为也因为与这个家庭的密切来往而有所提升。

不过，我和这个家庭的政治见解却不太一致。我是英国共和党的支持者，主张废除奴隶制。而威尔金斯一家都偏向南方，坚决支持民主党，他们和南方的名门望族交往甚密。有一次，我一踏进休息室，就听到他们在讨论新近发生的一件相当恐怖的事情，气氛相当激烈。

威尔金斯夫人一看到我就说："达拉斯（她的孙子）在信中说，他被西点军校的指挥官强迫坐在一个黑人旁边。怎么可以这样呢？这简直是一种耻辱！西点军校怎么能录取黑人呢？你怎么看这件事？"

"哦，夫人，还有比这更糟糕的事情呢。"我说，"我听说有些黑人还可以进天堂呢！"

威尔金斯夫人稍稍沉默了一会儿，严肃地说："卡内基先生，这是两码事。"

那年圣诞节，我收到了威尔金斯夫人赠送的一份极其珍贵的礼物——一条阿富汗毛毯。当她织这条毛毯时，很多人问她准备送给谁。这位尊敬的老太太一直守口如瓶，直到几个月后圣诞节马上到来时，她才完工，她把毛毯包装好，让她的女儿寄给身在纽约的我，里面还附了一张卡片，上面写着祝福的话语。我觉得自己实在太幸福了，竟然能收到这样的礼物。我一直珍藏着它，虽然经常拿出来给好友们看，但一次也舍不得用。我要好好地保存它，在我眼中，它是那么的神圣。

在匹兹堡时，我幸运地结识了莱拉·阿狄森，她是一个聪明伶俐、乖巧可爱的姑娘。很快我与她家就熟络起来，他们给了我许多帮助。结交受过高等教育的人，让我受益匪浅。莱拉曾留学国外，精通法语、西班语、意大利语。和这家人在一起，让我意识到自己身上还有很多不足，双方之间似乎有一条无法形容又难以跨越的鸿沟。但是我们的关系很好，因为我们身上都有着苏格兰气质。

阿狄森小姐与我关系密切。作为我最好的朋友，她经常对我的言行举止提出严厉的批评。这使我更加注意自己的一言一行，并开始阅读英文经典著作，这个习惯一直保留到现在。如果我是一块钻石，那么她就是一个将钻石打磨得更加耀眼夺目的人。在阿狄森小姐的雕琢下，我变得更加绅士，更加谦逊有礼。那时，我很不注重衣着打扮，甚至有点造作。在我们的社交圈里，大家一致认为，穿着笨重的靴子，将衣领敞开，更能显出男子气概，这是当时西部独特的风格。我们很鄙视一切象征着公子哥儿的东西。有一次，我们看到一位绅士戴了一副羔羊皮手套，为此笑话了他很久。做一个真正的男子汉是我的心愿。搬到荷姆伍德后，我在这方面有了很大的进步，这显然要归功于阿狄森一家。

第八章　内战时期

1861 年，内战爆发。司各特先生在华盛顿任陆军部长助理，主管运输部门。战争初期，交通部是一个至关重要的部门，后来我也受命来到华盛顿当他的助手，专门负责政府铁路和军事电报，并负责组织铁路工人。

联邦军的先遣部队在巴尔的摩受阻，而且巴尔的摩到安纳波利斯之间的铁路也被切断，导致联邦军队与华盛顿的联系中断。这时我的团队登场了，当局要求我们抓紧抢修从费城通往安纳波利斯的铁路，这是从分支线延伸到枢纽的一个交汇点，从而接通开往华盛顿的列车。我们用几天时间就完成了任务，几天后从这里将巴特勒将军和几个军团顺利送到华盛顿。

我坐上第一列发往华盛顿的火车，一路上小心翼翼，当行至距离华盛顿不远的地方时，我看见一条电报线被压在木桩下，于是让火车停下来跑过去试图将电报线拉出来。电报线绷得紧紧的，但我没有注意到这一点，结果，在弹力的作用下，电报线重重地弹击在我脸上，划出了一道深深的口子。就这样，我与前不久在巴尔的摩受伤的几个士兵一起，成了因保卫美国而身负重伤的第一批保卫者。我很荣幸能为这片大陆贡献自己的力量。我废寝忘食地忙碌着，使通往南方的铁路畅通无阻。

不久，布尔溪战役爆发了，我把指挥部搬到了弗吉尼亚的亚历山大[①]。军队连连失败，我们不得不派出所有的机车和车厢将失败的军队接回。我们本来想在伯克车站接运受伤士兵，因为那个车站离前线最近。但有消息称叛军离我们很近，我们只得关闭了伯克车站。驶向亚历山大的最后一列火车陷入四面楚歌之中，我和操作员都在火车上。第二天早上，我们发现有些列车员逃跑了，不过电报员以及大部分工人都还在。

我们的总部设在华盛顿陆军指挥部的大楼里，司各特先生也在这里办公。在这里我时常能见到国家的领导人及重要官员，比如林肯总统、苏厄德先生、卡梅伦部长等。有时我和他们还会私下会面，这使我感到很荣幸。林肯先生偶尔会因为等回电或紧急消息来到我的办公室。

林肯先生有着极为明显的个人特征，为他画像并不费劲，谁都能把他画得很像，所以他的画像通常都很形象。他长相平凡，但在激动或演讲时，他却显得很自信，眼睛闪烁着睿智的光芒，照亮了他的脸，其明亮程度即使在其他伟人身上也甚少见到。他举止大方，平易近人，对年轻人关怀备至；不管是对西华德国务卿，还是渺小的信差，他说话的态度都和蔼可亲、谦逊有礼。他的一言一行、一颦一笑无一不体现着他非凡的魅

---

① 参阅贝茨的《林肯在电报公司》第 22 页。“为了使弗吉尼亚通行火车，必须在华盛顿车站开通通往巴尔的摩和俄亥俄州的铁路线，在华盛顿建立一个通向亚历山大的渡口，这是卡内基先生来到华盛顿的第一项任务。当局要求在波托马克河上修建一座跨河长桥。在卡内基和 R. F. 莫利的带领下，仅用七天就打通了从华盛顿到亚历山大的铁路线。在此还要感谢卡内基先生手下的所有员工，任务的顺利完成离不开他们不分昼夜的辛勤工作。”

力。他话语不多，却能直击别人的心灵。他会用自身特有的方式来表达平凡的事情，我很后悔当时竟然没有将他那些古怪的言行记录下来。

林肯先生与民众的亲密关系是其他大人物无法比及的。他简直就是一个完美无缺的民主主义者，他的言行举止无不显示着人人平等。难怪海先生常说："林肯先生与手下亲密无间，就像伙伴一样，你看不出他身边哪个人是他的下人。"

1861 年，当梅森和斯莱德尔被从英国的"特伦特"号轮船抓回来的时候，凡是了解英轮上庇护权具体含义的人，都感到十分苦恼。要么立刻归还战俘，要么战争将不可避免。内阁召开会议商讨此事，因为卡梅伦部长不在，司各特先生作为陆军部长助理受邀出席了会议。美国法律明确规定，过往船只一律免检，一旦扣押俘虏，英国肯定会宣战。于是，我强烈建议他赞成交换战俘。司各特先生不太了解当时的国际形势，所以他支持扣押这两个俘虏。他在会后对我说，我和西华德的意见一致。林肯先生刚开始也支持扣押俘虏，但最后还是听取了西华德的意见。但是，内阁想等卡梅伦和其他没有出席会议的人到场，决定第二天再采取措施。为了事情能够顺利进行，西华德与司各特先生一起提前拜见了卡梅伦，将事情告诉了他。

众所周知，当时华盛顿动荡不安。总司令司各特将军已经很老了，不仅身体年迈不堪，观念也很落伍。然而，他毕竟是位老将军，为共和国立下过赫赫战功，至今仍然是这个军事组织的中流砥柱。后勤部长泰勒将军和他的情况几乎相同。然而我们为了顺利开通电报线路，并保证人员和货物的运输，又不得不跟这些人打交道。他们不再像年轻时那样做事干脆果断，敢于冒险，全都墨守成规，很多时候要花费很长时间才做出决策。我发现，所有部门好像都没有激情四射的年轻人。在这种保守、僵化的管理下，整个服务体制变得十分死板。

我并不在海军部，但也知道情况十分类似。刚开始，海军部的地位最不重要，只是隶属于陆军一个部分。要想给军队增添活力，只能等那些领导确实干不动了。这种情况严重地耽误了生产，致使高效武器无法生产出来。这个国家开始变得不耐烦起来，但命令仍然由这样混乱不堪的机构下发，着实令人惊讶。

我们的操作员得到了一个特权。卡梅伦部长给司各特先生授予了一项权力，情况紧急的时候我们可以自行其事，而不必等陆军部长的官方批文。政府的铁路部门和电报部门在战争初期发挥了重要作用，这得益于卡梅伦部长的大力支持。卡梅伦部长是一个很有才华的人，行事果断，反应迅速，总能抓住问题的要害。遗憾的是，林肯先生迫于众人的压力最终将他免了职。事实上，稍微了解内情的人都明白，假如其他部门都像卡梅伦领导的陆军部一样井然有序，很多祸患也许就不会发生了。

卡梅伦（他很喜欢别人称呼他“洛其尔”）是个感性的人。他 90 岁时曾来苏格兰看望我们。在穿越大峡谷时，他看到眼前的风景肃穆而美丽，顿时情由心生，虔诚地脱下帽子，就那么光着头过去，他被这峡谷的宏伟征服了。他曾就政府官员选举发表自己的看法，也谈了官方选举制度的缺陷。当时的选举制度规定，参加选举的官员必须自己提名，而且还要尽全力去争取。于是，卡梅伦提到了林肯连任的事情：

一天，他正在宾夕法尼亚州的哈里斯堡附近的家里，突然接到林肯总统发来电报，邀请他到华盛顿见面。他迅速赶到了华盛顿。

林肯对他说："卡梅伦，那些支持我的人都说，只有我才能拯救我们的国家，他们认为我参加下一届选举正是我爱国的体现。我真是太愚蠢了，竟然相信了这些话。我应该怎么做呢？你怎么看？"

"噢，总统先生，我在28年前也听杰克逊先生说过这样的话。当时我是这样回答杰克逊总统的：'最好在某个州的立法中规定，在局势动荡的时候，指挥官不能停止履行自己的职责。人们都喜欢跟风，如果一个州坚持这样做，别的州也会照办。'杰克逊总统同意我的看法，于是我回到哈里斯堡，准备了一份决议并得以通过。结果完全不出我所料，其他各州都同意了，正如你后来知道的那样，杰克逊总统再次当选。"

"嗯，不错，现在你仍然打算这样做吗？"林肯说。

"不，总统先生，我和您走得太近了，不适合做这件事，不过如果您同意，我可以让我的一个朋友参与这项工作。"

"好吧，这件事就交给你去办了。"林肯说。

卡梅伦让那个人找出当初杰克逊的那些议案，稍微修改了一下，增添了一些新的内容，然后发了出去。结果跟当年一样，圆满结束。当天晚上，他又来到华盛顿的总统会客厅，只见东厅里挤满了人。

"还好，林肯总统身材高大，很快看到了我，他冲着我大声喊道：'卡梅伦，今天又多了两个州，两个。'总统是在告诉我，《杰克逊·林肯议案书》又在两个州通过了。”

这件事不仅成为政治界的一个亮点，而且有趣的是：时隔28年，一个人同时为两届总统献计献策，情况几乎相同，就好像一个纪念仪式上所说的：“一切都是上帝的安排。”

我在华盛顿时，格兰特将军一直在西部，所以我没有见过他。但他一直想调到东线，每次往返华盛顿时，他都会在匹兹堡停留几天。我曾在火车上遇到过他两次，还请他到匹兹堡吃饭。他长相普通，很不起眼。陆军部长斯坦顿曾说，有一次他去西部视察，格兰特将军和部将们一起来迎接他，他扫视了这群人一圈，最后将目光投在格兰特将军身上，心想：“我敢肯定这个人一定不是格兰特将军，尽管我并不认识他。”出乎他意料的是，这个人正是格兰特将军。①

将军们的战略战术和人事调动是内战时期的热门话题。让我吃惊的是，格兰特将军经常毫不避讳地跟我谈论相关话题。他很了解我，知道我对当前形势有一定的见解，而且在陆军部工作过，跟斯坦顿部长的关系也不错。

“我答应总统和斯坦顿先生去东线指挥作战，现在要安排一下西线的事情。”

我说：“嗯，跟我想法相同。”

他说：“谢尔曼将顶替我的位置。”

我说：“大家都认为接替你的人可能是托马斯将军，他们肯定会对你的安排大吃一惊。”

---

① 每次读到这段文字，我就忍不住想笑。这样描写他真是太恰当了。——作者注

“是的，我知道。不过我相信，托马斯也会认为谢尔曼是最佳人选。这是肯定的。事实上，向东推进是我们当前的重要任务，西线已经很稳定了。”

格兰特将军就这样毫无隐瞒地谈到军事战略。他从不装腔作势，在这方面甚至超过了林肯总统。林肯总统朝气蓬勃，活力四射；而格兰特将军沉默寡言，性格沉稳。格兰特并不是不爱讲话，只是不喜欢用长句或复杂的句子。他偶尔也会口若悬河，用词简洁，而且一针见血。他有着敏锐的观察力，除非有必要，否则他从不轻易开口。他很喜欢称赞下属，犹如一位慈祥的父亲表扬自己的儿子一样津津乐道。

内战时期，西线曾发生过这样一件事。格兰特将军认为真正的朋友应该像他的参谋长罗林斯那样，因为罗林斯在他酗酒成性时敢于劝说他。

“难道你是来谈我喝酒的事情？太奇怪了，我根本没有意识到这一点。”格兰特将军说。

“是的，将军，我要说的就是这件事。您的做法已经给军队带来了极坏的影响。”

“你为什么不早点提醒我？我发誓以后滴酒不沾。”

从那以后，他再也没有喝过酒。多年后，我去格兰特在纽约的家里吃饭，发现他仍然不碰酒杯。他一直坚持着，而且有着坚强的意志。像他这样的人真是不多见。有些人短时间内或许可以克制，时间长了可能就坚持不下去，更别说持之以恒了。我有一个合作伙伴曾戒酒三年，最后还是没有成功。

格兰特在总统任上时，有人曾指责他贪污受贿。这是对他的诽谤，他是一个相当廉洁的人，这一点熟悉他的人都知道。

因为常规的国宴一次要花费 800 美元，他只得宣布取消国宴。他的薪水无法承担这项开支。他在第一届总统任期内拿 2.5 万美元的年薪，到第二届时涨到 5 万美元。他一向不在意金钱，但一直在尽量节约，尽管如此，第一届任期结束后，他还是一穷二白。但是，格兰特通过高级官员的任命接受贿赂的传言仍在欧洲盛传。这些谣传虽然毫无意义，但却给那些绞尽脑汁想要扰乱别国舆论的人提供了可乘之机。

关于美国政府的腐败传言，导致英国的民主进程遇到了大众舆论的阻力，他们认为腐败现象也能在共和国中产生。但是，我敢肯定地说，任何国家都有可能滋生腐败，只是形式不同而已，而且有着悠久历史的君主制国家的腐败现象要比新大陆的共和政体严重十几倍。在君主制国家贿赂用的不是金钱，而是官位。腐败是难以避免的，无论是在新民主共和国还是君主制国家。只是在君主制国家中，官员的头衔是公开授予的，因此就不会被接受者和民众认为是受贿了。

1861 年我奉命来到华盛顿时，很快意识到要做好打持久战的准备，因为内战不可能在短期内结束。司各特先生对宾夕法尼亚铁路公司来说至关重要，而他认为我应该回到匹兹堡，那儿离不开我。最后，根据政府的要求，我们将总部设在华盛顿，其他人员相继回到原来的岗位上。

回到匹兹堡后，我得了一场重病，只得强打精神处理好手头上的事情，然后请假休息。事情是这样的：

一天下午，我正在巡查弗吉尼亚铁路线，突然感到十分难受，就像快被烤焦了似的，只得找了个阴凉的地方休息一下。

我再也无法在高温下工作了，天气一热，我就很难受，没有精神。这也是这么多年来，我一到夏天就回苏格兰高地的原因。医生一再告诫我，必须避开美国酷热的夏季。

我的休假申请得到了总部的批准，我抓住这个机会回了趟苏格兰。1862 年 6 月 28 日，我和母亲及好朋友汤姆 · 米勒一起，乘坐“埃特纳”号轮船前往英国。那一年我 27 岁。我们急切地赶往丹佛姆林。我内心百感交集，越接近故乡，心里越激动，仿佛这是一场梦。母亲也很激动，当熟悉的黄色灌木映入眼帘，她就大声喊道：“天啊，金雀花，快看，金雀花!”她压制不住内心的激动，眼里盈满了泪花。这片土地是那么的神圣不可侵犯，我真想扑进它的怀抱，亲吻它。

我们怀着万分激动的心情，回到了丹佛姆林。这里的每一处风景都很熟悉，只是它们好像变得比记忆中的形象细小了，这让我很困惑。最后，我们来到劳德姨父家，踏入那个老房子的一刹那间，一切都回到了从前。我惊呼道：“一切还是老样子，只是比以前变得渺小了，看上去就像玩具一样。”

在我的印象中，海尔街可以和百老汇相媲美，然而现在看来，它和姨父的商店、镇边的土坡都比过去小了许多，这里好像变成了一个小人国。站在我出生的那所房子里，好像一伸手就能够到它的屋檐，大海离我们只有 3 英里远。过去我常去海边的岩石旁捡海螺，现在那里只剩下一片平展的海滩。我唯一的母校现在也缩小了很多，过去我常在学校的操场玩耍嬉闹。其他的建筑物，如布鲁姆霍尔、福德尔，特别是多尼布里斯尔的音乐学校，过去是那么的宏伟，现在看起来却小得可怜。后来有一次我去日本，感觉那里的房子就跟故乡的一样小巧。

故乡的一切都变得不起眼了，包括我曾战斗过的地方——摩迪街头的那口老井，也变得陌生了。不过，大教堂和峡谷仍然十分壮观。塔顶上刻着的“罗伯特·布鲁斯国王”几个大字，让我感觉到故乡还跟过去一样辉煌。听着大教堂的钟声，我心潮澎湃，内心涌出一股感激之情，宫殿、峡谷以及其他的一切全都恢复了过去宏伟的模样，我终于有了回家的感觉。亲戚们热情地欢迎我们归来，夏洛特姑妈兴奋地说：“啊，终有一天你们会回来的，还会在海尔街开一间店。”

在她看来，成功的标志就是在海尔街开家店铺。她的女儿女婿（我的平辈表亲）已经登上了成功的巅峰。她的外甥前程似锦，自然也能达到这个成功标准。开店意味着挤进了贵族行列，相比之下，在海尔街开店则要高贵得多。

我小时候得到了姑妈的很多照顾，她总喜欢说我小时候的趣事。那时我还是一个爱哭闹的婴儿，吃饭时只要勺子离开嘴巴，就会大哭，所以大人们只得用两个勺子喂我。钢铁公司的主管琼斯船长经常笑话我胃口太好，说我“长着两排牙齿，两个胃”，而我对于新工作及增加产量的胃口也一样贪得无厌。在我们家族中，我是最大的孩子，所以得到了很多亲戚的照顾。我后来从他们那里听到了很多童年乐事。姑妈所说的一件事让我对自己的早熟感到惊讶。

小时候我听到过很多至理名言，经常引用父亲教给我的一句话：“作为一个男人，要有耐心和毅力。”那时我常跟随父亲去海边，回来时总是让父亲背着。有一次，我们走到一个陡峭的山坡时，他感到有点吃力，想让我自己走。

我对他说：“啊，爸爸，坚持住，别放弃！作为一个男人，要有耐心和毅力，对不对?”

父亲听了忍不住大笑起来，背着我继续往前走。我觉得他是搬起石头砸自己的脚，不过我的话多少减轻了他的疲惫。

劳德姨父是我的人生引路人。他对我抱有很大的期望，努力使我成为一个富有诗意、爱国、理想远大的人。现在我 27 岁了，仍然视他为导师，他在我心目中占据着十分重要的位置。他从来没称呼过我别的名字，一直亲切地叫我“奈格”。对我来说，他已经不仅仅是我的姨父。

这次回来犹如在做梦，我激动得无法成眠，结果得了重感冒，后来又发了烧。我病得很严重，在姨父家躺了六个星期。当时苏格兰不仅拥有残酷的法律，还有相当残酷的医学，不过现在两样都变得柔和多了。医生给我放了血。我身体内本来就血少，放血后身体极为虚弱，病愈后仍无法站起来。病好后，我的假期也结束了。在返回美国途中，我终于完全康复了。

回到公司后，我受到了员工们的热烈欢迎，火车经过时，还鸣响了礼炮。我很感动，这是我第一次受到下属们如此热烈的欢迎。我关怀他们，他们也关心我，这让我很欣慰。当你付出善意，工人们也会善待你。好心总会得到好报，所以，只要我们真诚地去关心他人，就不用担心他们对我们的态度。

第九章　组建桥梁公司

内战时期，钢铁成了稀缺物品，每吨的价格涨到130美元，有时甚至拿钱也买不到。不久，美国铁路陷入了危机——钢轨供应不上了。鉴于当时的形势，1864年，我在匹兹堡建立了一家铁轨生产厂。我轻松地找到了合作伙伴和投资方，而且建设了先进的加工厂和鼓风炉。

与此同时，美国还需要很多火车头。1866年，我和托马斯·N.米勒在匹兹堡合伙建立了一家机车制造厂。工厂生意兴隆，生产的机车获得了全国的一致好评。这个工厂还创下了一个令人难以想象的奇迹，公司的股票飞速增长，100美元的股票到1906年一下子翻了30倍，涨到了3000美元。每年仅按比例支出的红利就是一个庞大的数字，由此可见，公司运营得非常成功。

在阿尔图纳时，我曾看到宾夕法尼亚铁路公司在修建一座小铁桥，这使我意识到木桥将很快被淘汰。有一次，宾夕法尼亚铁路瘫痪了8天之久，正是因为铁路线上一座非常重要的桥发生了火灾。于是，修建铁桥被提上了日程。我邀请H.J.林维尔、约翰·L.派珀及其助手希福勒与我合伙，在匹兹堡组建一家建造桥梁的公司。林维尔就是那座小铁桥的设计者，而约翰·L. 派珀是宾夕法尼亚桥梁的负责人。这种公司还是一个新鲜事物，存在一定的风险，司各特先生应我之邀也加入了公司。我们每人拿出 1250 美元作为公司的启动资金。我从银行借了这笔钱。“参天大树都是从幼苗生长起来的”，尽管这笔钱放在今天确实算不了什么了。

1862 年，派珀·希福勒公司成立了，并在 1863 年并入吉斯通桥梁公司。宾夕法尼亚州也叫吉斯通州，所以这个名称与宾夕法尼亚的桥梁公司很匹配，我为这个名字感到十分骄傲。美国渐渐流行起了铁桥，实际上，全球都刮起了铁桥风。匹兹堡的钢铁制造商会源源不断地赊给我们钢铁，只需要我给他们写个借据。我们用木头搭建了几个小型车间，一些桥梁工程也开始动工了。我们建造的桥梁非常坚固，极大地支持了繁重的交通运输，直到现在还在使用。

政府要在斯托本维尔的俄亥俄州河上修建一座跨度 300 英尺的桥梁，这对我们来说是一个巨大的挑战。当时我们并不知道自己能不能胜任，现在看来真有点可笑。只是在那个时候，不管钢还是熟铁，在美国都是稀缺货。桥梁和桥墩的材料都是熟铁。在我的大力劝说下，合伙人终于签下了合同。当时铁路公司的总裁朱艾特先生看到那些铸铁后，惊讶地对我说：“这些铸件能够承受与它们重量相当的材料吗？它们能承受住火车从上面通过吗？我实在不敢相信。”

事实完全出乎他的意料，这座桥到现在仍毫发无伤。

我们本以为可以通过这个大工程挣一大笔钱，然而世事难料，在竣工之前发生了通货膨胀，收益也因此大大缩减。宾夕法尼亚铁路公司的总裁埃德加·汤姆森得知这一情况后，决定补偿我们一笔钱，使我们不至于亏损。这正体现了他的公道。他说，天有不测风云，谁能想到事情会变成这个样子呢？埃德加·汤姆森是一个伟大而高尚的人，他认为，与条文相比，法律精神才是最重要的。

当时我们几个合伙人可以说是黄金搭档：林维尔是一名工程师；派珀是一名技师，精力充沛，做事积极主动；希福勒自信沉稳。宾夕法尼亚铁路公司总裁汤姆森曾说："派珀一个人就能修建桥梁。"派珀是一个大怪才，他极其喜欢马，这对我们很有好处。当我们为某事发生争执，在派珀即将怒火爆发的时候（这种情况很少发生），只要一提及马，他的怒火马上就会消失。他很喜欢谈马，胜过任何别的事情。当他工作太劳累的时候，我们会劝他休息，让他去肯塔基帮我们挑选好马。我们相信他的眼光。不过，他偶尔也会因为对马的痴迷而受到伤害。有一天，他一脸泥水来到办公室，衣服破了，帽子也丢了，只有马鞭还紧握在手里。他说，刚才他正骑着一匹肯塔基的快马狂奔，谁知中途缰绳断了，他失控跌下了马。

提到派珀上校，我总是会想起另一个人——我在建桥时认识的圣·路易斯的伊兹船长。除了理论知识不足外，他称得上是个天才。只要他确定了目标，就会竭尽所能去完成。我将他设计的圣·路易斯桥方案转交给美国最有权威的专家林维尔先生。

林维尔愁眉紧锁、忧心忡忡地说："按照这个方案建成的桥梁一定无法承受重力，这个方案绝对不行。"

我说："好的，见到伊兹船长，你就帮他修改一下吧，免得他走太多弯路，不过一定要委婉一些，记住不要让别人知道。”

事情进行得很顺利。但是，在建桥的过程中，船长提出了一些特殊要求，但可怜的派珀总是满足不了。接到这么大的一个业务，派珀刚开始的时候还挺高兴，对伊兹船长很友好，经常客气地向他问好：“您好，伊兹上校（他没有称其为船长），很高兴见到您。”慢慢地我们发现，他虽然还会跟船长打招呼：“伊兹船长，早上好！”但是态度明显有些冷淡。再后来，我们竟然听到派珀称呼他为“伊兹先生”，这实在令人惊讶；桥梁即将竣工时，在他口里，船长已经降格为“吉姆·伊兹”。毋庸置疑，伊兹上校很有天赋，但是他之所以能在密西西比河上修建第一座跨度500英尺的大桥，在很大程度上还有赖于他人的科学技术和实践经验的支持。

不拿到工程全款，我们不会将桥交给甲方，所以桥梁竣工后，我让派珀上校跟我一起在圣·路易斯多逗留几天。派珀让人将两头的铺板拆掉，并派人轮流值班，守护桥梁。他归心似箭，迫切想要回到匹兹堡去，甚至想乘坐最晚的那班车离开，这让我有点措手不及。我灵机一动，想到了一个挽留他的好办法，我对他说：“我听说圣·路易斯盛产良马，我想挑两匹送给我表妹，您能帮帮我吗？”他一听眼睛顿时亮了起来，开始滔滔不绝地向我介绍他见过的马及其去过的几个马场。很显然，他中计了。我请他帮我挑选马匹，他必然得忙起来，反复观察、试骑，这是需要时间和精力的。我的办法很有效，他忙碌了好久，真的买了两匹很不错的马。

派珀就是一个伟大的天才，是我的最佳拍档，如同神话里的英雄贺雷修斯。

吉斯通桥梁公司让我感到十分自豪，因为它从来没有发生过桥梁断塌事件。美国很多造桥公司建造的桥梁都倒塌了，造成了十分严重的事故。有些桥梁在强风的压力下，被吹垮了。而吉斯通桥梁从来没有发生过类似事件，尽管我们有些桥梁也建立在风势并不和缓的地区，这绝不仅仅是因为运气好。我们建造桥梁用的都是真材实料，非常结实。我们所用的钢、铁等材料都是自己加工的，我们对自己的产品质量严格监控，不放过任何一个次品。我们绝对不会接受一些公司的豆腐渣工程。卡莱尔曾为他的父亲修建一座桥，并为此而自豪，我们也同样为我们建造的桥而无比骄傲。

这是成功的基本条件。一旦得到了认可，做起来就会顺利很多，尽管刚开始时举步维艰。严格要求才能做出好的产品，任何人都应该做到尽善尽美，任何企业都应该严把质量关。成功是用好质量、诚信经营换来的。即使到了今天，质量仍然是成功经营的关键因素，尽管从表面上看似乎是产品的价格在决定经营的成败。企业的每一个成员，从公司总裁，到普通的工人，都应该重视产品质量。当然，车间的清洁、工具的精良、环境的整洁有序等，都比我的想象的重要得多。

我很高兴听到一位优秀的银行家对于我们工程作出的评价。有一次，匹兹堡召开银行家会议，他也出席了，会后参观了埃德加·汤姆森公司，当时他对我们的经理说："所有东西好像都是同一个人做出来的。"他的话可谓一语中的，它们确实属于某一个人。我曾听一位大制造商炫耀："以后我们再也不会有麻烦了，因为我赶走了第一位质检员。"他仿佛在说一件很光荣的事情。当时我就想，这家公司在竞争中肯定站不住脚，一旦严峻的时刻来临，他必然会走向失败。事情的发展果然如我所料。质量是生产的稳固基础。

多年来，我尽心尽力地管理吉斯通桥梁公司的事务，我会亲自参加重要合同的谈判。1868 年，爱荷华州要在迪比克建造一座横跨密西西比河的铁路桥梁，这是一项大工程，我决定亲自参加这个项目的竞标。我和工程师沃尔特·凯特一起来到了迪比克。当时河面上结了很厚的冰，我们坐着 4 匹马拉的雪橇过了河。

这次投标使我认识到，小事也能左右事情的成败。我们在竞标中落选了，因为我们的报价不是最低的，甲方选择了芝加哥的一家桥梁公司。他们已经准备签合同了，不过我还是要求和甲方的几位董事见一面。见面后，我发现他们对铸铁和熟铁的性能一无所知。我告诉他们，我们用的是高质量的熟铁，而芝加哥公司用的是铸铁。我以此为铺垫，进一步说明两者之间的不同：如果被船撞上，铸铁有可能折断或垮塌，而熟铁只会变弯。著名的佩里·史密斯（甲方董事之一）充分肯定了我的说法，他说，有一天晚上他驾车撞到了一根灯柱，一下子将灯柱撞成了好几截，而那根灯柱就是用铸铁做的。

我说："先生们，这就是重点所在。一座坚如磐石的大桥能抵抗任何船只的撞击，难道这不是你们想要的吗？你们只要多花一点钱就能拥有它。我们从来不做豆腐渣工程，不贪图便宜，过去不会，将来也不会。我们对自己建造的桥很有信心，它从来不会崩塌。"

现场一片沉寂，随后，甲方公司的总裁兼参议员艾利森先生对我说："我们再商量一下，可以吗?"我走了出去。不久他们请我进去，表示如果我能再让让价，降几千美元，他们就跟我签合同。我同意了。我太感谢那根灯柱了，撞的还真是时候，要不是它，这笔高利润的合同也拿不下来。更重要的是，我赢得了竞标的胜利，拿到了修建迪比克大桥的资格。同时，我还认识了艾利森议员，并且和他成了好朋友，他在美国可是一位相当优秀、举足轻重的公众人物。

这件事的寓意十分浅显，不管竞争什么项目，你一定要和招标方多接触，这样一来，你就可以抓住一些小细节，比如撞断一个灯柱，或某些出乎意料的因素，促成合约的签订。因此，在合约签订之前，投标者应尽可能地留在现场。我在迪比克就是这样做的，尽管投标单位说办完手续会将合同寄给我们，建议我们先回去，但我们没有那样做，我们选择了留下，并得以欣赏了这里迷人的风光。

斯托本维尔大桥建成后，巴尔的摩和俄亥俄铁路公司为防止竞争对手宾夕法尼亚铁路公司占据有利位置，打算在帕克思堡和惠灵各修建一座横跨俄亥俄州河的大桥。摆渡已经过时了。在签约过程中，我有幸认识了巴尔的摩和俄亥俄铁路公司的总裁加勒特先生。

我们非常希望拿到这份合同，但加勒特先生断言我们无法按期完成工程。他希望能够使用我们的专利技术，由他们自己的公司来修建引桥和一些跨度较窄的桥梁。我同意了，并说，他们能如此信任我们，这是我们的荣幸，我们会无私地出让专利，因为他们的信任要比专利费昂贵10倍。

这位铁路界的优秀人物无疑对我产生了好感。他很激动，并带我到他的私人房间与我进行了推心置腹的谈话。他告诉我，他曾与宾夕法尼亚铁路公司的人（一些人是我的好朋友）发生过争执。我对他说："我到这里之前，经过费城时与司各特先生见了一面。他问：'你要去哪儿？'我回答说：'我要去见加勒特先生，以便承接帕克思堡和惠灵那两座桥的建造工程。'司各特先生马上断言，虽然我很少干蠢事，但这次我一定拿不下合同。他说：'所有人都知道，你过去是宾夕法尼亚公司的职员，而且现在还与这里保持着密切联系，这谁都知道。加勒特先生一定不会与你签合同的。'我说：'你说的没错，不过我肯定能签下合同。'"

加勒特先生听了，马上表示公司利益是最重要的，他会选择最好的合作伙伴。工程师已经向他报告我们的方案是最好的。他的行为会让对手明白，把公司利益放在第一位是他的工作原则。他的确很清楚我是宾夕法尼亚铁路公司的人，但他还是愿意将项目交给我们做，这是他的责任。

不过，这次谈判并没有达到我们的预期目的。加勒特先生将工程分成了几段，打算借用我们的专利技术，用他自己的工厂修建那些利润丰厚的小跨幅桥段，而让我们建造工程中风险最大、困难最多的大跨度桥段。我斗胆问他："加勒特先生，您这样做是不是担心我们不能在规定时间内完成任务？"他点头称是。

我说："您不用担心，如果你实在不相信我们，我可以押上保证金，您认为如何？"

"嗯，当然可以。"

"好的，我愿意承担这个风险。我很清楚自己在做什么。

把整个工程交给我们吧，我保证如期完成任务，让大桥在指定时间内通车，只要您的砖石结构准备就绪。您认为我交多少保证金合适?”

“年轻人，我认为需要 10 万美元。”

“好的，准备合同吧。”我肯定地说，“请您相信，我们公司不会让我损失这 10 万美元的。”

“没错，我相信你们公司一定会为了这 10 万美元加班加点地工作，这样我就能按时得到我的桥了。”

经过这轮谈判，我们得到了这个大工程的合约。当然，我的保证金一分也没损失，比起加勒特先生，我的合伙人更了解这个工程的情况。我们重视每一个细节，没等他们的砖石续约完工，我们的上层结构就建成了，就等他们的基础结构了。

加勒特先生也有着苏格兰血统，并为此感到自豪，我们成了亲密好友。他后来请我到他家做客。他是少有的在乡村拥有豪华别墅的美国绅士之一，他的家被认为是英格兰贵族乡村生活的翻版，庄园占地几百英亩，而且风景秀丽，不但拥有停车场、一群好马，还有很多牛、羊和狗。

后来，他的铁路公司打算进军钢轨制造业，并申请使用贝西默的专利权。这事对我们来说非同小可，他是我们的大客户，为了不失去他公司的业务，我们必须想办法阻止他在坎伯兰郡建造钢铁公司。我坚信，他从我们公司购买钢铁会更有利，如果需求量不是太大的话。我和加勒特先生就此事进行了商谈。当时他正风光着呢，因为巴尔的摩已经成了一个港口城市，他的对外贸易和航线发展得很顺利。他正打算扩建几个码头，于是开车带我和他的员工去了他正要扩建的几个货运码头。当时，外贸货物正从轮船上卸下来，放进火车车厢里。

他对我说："卡内基先生，我们的业务量有多大，你现在知道了吧。私人公司无法满足我们的需求，尤其是主要原料。我们应该自产自给。"

"是的，"我说，"但您的伟大目标并没有让我感到震惊。据我了解，你们去年运送货物的收入是1400万美元。然而这与卡内基公司相比，并没有什么了不起的，因为我们公司是从山上采掘原料，然后自己生产，再以高价卖出。"

我很庆幸自己曾在铁路公司工作，那些经验帮了我很大的忙。从那以后，巴尔的摩和俄亥俄铁路公司再也不和我们竞争了。我和加勒特先生的友谊持续了一生。他还将他亲自喂养的一只牧羊犬送给了我。我们的身体里都流淌着苏格兰的血液，这使我们曾经产生的分歧消失殆尽。

第十章　炼铁厂

吉斯通桥梁公司作为总公司，我对它有一种独特的偏爱。但没多久它就不再运营了，因为比起铸铁，熟铁更有优势。为了保证质量，同时也为了制造当时买不到的特种型材，我们决定创办炼钢厂。这个行业引起了很多人的兴趣，托马斯·N.米勒、安德鲁·克罗门首先创建了一家小型钢铁厂，后来我和弟弟也加入进来。1861 年，亨利·菲普斯投资 800 美元买下了公司六分之一的股份。

米勒是公司的创始人之一，我们时常亲昵地称呼他为汤姆。他亲切、正直，很有爱心，我们都很喜欢跟他在一起，关系也越来越亲密。朋友们都对他心怀感激。经过岁月的洗礼，他也变得更加温和，即使面对与真正的宗教信仰和立场相背离的神学理论，他也能从容自如。随着时间的流逝，我们都变得更加宽容了，这是可喜之事。①

我在宾夕法尼亚铁路公司担任经理时，克罗门就在阿尔勒

① 1912 年，我再次阅读这些文字，忍不住流下了眼泪。去年冬天，我的亲密伙伴汤姆·米勒去世了。我和妻子去参加了葬礼。他的去世让我觉得自己的生命有了欠缺，这是我人生的一大损失。我再也见不到我早年的合作伙伴、老年的挚友了。迟早有一天，我会过去陪他。——作者注

格尼拥有了一家小炼钢厂，他生产的车轴质量上乘。他是一个优秀的技工，只要是与机械相关的事情，他相信自己都能胜任。他有着德国人的优点——凡事追求完美。他制造的车轴非常坚固，经久耐用。那时还没有科学的方法对材料进行分析，所以无法精确地检测车轴的使用期限是不是符合规定。

克罗门发明了很多东西，冷锯法就是其中之一。这个发明使得冷铁能够精准地进行切割。他还发明了专门用来制备桥链的镦锻机，美国第一台“万能”机床也是他发明的。而我们的工厂则是他这些成就的应用场所。有一次，一项工程因为找不到圣·路易斯桥拱的联轴节而停了下来，工程负责人伊兹船长非常焦虑。这时，克罗门说他可以做出来，并说明了其他人做不出来的原因。不出所料，他成功地做出了当时最大的半圆形联轴节。我们对克罗门一直信心满满。只要他说可以做，我们便毫不迟疑地与他签订合同，交给他去生产。

我在前面曾经说过，我和菲普斯一家交往甚密。他的长兄约翰早年跟我是好朋友，弟弟亨利后来在我手下工作。亨利非常机灵，我很喜欢他。有一天，他向约翰借 25 美分，约翰以为他有什么要紧事，马上给了他。没想到第二天早上，《匹兹堡电讯》上出现了一则小广告：

“一个勤劳能干的小伙子想寻求一份工作。”

亨利就这样花掉了那 25 美分，或许这是他长这么大头一次花掉 25 美分。这则广告引起了著名的迪尔沃斯和波德威尔公司的注意，于是，这个“勤劳能干的小伙子”接到了该公司的面试通知，并得到了一个跑腿的工作，每天早上还要负责打扫办公室。征得父母的同意后，亨利开始了自己在商海的拼搏。他工作非常勤奋，很快就取得了老板的信任，成为老板的左膀右臂，后来还成为了公司的一个小股东。几年前，米勒相中了他，跟他合伙做起了生意。亨利自小就与我的弟弟汤姆十分要好，在1886年汤姆去世之前，他们一直交往密切，一起上学，一起玩耍，后来还成了生意伙伴，共同投资了很多项目。

这个男孩非常善于管理自己的资金，现在已经成了美国最富有的人之一。他曾在阿尔勒格尼和匹兹堡捐资修建漂亮的温室花房，并规定："这些花房只有周日向公众开放。"这个规定在社会上引起了很大的反响，牧师们谴责他轻慢了安息日。但市议会很支持他，民众也说牧师思想过于狭窄。

对于牧师们的指责，亨利这样回应道："先生们，你们每个星期只需要工作一天，其它6天可以自由支配，尽情享受大自然的美丽风光，你们过得真是太惬意了。你们对这样舒心的生活不觉得惭愧吗？我们每周要工作6天，只有那么一天的休息时间还要被你们占用，你们不觉得太残忍了吗？"他的话非常有说服力。

最近，匹兹堡的牧师们正在为教堂的乐器而烦恼，就在他们为此争论不止的时候，聪明的人们已经开始在博物馆、温室花房和图书馆度过自己的安息日了。这样下去，人们很可能不再愿意去教堂了，除非牧师们能认识他们的职责是什么，知道人们的真正需求。

没过多久，因为与克罗门、菲普斯的生意理念存在分歧，米勒离开了公司。我认为米勒受到了不公平的对待，于是在

1864 年和他合伙创办了独眼巨人工厂。这家工厂运营得很好，使我们产生了联合新旧工厂的想法，于是在 1867 年成立了联合钢铁公司。让人始料不及的是，米勒再也不愿和以前的合伙人有生意往来。其实，他不可能再受克罗门和菲普斯的排挤了，因为整个公司的股份都控制在米勒先生、弟弟和我手中，克罗门和菲普斯二人并没有股权。可是，米勒先生是一个相当顽固的人，他坚持将手中的股份转让给我。我费尽心思劝他要将眼光放远点，但他丝毫不为所动，我只好尊重他的意见。他的固执来自于他的爱尔兰血统，后来他追悔莫及。他是公司的先驱之一，理应获得丰厚的回报，他和他的追随者们都应该成为百万富翁。

当时我们都没有在制造行业做过，没有任何经验。新工厂规模很大，占地 7 英亩。我们将其中的一部分土地出租出去了几年。在铁梁制造上，我们一直处于领先地位，克罗门是这方面的天才。从建厂开始，我们的产品品种、规格都是其他工厂没有的。国家发展得很快，对产品的需求也越来越多。我们愿意尝试各种产品，尤其是别的工厂做不了或不愿意做的产品。我们严把质量关，把客户满意度放在首位，哪怕牺牲自己的利益。如果与客户发生分歧，我们总是首先考虑对方的利益。我们一直按照这个原则进行经营。我们从来没接到过任何法律诉讼。

随着工厂的运营发展，我对钢铁制造业渐渐熟悉起来，很快便发现我们对生产成本知之甚少，这一发现让我大吃一惊。匹兹堡的很多大企业也存在这种情况。企业主们总是到年底才知道一年的收支状况。据说不少人本来认为这一年会有亏损，谁知年终结算后才发现是盈利的，当然与之相反的情况也不少。这种情况令我难以忍受，觉得我们就像鼹鼠们在黑暗中挖洞。我希望运用一种能显示各项支出的会计方法，我们尤其要了解个人开支，这样才能知道究竟是谁在浪费，谁在节约，在这方面谁做得最好。

这件事说起来容易，做起来难，所有经理都不愿使用这套新方法。只有经过多年的努力实践，才能拥有一套精准的制度。后来我们终于成功了，不但可以知道各个部门在做什么，还能知道熔炉工厂在做什么，这是各部门努力协作、共同实践的结果，当然还要感谢会计人员的大力帮助。完善的会计系统和严格的执行力度是制造业成功的关键因素，每个员工都应该有主人翁意识，对资金和材料负责，就像爱护自己的家一样爱护企业。

西门子高炉已经在英国的钢铁行业投入使用，只是它的使用成本太高。匹兹堡制造业内有很多企业家非常保守，对于这种新高炉的巨额开支颇有怨言。我们引用了这种高炉，从而节省了50%的燃料。由此可见，我们的投入是很划算的，就算再贵两倍也值得。又过了好多年，其他工厂才将这种新设备引入使用，而在这些年中，新高炉为我们节省了很多成本，使我们获得了更多的利润。

运用严谨的会计方法后，我们发现炼钢过程存在着严重的浪费现象。威廉·伯恩特莱格是我们员工中的一个奇才，他来自于德国，是克罗门的远方亲戚。他提交的一份报告令我们瞠目结舌，难以置信。这份报告是他利用晚上的休息时间做的，之前我们并不知情，反映了试行新方法时期的详细情况。报告采用的形式也很独特。不久，我们就提拔他当了车间主任，后来还邀请他成为我们的合伙人。这个德国人以前非常贫穷，不过临死的时候已经成了百万富翁。他完全有资格拥有这些财产。

1862 年，人们把目光投向了宾夕法尼亚油田，我的朋友威廉·科尔曼（后来我的弟弟与他的女儿结了婚）对此也产生了极大的兴趣，于是请我陪他去考察一下。这次旅行很有意思。大量的人涌入油田，很多人找不到栖身之所，造成了不少麻烦，马厩里马满为患，幸亏它们没有发生冲突。这些人舍不得吃舍不得喝，一门心思地寻求财富。这里如同在举办一个大型聚会，一片喜庆，随时可以碰到滑稽风趣的事情。这里似乎满地是金，任人随意拾取，每个人都喜气洋洋，一脸兴奋。起重机顶部彩旗飘扬，旗帜上写着各式各样的标语口号。我在河边看见两个踩着钻井机踏板的人，他们的旗帜上赫然写着“赚不到钞票就下地狱”。

这里的境况充分证明了美国人一向具有超强的适应能力。混乱现象很快被新的秩序所取代。新入住的居民自发组织了一支钢管乐队，开始为我们演奏小夜曲。我坚信，某个新区域只要出现 1000 个美国人，就会有文明场所出现，他们会创办学校、教堂、报纸、铜管乐队以及所有文明设施。他们会推动自己的国家不断前进。在美国人眼中，有用才有意义，这是他们做事的唯一原则；而英国人面对同样的境况，首先会选择一个具有最高贵血统、世袭爵位最高的人作为他们的领导人。

如今，克里克油田附近已经成为了一座拥有几千人口的小镇，对岸的蒂图斯维尔的情况与此相同。起初，印第安的塞内卡人的采油办法是用毯子从油田的表面汲取原油，然后装进油桶里出售。现在，这里已经有了许多小镇和炼油厂，资产也已达到上百万美元。当时的采油方法非常粗陋，人们将原油直接装入平底船，造成了严重的泄露，污染了河流。与此同时，河水也会灌满油船。居民在河流的很多地方都修有水坝，并定时开闸，等河水涨到一定高度时，人们就可以划着油船驶向阿勒格尼河，然后到达匹兹堡。

这样一来，不仅是小镇的溪流，就连阿尔勒格尼河上也漂浮了一层油污。据估计，石油在运输过程中差不多会损失总量的三分之一；因为泄漏原因，在起运之前几乎也会损失三分之一。

斯托里农场附近的几口油井是最好的，我们花 4 万美元将它们买了下来。科尔曼先生提议开凿水池，收集油船每天在运输过程中泄漏的原油以及制造的废弃物，仅漏油就可以收集 10 万桶，一旦石油出现供不应求的情况，它就可以派上用场。我们采纳了他的建议并立即采取行动，不过石油一直没有出现供应紧张的情况，后来只得放弃。科尔曼估计，如果出现供不应求的情况，石油的价格将疯涨，每桶会卖到 10 美元，到那个时候，我们的水池就价值百万了。当时我们完全没有料到石油好像取之不尽、用之不竭似的，每天都产出几千桶，竟然还源源不绝，储量实在是太丰富了。

我们投资的 4 万美元收获了丰厚的利润。这是一个很好的投资机会，而我们把握住了。斯托里农场的油井每年能让我们获得 100 万美元的利润，农场的身价也提升了数倍，资产高达

500 万美元。我们把资金都投资到匹兹堡的新工厂上，而且还向银行贷了款。现在回过头来看，贷款对年轻人有很多好处。

因为石油带来了丰厚的收益，后来我又到这个地区考察过很多次。1864 年，我还去考察了俄亥俄州的一口油田，这口油田出产的原油很适合制造润滑剂。科尔曼先生、大卫·里奇先生与我同行。这次旅行也是妙趣无穷。这口油田位于距离匹兹堡几百英里的达克河区，我们乘坐火车赶到目的地，发现那里是一片荒原。离开之前，我们买下了这口巨大的油井。

回程时我们遇到了大雨，路面泥泞不堪，马车举步维艰，没走多远就走不动了。我们不得不在野外过夜。一辆马车上躺了三个人，一边是科尔曼先生，一边是里奇先生，而我则躺在两个绅士的中间，因为当时我身材比较小，颇有点三明治的样子。车身因为我们的嬉闹不停地晃动。尽管条件很差，但这一夜我们过得很愉快。

第二天晚上，我们终于到达了一个小镇，模样十分狼狈。小镇上有个小教堂，灯光明亮，钟声悠扬。我们刚踏进一家旅馆，就有一个委员会过来说他们正等着我们，圣会马上要开始了。他们似乎把我们当成了他们正在等待的那位缺席的牧师，问我还要多久才能跟他们一起到会议室去。我和朋友们本来准备跟他们开个玩笑，但因为实在太累，只好作罢了。

我决定辞去铁路公司的工作，因为我的大部分精力都用在了投资事业上，无暇顾及那里的工作，辞职后，我就可以将全部精力放在自己的事业上。在此之前，我奉命来到费城，汤姆森总裁想提拔我为总裁助理，去阿尔图纳做刘易斯先生的助手。我委婉地谢绝了他的好意，并将自己的决定告诉他。做出决定的那天晚上，我就自己的去留问题征得了大家的同意。

我写了一封辞职信给汤姆森总裁。他对我的决定表示祝福，并给我写了一封热情洋溢的回信。我是在 1865 年 3 月 28 日离开公司的，下属们送给我一块金表。这块表以及汤姆森先生的信是我此生最为珍贵的收藏。

我也给我的下属们写了一封信，我在信中写道：

先生们：

我很遗憾再也无法与你们共事了，离别之际，我无法表达内心的感受。

在此我向各位表达我最深的敬意！我们在一起工作了 12 年，共同为公司服务，作出了很大的贡献。我们亲密无间，情同手足，可惜今后我再也不能和你们在一起了。我感到很难过。我们不仅是同事，更是亲密的朋友，我保证，不管走到哪里，我们的这份友情会一直存在。我坚信，凡是为公司立过汗马功劳的人肯定能得到应有的回报，我会永远祝福你们！

非常感谢这么多年来你们对我的关爱与支持，无论是谁来接替我的职位，都希望你们给予同样的支持。再见！

诚挚的安德鲁·卡内基

1865 年 3 月 28 日于匹兹堡分部主任办公室

从此，我告别了为薪酬而工作的打工生涯。打工有着诸多限制，除非拥有大部分股票，否则就做不了主，就算是总裁也会受到局限，被那些不懂业务的董事会和股东所牵制。

1867 年，我和菲普斯先生、J. W. 范德沃特先生再次去欧洲旅游。在此之前，我和“范迪”（范德沃特先生的昵称）已经成了好朋友。我们读了拜亚尔·泰勒的《徒步旅行》，不禁浮想联翩。当时石油业正发展得如火如荼，股票价格疯涨。一个星期天，我们躺在草地上聊天，我问范迪：“如果你赚到了 3000 美元，你愿意将它花在欧洲之旅上吗？”

他回答道：“当然，这是肯定的，就好像是游泳之于鸭子、土豆之于爱尔兰人。”

很快，范迪用他节省下来的几百美元买了石油股票，并赚到了欧洲之旅的费用。我们邀请我的合作伙伴亨利·菲普斯与我们同行。菲普斯先生现在是个财大气粗的资本家。我们背着行囊走遍了欧洲大部分国家的首都；我们个个生龙活虎，登上一座座高山，在山顶住宿。最后，我们来到维苏威火山，在这里，我们决定将来一定要做一次环球旅行。

这次欧洲之行让我受益匪浅。过去，我根本不懂得分辨绘画和雕刻的好坏，这次旅行后，我能看出哪些是好作品了。起初我并没有意识到这一点，回到美国后才发现不知不觉间，我对美丑已经有了新的判断标准，那些自视甚高的物品再也无法吸引我。这就是伟大作品的神奇影响力。

这次旅行还使我首次感受到了音乐的无穷魅力。我在英国伦敦参加了水晶宫举办的汉德尔诞辰庆典，结果发现自己的音乐造诣已经达到了很高的境界。我还参观了欧洲的大教堂、歌剧院，这些地方的音乐演出大大提升了我对音乐的鉴赏能力。罗马唱诗班、圣诞节和复活节的庆典活动，使我更加疯狂地爱上了音乐。

在商业方面，我也颇受启发。只有跳出自己所在的国家，走向世界，才能对自己的发展有个更加精准的估算。我认为，我们的制造业无法满足美国人的需求。然而，除了欧洲少数几个国家的首都外，其他国家很多城市的制造业几乎没有任何发展。美国的发展则十分迅猛，正如小说所描述的那样，“千千万万的人围在巴别塔附近，争先恐后地建造着这座摩天大厦”，到处一片繁荣昌盛的景象。

我的表哥多德（即乔治·劳德）发明了一项美国前所未有的新技术，我们应该好好感谢他。这项技术是从煤矿的炭渣中提取焦炭。有一次，他带着科尔曼先生来到英格兰的威根区，向他展示了这项技术。科尔曼先生时常对我们说，将工厂的废弃物丢弃实在是太浪费了，必须将其回收利用才行。

多德表哥毕业于格拉斯哥大学，曾拜开尔文勋爵为师，后来成为一名机械工程师。1871 年，科尔曼的观点得到了表哥的肯定。我在宾夕法尼亚铁路沿线，投资创办了几间工厂，分别与几家主要的煤厂及宾夕法尼亚铁路公司签订了 10 年的合同，开始从事收购、运输炭渣的业务。我将多德表哥请到匹兹堡，负责回收炭渣的整个工艺，美国第一台洗煤机开始运营。多德表哥在矿业或机械方面从来没有失过手，这一次他同样取得了成功。这使我很快收回了投资。后来，多德大名远扬，我的合伙人想将焦炭厂收购到集团公司名下，这并不奇怪，他要的并不只是这几间工厂，而主要是我的表哥多德。

焦炭厂飞速发展起来，很快就建造了 500 座炼炭炉，每天洗煤 1500 吨。我认为，如果一个人能将废弃的材料回收利用，炼制出质量上乘的焦炭，可以说是对人类作出了伟大贡献，就好像一个人能让原本长一棵草的地方生长出两棵草来一样值得赞赏。废物利用是一种值得提倡的行为，我感到非常骄傲，在这块大陆上建立了第一家洗煤公司。

我的堂兄罗伯特的儿子后来也为我工作，而且干得很出色。有一天，我去公司巡察，主管问我："公司有一位不错的技工是你的亲戚，你知道吗？"我摇了摇头："是吗？我一点也不知道，我能见见他吗？"

见到他后，我问道："你叫什么名字？"

"莫里森，罗伯特（就是我的堂兄鲍勃）是我的父亲。"他回答道。

"哦，不错，你是怎么到这里来的？"

"我觉得到这里应该能过上好日子。"他说。

"还有谁跟你一起？"我又问。

"我的妻子。"他回答。

"你怎么不先来找我？"

"我想通过自己的努力，哪怕只有一线希望。"

这就是真实的莫里森，从小就被教育要依靠自己的能力生活。我听说不久后他就成了我们在迪凯纳的新工厂的主管。现在他已经是一个功成名就、拥有百万资产的成功者，但他还是那么善解人意。汤姆·莫里森值得我们骄傲。[①]

---

① 昨天他还给我来了一封信，邀请我和妻子趁参加卡内基学院周年庆典之便去他家做客。——作者注

钢铁业是一个新兴产业，我一直认为应该不断扩大钢铁厂的规模。美国对进口关税已经实行了新的政策，所以我们的事业很有发展前景，根本无须担忧。内战结束后，美国不愿再依靠欧洲，决心凭自己的力量建设国家。美国过去主要从英国等国家进口钢铁，尤其是钢，全靠进口。现在国民要求自给自足，于是国会制定了新的关税政策，征收钢轨售价的 28% 的关税，即每吨钢轨征收 28 美元的关税。当时每吨钢轨的价格是 100 美元。

在新政策的保护下，美国经济得以迅速发展。党派之间过去总是因为关税问题而发生争执，现在关税已经成为各党派都承认的一个国家政策，再也没有因此而发生争议。美国人民都希望发展国家的重要资源。这项政策得到了至少 90 个北方民主党派人士的赞同，包括议长。

美国人民相信，国家会保护他们的爱国之举，所以大家踊跃投资钢铁业。内战后，减少关税的呼声持续了很多年，我也不可避免地卷入了这场争论。制造商们常常被指控向议员行贿。其实，这些指控纯属子须乌有。制造商从来没有多交过一分钱，他们每年只交几千美元，用以维持钢铁协会的正常开销；另外便是为反对自由贸易运动而筹集过资金。

我对减少关税的要求给予了大力支持，钢材的关税逐渐降了下来，后来降到了每吨 14 美元，甚至到了 7 美元。[①] 后来，一项更为激进的关税政策引起了国民的热议，一旦这项政策得

---

① 到 1911 年时，关税已经跌到了那时的 50%，还有进一步下降的趋势。——作者注

到通过，很多制造商的利益将会受损，因为它降低了很多行业的关税。而克利夫兰总统试图通过这项政策。我奉命到华盛顿参与修订威尔逊法案。我和参议院中的民主党领袖高曼、纽约州州长弗劳尔以及很多民主党人，都赞同采取适当的保护政策。在我的支持下，议会顺利通过了这项大幅度降低关税的政策。

内战刚结束的时候，我始终支持降低关税，但是因为在钢铁行业影响力不够，我还不能参与确立关税政策。当然，我也极力反对那种不合理的保护政策，那种认为税收越高越好、反对降低关税的政策是一种极端主义。我还反对另一种极端，即提倡无限制的自由贸易。

1907 年，钢铁行业的所有关税都被废除了，而本国企业的利益并没有因此而受到损害。欧洲的生产力已经减弱，我们只从欧洲进口一小部分钢铁，尽管国内的价格很高，但欧洲也会提高价格。所以，废除关税并不会使本国企业遭受太大的损失。本国钢铁企业不用对自由贸易心怀畏惧，因为自由贸易只对控制供不应求时的价格飞涨有利。我在 1910 年华盛顿关税委员会上也表达了这个观点。

第十一章　在纽约设立总部

我们的公司如旭日东升般地发展起来，我经常去东部尤其是纽约出差。纽约在美国就像伦敦之于英国一样重要，几乎所有大型企业都把总部设在纽约。似乎不将总部设在这里，就得不到更好的发展。我把精力放在公司全局的把控以及一些重要合同的洽谈上，匹兹堡的业务则交给我弟弟和菲普斯先生打理。

我的弟弟与我们的合伙人科尔曼的女儿路西·科尔曼小姐结了婚。1867 年，我将在荷姆伍德的家留给弟弟，母亲随我迁居到了纽约。我们对纽约的生活很不适应，总有一种漂泊他乡的感觉，尽管如此，只要我们在一起，不管到哪里，母亲都觉得快乐。初来乍到，人生地不熟，我们只得暂时居住在旅馆里。我们的办事处在百老汇街上。

匹兹堡的朋友有时会到纽约来，这是我们最快乐的时候。我们和匹兹堡始终保持着联系，我们生活中的一个重要内容就是阅读匹兹堡的报纸，而且我和母亲经常回去。随着时间的流逝，我们慢慢在纽约找到了家的感觉，在这里交到了新朋友，也找到了新的兴趣爱好。后来，我们搬到了旅馆老板建在非商业区的温莎公爵旅馆居住。我们在这里一直住到 1887 年。我和旅馆老板霍克以及他的侄子成了好朋友。

考特兰·帕尔默夫妇组织的“十九世纪俱乐部”让我受益匪浅。每个月他家都要举办聚会，讨论各种各样的问题，这吸引了许多杰出人士。博塔夫人介绍我成为这个俱乐部的成员，对此我非常感激。这位夫人很有能力，她的丈夫是一名教授。一天，博塔夫人邀请我去她家吃饭，我在那里见到了很多杰出的人物，其中一位叫安德鲁·D. 怀特，他是一名优秀的法律顾问，后来我们成了终生挚友。当时怀特担任康奈尔大学的校长，后来还成为海牙和平议会美国代表团的团长，奉命出使俄罗斯和德国。

十九世纪俱乐部确实是一个不错的舞台。人们在这里讨论当下的热点问题，并依次向听众们发表演说。前来参加聚会的人越来越多，后来不得不将地点改在美国艺术馆。有一次，托马斯·温特维斯·希金森上校发起一个关于美国贵族的话题，我首次登台发表了自己的看法。从那以后，我经常登台演讲。每次演讲前，我都会查阅大量资料，学到了很多东西，演讲的确是一个不错的锻炼机会。

制造业是一个非投机型的行业。我在做电报操作员时，就对匹兹堡的几家证券公司产生了兴趣，时常关注证券交易行情。我认为证券交易与赌博没什么区别。

但在纽约，投机的状况与匹兹堡有着很大的差异，这令我感到非常吃惊。几乎所有人都在华尔街上炒过股，只是多少不同而已。很多人经常向我打听几家铁路公司的情况。不少人认为我能了解到铁路公司的内情，投资肯定能够成功，于是请求我替他们投资运作。还有人邀请我合伙收购一部分资产的股份。我的面前呈现出投机市场中最为诱人的一面。

但我一一谢绝了这些诱惑。刚来纽约不久，一天早上，我刚踏进温莎旅馆，杰伊·古尔德急匆匆地跑来找我，说他即将购买宾夕法尼亚铁路公司的所有控制权，希望我来替他运作，如果我同意的话，可以得到 50% 的受益权。古尔德的事业正处于巅峰时期，我没想到他也对投机市场产生了兴趣。我委婉地拒绝了他的邀请，表示我虽然与司各特先生在业务上存在分歧，但我依然支持他、尊敬他。后来司各特先生也知道了这件事，对我说纽约公司已经选中我来接替他。我不知道他是如何得知此事的。我告诉他，我绝对不会去当什么总裁，除非铁路公司属于我。

1900 年的一天早上，我找到古尔德先生的儿子，对他说："当年你父亲曾提议让我来控制宾夕法尼亚铁路公司，我非常感激他，为此我将国际海洋航线交给你负责，作为对他的回报。"

我们商定，将我们在匹兹堡的运输工作交给瓦伯什铁路公司，它将承接钢铁公司三分之一的运输量。我们很快签订了合同。

除了早年购买过宾夕法尼亚铁路公司的小额股票外，我从来没有进行过股票的投机买卖。而且当年还是在银行主动提供低息贷款的条件下购买那些股票的。不追求虚无缥缈的收益，是我一直以来坚持的原则。过去我也曾在交易中拥有过一些股票，有的是有价证券，有的是从纽约证券交易所得到的股票。我发现每天阅读早报，总是先去关注股市行情。这花费了我很多精力。为了将全部精力放在实业公司上，我决定抛售所有其他企业的股票。此后，我从来没有涉足过证券市场的股票交易。我始终坚持着这个原则，除非额外得到一些股票。

一个人要想处理好眼前的问题，就必须保持冷静的头脑，这是每个制造业从业人员都应该遵从的原则。一个总是受证券市场波动影响的人，不可能做出准确的判断，他的方向会时常变动，他的判断标准会经常改变，抓不住事情的关键；事物在他眼中会时小时大；他往往会不经思考就冲动地做出判断；他无法再进行缜密的思考，只顾着关注股市行情。投机本身并不创造价值，它只是寄生在价值之上而已。

定居纽约后，我所做的头一件大事就是在基奥卡克修建一座跨越密西西比河的大桥。我和宾夕法尼亚铁路公司的总裁汤姆森先生合作，一起揽下了这个项目，包括桥梁的整体框架、桥基、土石方工程以及上层结构。合同还约定，我们可以得到一部分债券和股票。工程进行得很顺利，可是我们的经济却受到了一定的损失。一场突发的危机，导致铁路行业濒临破产，合同方无法付清我们的报酬。与此同时，在伯灵顿，我们的竞争者也修建了一座跨越密西西比河的大桥。我们并没有如先前预测的那样获得高额利润。值得庆幸的是，我和汤姆森先生的损失并不算太大。

这座桥的上层结构是由匹兹堡的吉斯通公司建造的。施工期间，我有时会去基奥卡克巡视工作，在那里认识了包括里德将军夫妇、莱顿夫妇在内的一些才华卓著、聪慧机智的人。后来，我还带了一些英国朋友前来参观，这个遥远的新大陆引起了他们的兴趣，他们对这个文明之国充满了好奇。一天晚上，里德将军邀请我们参加一个聚会，客人中有几位曾在战争中声名远扬，后来还成了国家议会中的重要人物。

因为修建基奥卡克桥，我们声名远播，因此又接到了一项工程——在圣路易斯修建一座横跨密西西比河的大桥。我的第一笔巨额资金与这个工程有着密切的关系。1869 年的一天，负责这项工程的麦克弗森先生（他颇有几分苏格兰人的做事风格）来到我在纽约的办公室，说他们公司正在筹措修建这座大桥的资金，想知道我能否游说一些东部的铁路公司参与这个项目。在仔细审核这个项目后，我代表吉斯通桥梁公司签订了合同，并得到了大桥所属公司首期 400 万美元的抵押权。1869 年 3 月，我前往伦敦，洽谈股份的售卖方案。

我在前往伦敦的途中草拟了一份项目宣传册，并在到达目的地之前将它打印出来。我认识当地一家银行的大老板朱尼厄斯 · S. 摩根，我先找到他，推荐他投资这个项目。我将宣传册的附件留给他，第二天就接到消息，他对这个项目很感兴趣，觉得这是一个潜力很大的项目。我转让给他一部分债券，但他的律师提议我稍稍修改一下债券措辞。我对此做不了主，必须给圣路易斯的董事会写信，征询他们的意见，于是，摩根建议我立即动身前往苏格兰，并马上写信给圣路易斯的董事会。

我告诉他，我早上就可以向董事会发一份电报请求他们确认，以防事情发生变化。当时大西洋电缆已经开通了很长一段时间，但这么长的私人电报几乎没有人发过，这在当时是有些难度的。文件的每一行都有改动，要想清楚地表达如此冗长的改动，必须小心谨慎，这比拨通债券公司的号码困难得多。我在发报前将改动后的文件交给摩根先生过目，他称赞道：“年轻人，挺不错，如果成功的话，你应该受到奖励。”

第二天一早，我一踏进办公室（摩根先生在他的办公室里给我安排了一个办公桌），就看到自己的办公桌上放着一个彩色的信封，我拿起来一看，是董事会给我的回复，上面写着：“对于所有变动，董事会都予以同意。”

我对摩根先生说：“摩根先生，董事会已经接受了你们的建议，现在我们可以继续合作了。”我们很快签订了合同。

《泰晤士报》的财经编辑萨姆森先生这时也来到了伦敦。以前我见过他，知道他对债券价格有着很大的影响力，他的几句话就可能改变债券的价格。由于菲斯克和古尔德起诉了伊利铁路公司，甚至控制了纽约的法官，最近美国的证券市场受到了很大的冲击。我觉得萨姆森先生肯定会报道这件事，于是便主动出击，告诉他圣路易斯桥梁公司是经过中央政府授权认可的，如果需要，它可以直接向美国最高法院提起诉讼。我必须提醒他认清这个事实。萨姆森先生得知这条情报后十分高兴。他对我将这座桥比作高速路上的收费站似乎很满意。我们相谈甚欢。他前脚刚走，摩根先生拍着我的肩膀对我说：“年轻人，你太棒了，你刚刚把债券价格增加了百分之五，非常感谢!”

我简直不敢相信自己的耳朵：“摩根先生，您说的是真的吗？现在请告诉我是怎样把价格提高 5 个百分点的。”债券成功得以发行，并很快筹齐了修建圣路易斯大桥的资金。第一次与欧洲银行家谈判就取得了成功，获得了利润，我感到很骄傲。后来我听普尔曼先生说，摩根先生曾在一次晚会上跟他提起发电报的事情，摩根先生说：“不久的将来，那个年轻人肯定会声名鹊起。”

我辞别摩根先生回到了丹佛姆林，向家乡捐助了一大笔钱，修建了一座公共浴场。多年前，我听从劳德姨父的建议，捐助过华莱士纪念馆。当时我还在电报公司工作，月薪只有30美元，并且要维持家用，所以捐得并不多，但相对来说也不少了。母亲认为儿子能够向社会捐款是一件无比光荣的事情，证明儿子已经成为对社会有用的人，所以她没有反对。多年以后，母亲也向华莱士纪念馆捐过款，华莱士塔上那尊华莱士·司各特先生的半身雕像，就是我们有一次回斯特灵时母亲捐资建造的。从那以后，我们的积蓄越来越多，但因为还处于积累阶段，我没有进行过大笔的捐赠。

1867年，我在欧洲游历期间的所见所闻引起了我极大的兴趣，不过，我仍然与公司保持着密切的书信往来，遥控指挥公司运营。受内战影响，与太平洋之间的铁路运输显得极其重要，国会通过决议，鼓励民间修建通往西海岸的铁路。这条铁路计划从奥巴哈开始，一直修到旧金山。当时我正在罗马旅游，得知工程进展很快，国家已经决定打通东西区域，工程很快就会完成。我给司各特先生写了一封信，建议他尽力拿到加利福尼亚路段运营卧铺车厢的合同。他回信说："年轻人，你向来能抓住有利时机。"

回到美国后，我马上开始运作这个项目。卧铺车厢的市场发展迅速，几乎有点供不应求。普尔曼公司在这一背景下很快创办起来，并一直运营至今。对于当时飞速增长的需求，中央运输公司似乎有点心有余而力不足。普尔曼先生开始在芝加哥建立世界上最大的运输公司，并很快成为我们的竞争对手。他也看上了太平洋铁路的卧铺车市场，并为此而努力着。他是我们的一个强劲对手。我们之间开始了激烈的竞争，由此我又一次深刻地体会到，小事有着不可小觑的力量。

联合太平洋铁路公司的总裁在芝加哥逗留期间，普尔曼先生去拜访了他。在总裁房间的桌子上，普尔曼先生看到了一封电报，上面写着“我们已经接受了你所提出的卧铺车厢计划”，这封电报显然是要发给司各特先生的。

杜伦特总裁进来后，普尔曼先生解释说：“我认为您在看到我的计划书之前是不会做出决定的。”杜伦特总裁答应给他时间准备。不久，联合太平洋公司董事会在纽约召开。我和普尔曼先生都参加了会议，以争取拿到这个订单。一天晚上，我在圣尼古拉斯旅馆的楼梯口碰到了普尔曼先生，并主动向他问好：“普尔曼先生，晚上好！我们似乎在做一件非常傻的事情，你不觉得吗?”

他显然不赞同我的看法，问道：“你为什么这样说?”

我向他解释了目前的形势，并说我们为了拿到订单如此竞争，可能谁也得不到好处。

“嗯，你说得对，”他说，“那你说我们该怎么做呢?”

“我们可以联起手来，”我说，“我们合成一家公司，向联合太平洋公司提交一份共同的计划书。”

“新公司如何命名呢?”他又问。

“普尔曼皇宫车厢公司!”我回答道。

显然，他对这个名字很满意，我认为也很恰当。

“来，我们去我的房间好好商量一下。”普尔曼先生说。

就这样，我和这位了不起的卧铺车厢大王合作，拿到了这份合同。后来，这家公司归入普尔曼总公司名下，并获得了一部分股权。在1873年金融危机爆发之前，我一直拥有普尔曼公司的大部分股权，后来为了挽救钢铁公司才不得不卖掉这些股份。

普尔曼先生是一个典型的美国人，三言两语很难说清他的行事风格。他曾经是一个木匠，在芝加哥大肆建设时期承接了很多业务，积累了一些资金。他做得非常不错，在行业内很快做出了名声。假如某家旅馆想在不影响旅客又不影响生意的情况下加高10英尺①，那么普尔曼先生是不二人选。能够把握事态趋势，或者说能够抓住事物关键的人并不多见，而他便是其中之一。他和我一样，也看到了美国卧铺车厢的发展趋势，于是在芝加哥制造了一些车厢，并得到了芝加哥中心线路的合同。

尽管东方公司及其创始人、大股东伍德拉夫先生享有最初的专利权，但我很快意识到东方公司不是普尔曼公司的对手。侵犯专利权很可能会给我们带来损失，但是在解决这件事之前浪费掉的时间，足以使普尔曼公司发展成为全国最大的公司。因此我真诚地提出，我们应该和普尔曼先生的公司联合，就像我们在联合太平洋铁路公司的项目上合作一样。普尔曼先生一向与东方公司关系恶劣，为了建立良好的合作关系，我必须做个中间人。很快我们便取得了一致意见，将我们公司以及中央运输公司并入普尔曼公司旗下。就这样，普尔曼公司的业务扩展到通往大西洋海岸的宾夕法尼亚干线，不再局限于美国西部。他的公司因此而节节胜利。在为人处世方面，普尔曼先生

---

① 英尺：英制长度单位，美国有时也会用到。1英尺＝30.48厘米。

能力出众，我曾听他讲过一个寓义深远的故事，从中受到了很大启发。”

普尔曼先生也是一个普通人，也曾遭遇过不幸，也曾有过失意的时刻。但是既能妥善地经营卧铺车厢，又能适时地解决诸多困难，同时还能维护铁路行业的声誉，除了普尔曼先生，我觉得再也没有谁能办到了。有一次，他给我讲了一个故事，并说这个故事对他影响极深。

西部某县有一位老人，一生中遭遇了许多磨难，邻居们非常可怜他，但他却说：“朋友们，你们说得很对，我这辈子的确遭遇了诸多不幸，但奇怪的是，大部分的烦恼并没有真正变成现实。”

确实如此，面对不幸，我们应该付之一笑，因为痛苦十之八九是想象出来的。只有愚蠢的人才会庸人自扰。聪明的人一向很乐观。船到桥头自然直，很多事情并没有想象的那么糟糕。

经过多次成功的谈判后，纽约很多人开始注意到了我。1878 年，我又接到一笔大业务，联合太平洋铁路公司的一个董事对我说，他们必须筹集 60 万美元（相当于现在的几百万美元）才能度过危机。他们之所以找到我，是因为执行委员会里有一些人认识我，认为我可以筹到这笔钱，而且还能为宾夕法尼亚铁路公司争取到西部关键线路的控制权。我觉得是普尔曼先生向董事会推荐了我，而且他很可能是第一个想到我的人。

我接受了这个任务。因为我认为，如果董事会愿意接受宾夕法尼亚铁路公司提名的几个候选人进入公司高层，那么宾夕法尼亚公司完全有理由向联合太平洋公司伸出援手。我去费城拜访了汤姆森总裁，跟他商讨这件事。我告诉他，如果宾夕法尼亚铁路公司愿意为联合太平洋公司在纽约的贷款作担保，那么太平洋公司在宾夕法尼亚的收益权就能掌握在我们手中。汤姆森总裁是一个谨小慎微的人，无论是对自己的钱还是公司的钱，他都非常慎重。然而，这笔买卖可以带来丰厚的收益，怎能轻易放过？就算收不回那 60 万美元，将它当成对这家公司的投资也非常划算。况且，我们已经打算将得到的有价证券转让给他，他根本没有什么风险。

当我离开的时候，他拍着我的肩膀说："这件事就拜托你了。你知道，宾夕法尼亚铁路公司从来不愿意遭受任何损失，哪怕是一美元。所以你要掌握所有的证券，我非常信任你。"

我圆满地完成了这项任务。汤姆森先生拒绝了联合太平洋公司让他担任总裁的请求，并向他们推荐了宾夕法尼亚铁路公司的副总裁司各特先生。1871 年，司各特先生、普尔曼先生和我一起加入了联合太平洋铁路公司董事会。

我们得到了联合太平洋公司的 300 万份股份，我把它们锁进保险柜，待价而沽。宾夕法尼亚铁路公司的加盟，使联合太平洋公司的股票价格飞速上涨，而且有着很大的增值空间，这跟我们当初预料的一样。这时，我要去伦敦参加奥马哈的密西西比河大桥的谈判。在我出差期间，司各特先生决定卖掉我们在联合太平洋公司的全部股份。我曾交代过秘书，作为董事之一，司各特先生也拥有这些股票的处理权，况且我离开后，这些股票也应该有人管理。联合太平洋公司的股票很有增值空间，但他竟然卖掉了所有股票，使我们丧失了已经获得的在联合太平洋公司的重要地位，这实在出乎我的意料。

从伦敦回来后，我发现，联合太平洋公司已然把我看成是一个以投机为目的的生意人，我不再是他们忠诚的合伙人。我因此失去了这次良好的合作机会。普尔曼先生也受到了牵连，我很想像他那样马上买入联合太平洋公司的股份，但是我不能那样做，和老朋友司各特先生成为敌人是我不愿意看到的事情。

联合太平洋公司董事会开除了我们。这对一个年轻人来说是很难堪的事情。司各特先生是我过去的上司，曾对我产生过很大影响，然而我和他在这件事上首次发生了分歧。司各特先生说，他不应该忽略这件事，他认为所有股票是由我和他共同掌控，我一定也很想将股票卖掉。这件事令他懊悔不已。我的好朋友莫顿布利斯公司的利瓦伊·P. 莫顿也有联合太平洋公司的股份，我很担心会因为这件事而失去这个朋友，值得庆幸的是，后来他了解了事情的经过，知道我是无辜的。

我成功地签订了奥马哈大桥的合同，得到了 2500 万美元的股份。但是，这些债券在我出差之前就被联合太平洋公司的一些人买走了，我的成功谈判并没有让联合太平洋公司受益，反倒给这些人带来了不少好处。我前往伦敦时，董事会并没有跟我说明此事，从伦敦归来后，我才发现这些人拿着包括我的利益在内的所有股票受益权去偿还他们的债务了，这实在是一件非常不幸的事情。我损失了一大笔钱。在此之前我从来没有过上当受骗的经历，也没有往这方面想过，所以没有加以防范。我觉得自己还是太年轻了，还有很多东西需要学习。大部分人是值得信赖的，但有一些则需要小心防范。

第十二章　融资谈判

大概就在这一时期，我帮助匹兹堡的阿尔勒格尼山谷铁路公司进行过一次融资谈判，大获全胜。一天，该公司的总裁威廉·菲利普斯上校来到我在纽约的办公室，告诉我他急需500万美元，但所有银行都不愿购买他们公司的债券，尽管宾夕法尼亚铁路公司愿意为他们担保。当时银行之间已经达成协议，决定按照他们公认的价格购买债券，这位老绅士因此被逼到了绝境。菲利普斯上校退让了一步，愿意九折出售公司债券，但银行家们还是觉得高了。因为当时西部铁路公司都是八折出售债券的。

菲利普斯上校希望我能为他出谋划策，以化解这次危机。他说曾向汤姆森先生借25万美元以应急，可是没能成功。阿尔勒格尼铁路公司的债券利率是7%，但是不适于在国外市场交易，因为他们用的是现金支付，而不是黄金。据我了解，宾夕法尼亚铁路公司拥有不少费城－伊利铁路公司的股份，年利率是6%，并且是黄金支付。我觉得既然宾夕法尼亚铁路公司已经为阿尔勒格尼铁路公司做了担保，当然也可以购买他们7%利率的债券，这笔买卖应该错不了。

我马上发电报给汤姆森先生，询问他能否借给阿尔勒格尼公司25万美元，这样他就可以获得高额利息。汤姆森先生很快表示他很乐意。菲利普斯上校知道后非常高兴，当即表示愿意让我提前60天以九折的优惠价购买他们公司500万美元的债券，以此作为对我的回报。我向汤姆森先生说明了情况，并建议他和我交换一下，这样一来，他们公司就可以多得1%的利息。他爽快地同意了。于是，我马上赶往伦敦，去处理由宾夕法尼亚铁路公司做保的费城－伊利铁路公司的500万美元的抵押债券事宜。我希望能够得到高额回报，然而结果完全出乎我的意料，我遭受了商海生涯中最大的一次打击。

我认为巴林银行会爽快地接受这笔债券，于是给他们写了一封信，将自己要出售债券的事情告诉他们。我刚到伦敦预订的宾馆，就看到了他们留下的约我面谈的便条。第二天早上我就拿到了合同。合同规定，他们以5%的利息贷400万美元给宾夕法尼亚铁路公司，银行如果以票面价格出售债券，将收取2.5%的佣金。他们可以从这笔交易中获得不少于50万美元的净利润。

我们正准备签订合同，拉塞尔·斯特吉斯先生说巴林先生明天早上将到这里，应该等明天下午两点再签订合同，让巴林先生了解一下这次交易的详情，以表示对他的尊重。我很想马上给汤姆森先生发份电报，但我突然产生了一种不祥的预感，于是打算等合同签订后再告诉他具体情况。我步行向旅馆走去，足足走了4英里，刚走到旅馆，就看到一个信差正在等我，他满头大汗地跑到我面前递给我一封信，是巴林银行写给我的。原来，俾斯麦在马格德堡冻结了好几亿美元的资产，整个金融界为之震惊。巴林先生表示，在这样的经济环境下，这笔交易无法再继续进行。我忙活半天，结果却是竹篮打水一场空。我非常生气，但又无可奈何，只好听天由命，唯一庆幸的是还没有发电报给汤姆森先生。

我决定不把债券卖给巴林银行了，经过一番努力，最后卖给了 J. S. 摩根银行，但因为当时他们正在大量抛售有价证券，我只能以比之前更低的价格出售那些债券。我曾听菲利普斯上校说，他之前曾与 J. S. 摩根在美国的银行谈判过，但没能成功，我觉得伦敦的摩根银行一定也知道这件事，所以一直没有想过找 J. S. 摩根银行。从那以后，每次遇到这样的事情，我第一个想到的就是摩根，他很少令我失望，就算他的银行不能贷款给我，也一定会帮我推荐一家可信的银行，他则从中抽取一定的佣金。让我感到满意的是，我也能从这些交易中拿到一定的奖金。不过，后来我也明白当时我应该给巴林银行一些时间，因为那次金融危机很快就过去了。这是我在那次商谈中犯下的一个严重错误。在谈判过程中，如果一方情绪浮躁，另一方应该保持冷静和耐心。

一天，我向摩根先生说起这样一件小事："摩根先生，我愿意给你一个制胜法宝，不过你得拿你四分之一的利润作为交换。"

摩根先生笑着说："嗯，这笔生意似乎很公平，我同意和你交换。"

于是，我向他说起了阿尔勒格尼山谷铁路公司的债券。该公司急需资金以拓展业务，我将他们的债券跟宾夕法尼亚铁路公司所持的费城－伊利铁路公司的债券进行了交换。当时美国的证券在市场上供不应求，所以我可以顺利地出售这些债券。

我将自己拟订的债券发行方案交给摩根先生。他认真思考后接受了我的建议。

我了解到宾夕法尼亚铁路公司需要资金，便去巴黎拜访汤姆森先生。我对他说，我可以向摩根先生推荐他人的债券，如果价格合适，我相信他会购买的。汤姆森先生给他们的债券订了一个很高的价格，摩根先生购买了一部分债券。阿尔勒格尼山谷铁路公司通过这种方式将 900 万至 1000 万美元的债券推向了市场，而宾夕法尼亚铁路公司也获得了资金。

1873 年，这些债券出售没多久，就迎来了金融危机。我从摩根先生那里获得了一些收益。一天，摩根先生对我说，他的父亲给他发了一份电报，想知道我是不是想卖出自己的债券。

我说："对，这个时候我希望把所有股份换成现金。"

"你打算卖多少钱？"他问。

我告诉他，我最近一次流水账单显然有 5 万美元的欠款，我想支取 6 万美元出来。第二天，我收到摩根先生的 7 万美元支票。我对他说他多给了我一万美元，他则说："卡内基先生，你少卖了 1 万美元，所以总共是 7 万美元"。

他给了我一张 6 万美元的支票，另外又给了一张 1 万美元的支票。我马上将那张 1 万美元的支票递给他，说："请您收下这 1 万美元，这是你应得的，也是我的一点心意。"

他拒绝道："这个钱我不能收，谢谢！"

在生意场上，这是双方相互信任、理解的象征。从那以后，我下定决心，尽量不让摩根父子及其银行因我而蒙受损失。因此，我成了他们最忠诚的朋友。

诚信是一个人成就事业的基础，也是一个企业发展强大的基础。装腔作势、自命不凡只会导致失败。一个企业，不仅要注重法律条文，更要重视商业道德。如今，商业道德的标准已经大大提高，企业应该纠正任何职员的错误，哪怕他的行为有益于公司。要想到达成功的彼岸，不仅要守法，更要坚持公平、公正的原则，赢得一个好名声。长期以来，我们一直坚持“把丰厚利益让给对方”的经营原则，从而获得了很多意外的收益。当然，这个原则不适用于投机领域，投机交易就是赌博，股票投资与经商是两种完全不同的概念。必须承认，近年来，像朱尼厄斯·S.摩根这样有诚信的银行家已经很罕见了。

司各特先生被联合太平洋铁路公司罢免总裁职务没多久，就被推选为得克萨斯太平洋铁路公司的总裁，负责得克萨斯太平洋铁路的修建。一天，我收到他从费城发来的电报，约我到费城与他见面。此行我还见到了一些新朋友，包括宾夕法尼亚铁路公司驻匹兹堡的副总裁 J. N. 麦克鲁夫。他们为修建得克萨斯太平洋铁路而申请的巨额贷款已经到期，摩根公司表示愿意续借，条件是我必须加入贷款方。我没有答应，于是他们指责我不够朋友。实际上，这是我一生中最为作难的时候。我不想卷入这次巨额交易之中，我身上还担负着巨大的责任，我将自己的全部资金都投进了制造业，一分一厘都要发挥效用。我是公司的掌舵人，我的一举一动都关系到公司的发展。我的弟弟、菲普斯先生、克罗门先生，以及他们的家人都需要我负责，我哪能轻易将资金投向别的地方？

我曾提醒过司各特先生，如果没有拿到足够的资金，不要去修建长距离的铁路，临时贷款是无法维持几千英里的铁路线修建的。我从欧洲回来后，司各特先生说特意为我留了 25 万美元的债券，尽管我很不情愿，但还是买下了这些债券。

我很清楚，摩根银行的贷款在 60 天内是无法偿还的，我还不上，其他人也还不上。况且除了这笔贷款，我还有 6 笔贷款需要偿还。这是我与司各特先生在商界的又一次分歧，也是我在商海中受到的又一次重大打击。

灾难在费城会见后不久就降临了，严重地打击了曾经的商业巨子们。司各特先生是一个非常敏感、骄傲的人，面对如此严重的失败，他身心俱疲，不堪重负，从而导致了他的英年早逝。没过多久，他的合伙人麦克马内斯和贝尔德先生也相继去世。这两个人，真不该涉足铁路行业，他们应该像我一样，专注于钢铁制造业。

事实上，比起从事投机行业的人，实业家更不易遭受这种重创。如果他能回答下面两个问题，就能规避风险：一、是否有足够的资金去冒这个风险？二、愿不愿意为朋友而损失金钱？如果答案是肯定的，那么可以去做，否则就不能去冒险。聪明人的做法往往是回答第一个问题后，去思考这是不是一个好机会。在我看来，任何一个有责任感且背负债务的人，都会为他的债权人尽心尽责。

尽管我拒绝了摩根银行的贷款合约，但他们还是邀请我第二天早上乘坐银行专车一起回纽约，以便对合约再行协商。我欣然接受了邀请。同行的还有安东尼·德雷克塞尔先生。途中，麦克马内夫先生说，他认为这个车厢里只有一个聪明人，别的都是傻瓜。只有安迪是用现金购买股票，不欠任何人一分钱，所以他无须承担任何责任。他还说，他们都应该向我学习。

德雷克塞尔先生问我是怎样规避不必要的麻烦的。我回答说，我始终遵守一个原则，那就是绝对不在明知道不能按期还款的合同上签上自己的名字。这也可以借用一位朋友的话，明知道那条河过不去，就不要踏进去。这条河对我来说太深了。

只要恪守这一原则，我和我的家人便不会陷入困境。事实上，我和我的合伙人商定，除非为了公司的利益，不得以任何方式使用数额较大的款项。这也是我们公司逐渐发展壮大的原因，也是我拒绝在续贷合约上签字的原因。

此后，我又多次前往欧洲，与那里的银行洽谈有价证券的买卖事宜，一共出售了 3000 万美元的债券。当时大西洋电缆还没有开通，纽约还不是金融中心，伦敦的银行家们根本不愿将钱借给美国，即使美国的利息远比巴黎、维也纳和柏林高得多。他们认为，将钱投到欧洲才是最保险的。在我弟弟和菲普斯先生的管理下，钢铁厂井然有序地发展着，我根本不用操心那里的事务，可以放心地专注于金融投资。国外的证券市场引起了我极大的兴趣，我从中看到了商机，但是，我还是更钟情于制造业。所以，我还是将钱投到匹兹堡的工厂里，我认为挣钱就应该踏踏实实。

我们将吉斯通桥梁公司的小厂房出租给了别人，然后在劳伦斯威尔购置了 10 英亩土地，修建了大型厂房。当时，联合钢铁公司已经占据了美国型材市场的领先地位，公司的发展前景一片光明，于是，我将从其他领域获得的利润全部投入到钢铁制造上。我本来和宾夕法尼亚铁路公司的一些朋友合伙投资了西部一些州县的铁路修建，但后来我逐渐将资金撤了出来。商界流行一句谚语：不要把所有鸡蛋放在一个篮子里。但是我却不这样认为，而是反其道而行之，偏要把所有鸡蛋都放在同一个篮子里，然后保持谨慎。我认为这才是正确的投资理念。

在我看来，要想获得真正的成功，必须精通行业的运营管理，任何行业都是如此。一个经营多种行业的人能够获得成功的例子，我几乎没有见到过，尤其是在制造行业，我不认同到处撒网的做法。成功的人往往是那些在一个领域坚持下去的人。然而，很多人并不重视投资于自己的企业而获得的巨大收益，这着实令人诧异。任何工厂的设备都需要时常更换或维修，但企业主却不愿把钱花在工厂的更新和维修上，而情愿花在别的地方。据我所知，很多商人根本没有意识到自己的工厂就是一座金矿，而往往将钱投资在债券或那些与他们风马牛不相及的企业上。在这方面，我与这些商人不同，我更能管理好自己的资金。其实，一个商人一生中遭遇的最大挫折，往往不是因为投资于他的本业，而是因为将钱投向自己不熟悉的领域。每个年轻人都应该将自己的时间、精力和金钱用在自己的事业上，这是我对年轻人的一个忠告。假如自己的业务无法进行下去，而且无法找到其他可以发展的业务，那么，将余下的资金投向一流的证券是比较明智的做法，这样可以获得稳定可靠的收益。我早就下定决心，要把自己的全部精力投入到钢铁制造业，在自己的行业内成为第一。

因为经常往英国跑，我在那里结识了很多钢铁行业的优秀人物，其中最为出色的是贝西默，另外还有洛锡安·贝尔爵士、伯纳德·萨穆尔森爵士、温莎·理查兹爵士、爱德华·马丁、宾格利、埃文斯等。我幸运地加入了英国钢铁协会，并很快成为协会主席，而且是第一位非英籍主席。我感到非常荣幸。刚开始的时候我拒绝担任这一职位，因为我担心自己没有足够的时间履行主席的职责。

我们曾经因为要承接修建桥梁及其他工程，不得不从事熟铁冶炼。现在我们觉得应该生产生铁了，于是，公司在 1870 年以我弟媳的名字“露西”命名建造了一座高炉（倘若当初我们能够预料到这是一项庞大的工程，这座高炉很可能会被推迟建造）。很多钢铁业元老说我们公司发展过快，这是一个很不好的现象。但是我们根本没把这种预言放在心上。我们认为自己有足够的资金，完全可以建造一座高炉。

但是，我们实际的支出竟然是预算的两倍。这对我们是一个极大的考验。克罗门先生一点也不懂高炉操作，不过我们并没有遇到太大的问题，露西高炉日产 100 吨，这个产量远远超出了我们的预料，以前，我们一个星期才会产出这么多。我们创造了纪录，很多前来参观工厂的人都对我们空前的产量表示震惊。

尽管如此，我们也会遇到困难。有段时间，钢铁的价格从每磅 9 美分降到 3 美分，幸运的是我们顺利度过了这次危机。当时很多企业都倒闭了，为了应对危机，我们的财务经理整天忙着筹集资金。几经磨难，我们公司都坚持下来了。当时行业内广泛使用的是英格兰著名的惠特维尔兄弟公司建造的高炉，惠特维尔先生也曾伸出援助之手，指导我们怎样使用高炉。当时我趁惠特维尔先生来参观露西高炉之机，向他讲述了我们公司当下的困难，他马上对我说："那是因为你们放置料钟的角度不正确。"

惠特维尔先生指导我们修改料钟角度，但克罗门先生对此并不是很相信，于是我提出建造一个小的玻璃型高炉，配上两个料钟，分别按惠特维尔先生的建议和露西高炉的原样摆放。实验结果证明，惠特维尔先生所说的完全正确，露西高炉的料钟摆放位置距投料中心较远，致使部分热量损失。而惠特维尔先生的设计很好地解决了这一难题。

惠特维尔先生真是一个非常善良、宽厚的人！他不计较个人得失，将他的技术毫无保留地提供给我们。我们也将用自己掌握的新技术来回报他。从那以后，只要他们需要，我们就会向惠特维尔公司倾囊相助。①

---

① 值得高兴的是，当我写下这段文字的时候，惠特维尔兄弟中的一位仍然健在，我们一直保持着友好往来。我卸任英国钢铁协会主席一职后，他继任了这个职位。——作者注

第十三章　钢的时代

40 年以前（1870 年以前），从事生铁铸造的人还不知道化学在这个行业中的重要性。化学是钢铁制造业中的一个重要因素。当时，负责管理高炉的人通常是来自外国的莽夫，他们时常将不听话的手下打倒在地，以儆效尤。他们凭直觉判断高炉的情况，就好像拥有超自然的能力一样。他们就像乡下那些拿着一根榛树枝来判断油井或水井的人。

由于我们对各类矿石、石灰石和焦炭不太了解，露西高炉总是状况频出，问题不断。我们实在忍不下去了，于是辞退了这位仅靠经验和感觉管理高炉的经理。我们看中了一位年轻的运务员，决定让他担任负责高炉的经理，他就是 M. 库里。

菲普斯先生非常重视露西高炉，每天都去那里巡视，以防出现故障。露西高炉在产能上没有任何问题，只是它比其他高炉要大得多，一旦出现问题，后果不堪设想。礼拜天上午，菲普斯先生的父亲和妹妹都去教堂做礼拜了，他仍然雷打不动地跑去查看露西高炉。他一心挂念着露西高炉，就算去教堂做礼拜，他也是在虔诚地祈祷露西高炉平安无事。

下一步我们要做的就是给库里找一个化学家做助手和顾问。我们找到了弗里克博士，他是一个很有学问的德国人，给我们讲述了很多过去不了解的知识。在我们眼中质量上乘的铁矿石，其实含铁量很低，比我们想象的要低 10%～15%，甚至 20%。而过去被人们弃之如敝履的贫矿反而能锻造优质的钢铁。好的变成了差的，而差的却成了宝贝，一切都被颠倒过来。化学知识犹如朝阳般照进钢铁行业，使我们不用再在黑暗中摸索前行。

然而，露西高炉在炼制的关键时刻被迫停产了，原因在于，我们用优质的高纯度矿石代替了只有前者三分之二铁含量的劣质矿石。在熔炼这种高纯度矿石的过程中，需要加进很多石灰，这对高炉造成了严重的损害。我们完全没有想到，优质材料竟然给我们带来了损害。

过去我们实在是太傻了！值得欣慰的是，至少我们对材料的性质有了些了解，而我们的竞争对手仍一无所知。他们一直说用不起化学家，而我们已经运用化学知识指导冶炼好几年。要知道钢铁制造离不开化学，否则不可能获得收益。而那些人总是认为，雇用化学家实在是太奢侈了。

露西高炉成为我们盈利最大的部门，这都是因为我们运用了科学的管理方法。认识到这一点后，我们很快决定再建造一座高炉。这座高炉的建造成本比当初建造露西高炉低多了。我们从那些评价不高的矿山购买矿石，很多不明真相的公司甚至不愿使用这些矿石。同时，我们不再购买那些所谓的质量上乘、价格昂贵的矿石。当时一座位于密苏里州的铁矿就是一个有趣的例子。这座矿山的产品很不受欢迎，据说只有一小部分可以使用。化学知识让我们知道，这种产品的磷含量非常低，但硅含量却比较高。只要加入适当的熔剂，这种矿石是非常不错的。于是，我们大量购买这种矿石，矿山的主人对我们感激不尽。

令人难以置信的是，这么多年来，我们一直低价收购铁矿渣，而将我们的高磷炉渣高价售出。其实，铁矿渣的含铁量高于高磷炉渣，而含磷量则比较低。有人曾想把铁矿渣拿到高炉里冶炼，但最后还是放弃了，因为它的纯度太高，冶炼时无法与配料充分反应。所以，多年来，同行们都将这些矿渣当作废物扔在河边。我们则用自己劣质的矿渣换取这些纯矿渣，并从中获利。

更令人不可思议的是，很多人认为氧化铁不能放进高炉中冶炼，这完全是一种偏见。其实那是一种纯铁氧化物。我由此想到了我的一个朋友、丹佛姆林和老乡——奇泽姆先生。我们经常在一起开玩笑。一天，我去参观他的克利夫兰工厂，看到工人们正把那些价值颇高的氧化铁皮扔到院子里。我问奇泽姆先生："你们准备怎么处理这些铁皮？"他回答说："将它们扔到河边去。我们的高炉经理经常抱怨他的坏运气，因为他们试图将这些东西放进高炉中重新冶炼，但都失败了。"

我没有做声，但是回到匹兹堡后，我决定跟他开个玩笑。当时我们有个员工名叫杜·普维，他的父亲发明了一种炼铁的方法，正在匹兹堡进行试验。我派派杜·普维去克利夫兰收购所有的氧化铁皮。最后，他以每吨50美分的价格买下了奇泽姆先生的氧化铁皮。我一直等着奇泽姆先生反应过来，知道我在跟他开玩笑，但我还没来得及告诉他这件事，他就去世了。不过，他的继任者很快赶上了我们。

我一直密切关注着贝西默的炼铁法。我坚信，如果这种方法被证明是可行的，我们将迎来钢的时代。宾夕法尼亚列维斯顿自由铁厂的总经理是我的朋友，名叫约翰·A. 赖特，他曾专门去英国调查研究这种炼钢技术。他是当时最优秀、经验最丰富的制造商之一，他决定在自己的公司建立贝西默炼钢厂。他的主张是正确的，只是有点超前。建成这样一座炼钢厂所需的成本远远超出预期。这种新工艺在英国尚处于试验阶段，要想把它移植到美国并取得成功，并非易事。这是一个漫长的试验过程，需要投入很多资金，而他根本没有这个资金储备。

这项新工艺试验获得成功后，很多人向哈里斯堡投资，以建造宾夕法尼亚炼钢厂。这项工程幸亏得到了宾夕法尼亚铁路公司的及时帮助，否则它就胎死腹中了。我们要感谢汤姆森总裁，这个具有远见卓识的人建议董事会，向这个钢厂注入 60 万美元，以保证铁路公司日后的钢轨供应。事实证明，他的做法是正确的。

铁轨可以拿什么来作为替代品，这个问题一直困扰着宾夕法尼亚铁路公司和其他重要的铁路公司。每隔 6 个星期或两个月，宾夕法尼亚到韦恩站之间的铁轨就要进行一次更新，因为那段铁轨非常容易变形。贝西默炼钢技术尚未推出的时候，我曾提醒汤姆森总裁注意英格兰的道普斯先生的发明，他将铁轨的顶部进行碳化，取得了不错的效果。我去英格兰拿到了道普斯专利的使用权，并向汤姆森先生提议投资 20 万美元在匹兹堡试验这项技术。汤姆森先生采纳了我的建议，我们建造了一座专门为宾夕法尼亚铁路公司碳化数百吨铁轨的熔炉。这是美国首次运用碳化技术处理铁轨，其性能比普通铁轨要好得多。

我们将那些最容易磨损的路段都换成这种铁轨，汤姆森先生从中获得了不少利润。假如贝西默的炼钢技术没有得到广泛应用，我坚信我们一定能进一步改善道普斯的技术，使其能够更广泛地应用。但是，贝西默炼钢法使人们发现，钢才是最坚固的材料。

美国最大的铁轨制造公司，即位于匹兹堡附近的坎布里亚制铁公司，决定建造一座贝西默炼钢厂。我的朋友威廉·科尔曼先生是这家公司的总裁。我通过考察发现，贝西默炼钢法不需要投入太多的资金，也不用承担过高的风险，就能取得巨大的成功。我很满意这项技术。威廉·科尔曼先生跟我看法一致，我们决定在匹兹堡加工钢材。科尔曼先生和大卫·麦克坎德里斯先生都成了我的合伙人。大卫·麦克坎德里斯先生在我父亲去世后曾帮助过我的母亲。后来，我的合伙人又多了两个，一个是约翰·司各特先生，另一个是大卫·A. 斯图尔特先生。一直关注钢铁冶炼发展的宾夕法尼亚铁路公司总裁汤姆森先生及副总裁司各特先生也成了股东。1873 年 1 月 1 日，我们正式组建了钢轨制造公司。

我们面临的第一个棘手问题是工厂的选址。对于拟订的几个选址方案，我都不太满意，于是跑到匹兹堡找我的合伙人商量。这件事一直困扰着我，一个星期天的早上，我突然大脑中灵光一闪，想到了一个合适的地址。我赶紧起床去找弟弟，兴奋地对他说："汤姆，你和科尔曼先生是对的，应该将工厂建在布拉道克斯，它处于宾夕法尼亚、巴尔的摩、俄亥俄州之间，那里还有条河，可以说，放眼整个美国，那里算得上是最合适的厂址了。公司就以埃德加·汤姆森先生的名字来命名吧。我们现在就去布拉道克斯，对了，叫上科尔曼先生。”

我们当天就出发了，第二天一早，科尔曼先生就开始与这块地的主人麦金尼先生砍价，我们本来想以每亩 500～600 美元的价格买下这块地，但麦金尼报出的价格实在太高了，最后以每亩 2000 美元的价格成交。后来在扩建工厂时，我们不得不以每亩 5000 美元的价格购买地皮。

这里曾发生过布拉道克斯战役，我们就在这个战场上开始建造我们的钢轨厂。挖掘地基的时候，发现了很多诸如刺刀、剑等之类的战争遗留物。丹佛姆林的总督亚瑟·蒙克特爵士及其儿子正是在这里被杀害的。这里曾是两个丹佛姆林贵族的葬身之地，现在另两个丹佛姆林人则在这里创办自己的工厂，这只能说是上帝的有意安排。

我们本打算以汤姆森先生的名字来给钢厂命名，以示对其尊敬。可是他却拒绝了。他的回答意味深长，他说他不希望自己的名字与钢轨联系在一起，因为在美国，钢轨还很不可靠。我对他说：“虽然美国的钢轨还处于试验阶段，但生产出来的钢材已经可以和外国钢材相媲美，我相信，我们的钢轨一定能够名扬天下，就像吉斯通公司的桥梁和克罗门的轮轴一样。”他终于同意了。

宾夕法尼亚铁路公司一直是汤姆森先生最为关心的，所以他一直希望我们将工厂建在宾夕法尼亚铁路沿线。这样，铁路公司便可以承担钢厂的货物运输。几个月后，汤姆森先生到匹兹堡视察工作，接替我出任宾夕法尼亚铁路公司匹兹堡分公司经理的罗伯特·皮特凯恩对他说，我们将钢厂设在了布拉道克斯，那里不仅有他们的铁路，还有巴尔的摩和俄亥俄的铁路，而且还靠近俄亥俄河，河道运输可以说是铁路运输的劲敌。罗伯特告诉我，当时汤姆森先生忽闪着眼睛说："安迪应该把工厂往东再挪几英里。"其实他心里很清楚，这里是工厂的最佳地址。

当 1873 年 9 月金融危机袭来时，我们的工厂已经步入正轨。那段时间，我陷入了焦虑、紧张之中，在商海中苦苦挣扎。刚开始，一切似乎都进展顺利，我也如期到阿尔勒格尼山避暑，直到一天早上，这种平静被一份电报彻底打破了。电报上说布杰伊库克银行倒闭了，此后几乎每一个小时，银行一家接一家地倒闭。随着银行的破产，我们每天早上醒来，头脑中闪现的第一个念头就是我们接下来该做什么。随之而来的是其他公司的接连破产，因为没有资金的支持，它们根本无法运转。直到最后，商业经营陷入全面瘫痪。人们由此也发现了当时银行存在的一个缺陷，我们的国家缺少一个合理、稳健的银行体系。

我们不欠别人钱，所以不用担心债务问题，困扰我们的不是偿还别人的债务，而是向他人讨还债务。银行诚恳地请求我们不要将存款提出来，但我们急需 10 万美元的小额钞票来给员工们发薪水。为了提到这笔钱我们不得不在纽约多支付 2400 美元的佣金，然后再将钱运到匹兹堡。当时谁也贷不到款，哪怕你有好的担保物也不行。不过可以用有价证券作抵押，我将当时持有的一些债券拿出来，换得了不少现金。公司承诺，等形势好转后，一定帮我赎回来。

一些铁路公司欠了我们很多原材料款，其中以福特·韦恩公司欠得最多。当时我曾去拜访他们的副总裁邵先生，对他说我们必须拿回货款。他回答说："按说我们应该将钱给你们，可是目前我们拿不出一分钱。"

"那好，反正我们还欠着你们的运输费呢，我现在就下令不再支付你们运输费。"

"很好，你要是真的那样做，我们就拒绝为你们运货。"他说。

我告诉他，我们愿意承担这个风险，不过铁路公司并没有那样做，后来我们好长一段时间没有给他们支付运输费，而他们仍照常为我们服务。后来银行不得不延长企业的贷款合约，因为客户没有钱支付货款，匹兹堡的制造商们就还不上债务。我们从中获得了好处。银行就是这样，为了让我们更好地经营发展，遇到问题总会做出相应的调整。然而，我实在不愿再忍受如此焦虑、着急的折磨，在企业内部积累更多的资金，是我在这个危急时期最想做的事情。

在这次危机中，所有合伙人中数我最焦躁、最忧虑。我几乎无法控制自己。幸好我们的金融地位很快得到了巩固，我终于冷静了下来。我本打算向那些与我们有业务联系的银行董事会说明我们公司的状况。我觉得这样做并不丢人。我们公司的所有股东在生活中都没有挥霍无度，谁也不会拿公司的钱谋取私利，损害公司利益，更没有人去投机市场进行风险投资。我们公司每年都在盈利，呈现出一片欣欣向荣的景象。

所以，面对合伙人的担忧，我能够一笑了之。我们还有威廉·克罗门这个后盾，他不仅聪慧睿智，而且信誉极高，我相信他一定愿意为我们担保。克罗门先生非常爱国。7 月 4 日是美国的国庆日，按照惯例，所有工厂是要停工的。有一年 7 月 4 日，克罗门先生去参观他的工厂，发现有些工人正在维修锅炉。他很愤怒，马上命令所有人停止工作。他生气地说："国庆节必须停工！你们可以在星期天进行维修啊！"

金融危机时期，我们立刻进行资金紧缩，不再大肆投资。尽管心有不甘，但我们还是决定暂停新钢厂的建设。后来我又接收了一些股东的股份，因为他们分不到红利，不愿再持有股份。就这样，我获得了公司的控股权。

这场金融风暴势头很猛，先是刮到了金融界，后来又影响到商业和制造业，形势愈演愈烈，最终波及了得克萨斯太平洋公司。我的很多朋友都在这家公司，它的破产对我无疑是一个沉重的打击。我与得克萨斯太平洋公司关系密切，没有人相信我能够不受他们的债务影响。

匹兹堡汇兑银行与我们有大量业务往来，他们的总裁斯考恩伯格先生在纽约听说司各特先生和汤姆森先生的困境后，马上赶到匹兹堡召开董事会，他在会上提议停止为我们提供应收账款的贴现，因为他断定我一定受到了得克萨斯太平洋公司的债务影响。他惊恐地发现正在为我们贴现的应收账款数额非常庞大。为了避免产生严重后果，我决定马上采取行动。我很快赶到匹兹堡向他们说明情况。我告诉他们，我虽然拥有得克萨斯太平洋铁路公司的股份，但已经用现金付清了我名下的所有款项，因此，该公司的任何债务都与我无关。目前我只承担与我们公司有关的责任，并愿意用自己所有的财产作为抵押，保证不背负任何债务。

这一刻，我的大名在商界传扬开来，人们一致认为我是一个有胆有识、喜欢冒险的年轻人。我们的公司发展迅速，业务范围广泛，我年纪轻轻就已经在打理数百万的资产。匹兹堡的一些前辈都认为我前途光明，将来一定大有出息。据说一位阅历丰富的老前辈宣称："安德鲁·卡内基肯定能够成功，要么凭他的聪明才智，要么靠他的运气。"他是根据一定的事实才这样说的。我相信很多人都会惊讶地发现，我和合伙人很少冒险。每当有什么大动作时总有像宾夕法尼亚铁路公司之类的大公司在背后支持我，使我没有后顾之忧。苏格兰人做事一向小心谨慎，不过在一些前辈眼中，我偶尔也会冲动起来。我与他们确实不一样，他们都老了，而我还年轻。

不久，匹兹堡金融机构对我们的担忧消失殆尽，又开始充分信任我们了。我们公司的信誉达到了顶峰，越来越多的银行愿意贷款给我们，即使是在金融危机时期。这就如同在其他银行的存款越来越少时，古老的匹兹堡银行的存款却在增加。匹兹堡银行是美国唯一一家兑付黄金的银行，它很鄙视那种以法律为庇护、用现钞支付债务的行为。

这次危机不仅波及到司各特先生和汤姆森先生，就连我的合伙人克罗门先生也遭遇了不幸。他禁不住一些投机分子的引诱，加盟了埃斯卡那巴制铁公司。那些人向他保证，这家公司将来会成为一家股份制企业。但这个承诺还没兑现，该公司就欠下了大约70万美元的巨债。除了宣布破产，克罗门先生想不出任何办法可以回收他的投资。

克罗门先生作为我们的一个合伙人，在没有知会其他合伙人的情况下，是没有权力投资其他公司的。这件事令所有人非常震惊。合伙人之间不存在秘密，这是商界的一个原则。蔑视这个原则，使得克罗门先生以及我们公司都陷入了困境。这跟我们公司因为与得克萨斯太平洋公司关系密切而受到连累的情况十分相似。

倘若克罗门先生是一个商人，在这件事发生之后，我们绝对不会和他继续合作。然而，他只是一个稍微懂点商业知识的优秀的机械师而已。但一直想在办公室做管理工作，但是，在工厂搞设计发明才是他的优势，没人能够与之匹敌。我们想给他安排一个恰当的职位，但是相当困难，这很可能是他另谋出路的原因。很多人称赞他不仅是一个机械奇才，而且很有商业头脑，他也许是被这些赞美冲昏了头才做出了那样的事情。作为他的合伙人，我们时常提醒他，他并不是一个商业天才，但他本人似乎从来没有认识到这一点。

克罗门先生宣布破产后，又恢复了自由。我们提出按成本价向他转让公司 10% 的股份，在他的债务没有还清之前，我们愿意帮他垫付，而他不用承担任何风险，只需要用红利偿还投资就可以了。当然，我们并不是无条件地帮助他。我们提出，他不能入股其他公司，不能拿公司的股份为其他公司作担保，也不能参与公司的管理，他必须将全部精力投入到技术中。当时他要是接受了这些条件，早就拥有百万家产了。然而出于强烈的自尊心和傲气，他没有接受我们的条件。他坚持从事商业经营，并执意创办了一家新公司，成为我们的竞争对手。他的儿子担任公司的经理。他的公司很快便走向失败，而他本人也早早地去世了。

很多人不了解自己的兴趣，也不清楚自己的能力。我认识很多这样的人，明明是一个出色的技工，却执意要从事管理工作，结果不仅浪费了自己的大好时光，还把自己置于焦虑之中，最后只能以失败收场。对克罗门先生的离去，我深表遗憾，他是一个善良的人，在机械方面很有才华，他要是不离开，肯定会快乐地与我们一起度过无数美好的时光。

第十四章　伙伴、旅行和书

克罗门先生离开后，我们果断将工厂交给威廉·伯恩特莱格管理。我很喜欢威廉。他刚从德国来的时候还不会说英语，我们之所以聘用他，只是因为他是克罗门先生的远房亲戚。刚开始，他只是一个什么也不会的毛头小伙子，但他很好学，很快就学会了英语，成了一名运务员，周薪6美元。他原来不具备什么机械知识，但是他工作认真勤奋，追求进步，很快熟悉了公司的业务，并开始向公司献计献策。

见过威廉的人都能记住这个很有个性的年轻人，因为他说话带有浓厚的德国口音，而且喜欢用倒装句。联合铁厂在他的管理下，很快成为公司利润最高的一个部门。由于整日忙于工作，威廉显得有些疲劳过度，我们决定让他休假回欧洲看看。他却先取道华盛顿来到纽约，对我说，他并不想回德国，而是想去匹兹堡。他看到华盛顿纪念碑以及其他公共建筑物上的卡内基公司生产的铁梁后，激动地说："我为此感到无比自豪，现在我只想尽快回到工厂，以确保工厂正常运营。"

威廉每天起早贪黑，一心扑在工作上。他视工作为生命的全部。他是最先成为我们合伙人的年轻员工之一。令人遗憾的是，他过早地去世了，当时他的年薪是5万美元，这份报酬是他应得的。我知道很多关于他的故事。有一年年底，公司召开总结大会，要求每个员工都要作简短发言。当时威廉是这样说的："先生们，我们的工作就是提高利润，降低成本，所以我们每个人都应该站在他的底座上。"听了他的发言，大家都大笑起来。

埃文斯上校（大家都叫他"好战的鲍勃"）曾奉政府之命来我厂监察产品质量。他要求严格，对人严厉。对于上校的做法，威廉极为不满，抱怨不止，两人之间终于发生了冲突。我们试图让威廉明白，取悦一位政府官员是非常重要的。但威廉却不以为然，他说："他一边抽着我的雪茄（这位上校确实有点过分，威廉抽的可是很差劲的雪茄，一根只需 1 美分），一边挑剔我的产品，你能忍受得了这种人吗？不过我还是会向他道歉的。"

听上校说，威廉真的向他道歉了。上校笑着对我们说："你们知道威廉是怎样向我道歉的吗？他对我说：'上校，你好，我真心希望你没事了。我不是故意要和你作对的。'说着，他向我伸出了手。"最后，他们尽释前嫌，握手言和。

有一次，威廉向我们的邻居——匹兹堡钢铁制造公司的创始人詹姆士·帕克出售了大批无法使用的废铁。帕克先生发现这批铁质量很差，于是向我们索偿他的损失。威廉和菲普斯先生奉命去见帕克先生，协商处理这件事情。来到帕克先生的公司后，菲普斯先生直接去了帕克的办公室，而威廉则在工厂转了一圈，四处寻找那批废铁，但怎么也找不到。

威廉马上知道该怎么做了。他走进办公室，没等帕克先生说话，便开口道："帕克先生，我很高兴听到我卖给你们的那批废铁质量很差，你们不想要了，我打算每吨多出 5 美元，将这批废铁全部收回。”威廉很清楚，那些铁早就被用光了。帕克先生支吾半天，也没能说出一句话来。这件事就这样解决了。威廉取得了完胜。

有一次我去匹兹堡，威廉说想告诉我一些特别的事情，只能对我一个人说。他说：“我上次回德国时曾在以前的同学家住了几天，他是一名教授。卡内基先生，你知道吗？我在那里遇到了我同学的妹妹，她对我非常友善。我回来后给她寄过小礼物，她也给我写了回信，慢慢地，我们有了感情。有一次，我写信向她求婚。我的求婚显得很鲁莽，而她是个循规蹈矩的姑娘，居然答应了。我想把她接到纽约来，但她的家人对我目前的工作不太了解，所以她哥哥给我写信，要求我去德国与她结婚。我很不愿离开公司，想听听您的意见。”

“威廉，你当然要去，没错，你应该去。我认为这样做没有错。你马上去和她结婚，然后把她带过来。这里的事情我来安排，你不用担心。”

分别时，我对他说：“威廉，我猜你的未婚妻一定是个高挑漂亮、温柔贤惠的德国姑娘。”

“卡内基先生，其实她有点胖。”为了更具体地形容她的胖，威廉还用了工厂的一个动作来打比方，他说，“如果要把她轧平的话，我必须轧两遍才行。”①

---

① 当 1912 年 6 月的一天早上，我又读到这里时，又忍不住大笑起来。每次阅读这些文字，以及他所说的“每个人都应该站在他的底座上”，我都会忍俊不禁。——作者注

菲普斯先生以前是公司的业务部门主管，后来公司的业务逐渐扩大后，钢厂也需要他来管理。他之前的工作便交给了一个名叫威廉·L. 艾博特的年轻人。艾博特起初是公司的一名小职员，跟伯恩特莱格的情况比较相似。他的成就不在威廉之下，很快也成了公司的一名年轻董事，后来又被提拔为公司的总裁。

库里先生凭着对露西高炉的卓越管理，后来也成了我们的合伙人。一个人要想在商界做出大成就，取得大成功，必须懂得用人之道，而且要及时给人才提供适当的回报。后来，我们把卡内基和麦克坎德里斯公司并入埃德加·汤姆森钢铁公司。刚开始，我弟弟、菲普斯先生以及其他股东都不支持这样做。我将第一年的收入情况表交给他们过目，对他们说，如果不合并，就会酿成大错。他们仔细考虑之后，终于接受了我的建议。这件事无论对我还是他们，都值得庆幸。

多年的从商经验使我认识到，要想让团队保持旺盛的活力，必须持续地吸收新鲜血液，坚持创新，力求改革。我们的埃德加·汤姆森钢铁公司也应这样。还没有生产钢轨的时候，我们聘用了一个铁路审计员来做审计工作，他以思维敏捷、聪明能干而著称。但是，克罗门先生对他很不满意。不久，我们发现克罗门先生对这位审计员的评价是正确的。这个审计员确实精通财会，但是，要想让他或者任何其他办事员刚进入钢铁制造这一陌生领域就表现出色，是很不切实际的。每个人在新的领域都缺乏相应的理论知识和实际经验。当然，这并不意味着他不是一个好的审计师，期待不可能的情况出现，这是我们的失误。

钢厂准备就绪后，这位审计员将一份组织结构图交给我审批。我发现他把工厂分为两个部门，一个部门由史蒂文森先生管理，他是一个优秀的生产管理者，也是一个苏格兰人；另一个部门由琼斯先生掌管。我认为在一个工厂里出现两个职权相等的管理者对工厂的统一管理极其不利，所以没有批准这个方案。一家工厂出现两个权力相当的管理人，就如同一支军队有两位长官、一艘船上出现两位船长，就算他们分别管理两个不同的部门，也一定会造成灾难性的后果。

我对他说："这绝对行不通。我不认识史蒂文森和琼斯两位先生，但是主管只能由他们中的一个人来担任，只能由一个人向你汇报。"

经过商量，我们决定由琼斯先生担任主管。后来他成为贝西默炼钢行业中无人不知的人物。琼斯先生年轻有为，富有激情，勤劳能干，从他那矮小的身材可以看出他的威尔士血统。他过去曾在约翰斯顿一家工厂里当机械师，每天拿 2 美元的报酬。来到我们公司后，他很快成为我们眼中的潜力股。内战时期，他曾自愿入伍，因表现出色而被提升为连长，他在战斗中勇敢顽强，从不退缩。现在他已经是一位出色的公司领导人，为埃德加·汤姆森钢铁公司的迅速发展作出了贡献。

几年后，我们邀请他加盟公司，让他有机会成为百万富翁，可是他谢绝了。我对他说，我们一致邀请他参股，而且很多年轻人因为拥有公司的股份，拿到的钱比他多得多。公司规定可以用利润来支付股本，所以他不会有经济压力。

然而他答复说："我不愿老想着公司的运营状况，想着公司是否盈利，所以不会入股。我现在已经很忙了，你如果觉得我对公司有利，就提高我的薪水吧。”

“好吧，我将按美国总统的薪酬标准给你酬劳。”

这个身材矮小的威尔士人说：“一言为定!”

刚开始，我们在钢轨制造业内并没有引起竞争对手的重视。根据他们开始生产钢材时遇到的困难，他们坚信，我们在一年之内，不可能生产出钢轨，根本无力与他们竞争。当时每吨钢轨售价是 70 美元。然而我们获得了一个不错的开端，我们在全国各地设立代理商，在竞争对手还没有反应过来时，就以最优惠的价格拿到了很多订单。

我们的钢铁公司很有发展前途，这不仅因为我们的设备非常先进，每一个计划都绝妙无比，而且因为琼斯先生具有卓越的领导才能，他的手下还有一批优秀的人才，这一切都决定我们必定能够取得成功。第一个月，钢厂就销售出 1.1 万美元的产品。我们拥有完善的会计系统，由此得出了精确的利润率。炼铁厂的经验告诉我们，精准的统计是非常重要的。工厂的每一个部门，都有专人负责核对材料数量。

我一直想做一次环球旅行，现在钢厂成功启动了，我可以休假去实现自己的梦想了。1878 年秋季的一天，我和 J. W. 范德沃特先生（范迪）一起上路了。我随身带了几个笔记本，每天用铅笔记录自己的经历，我想，也许有一天可以将这些文字印刷出来，和我的朋友一起分享。我觉得每个人第一次看到自己写的文字被印刷出来，都会感到欣喜若狂。当印刷厂将这些书交到我手上时，我重新读了一遍，看看它们是否值得作为礼物送给我的朋友。最后，我自我感觉良好，认为可以送出去。

这些文字本来就是为朋友而写，自然无须太担心会有什么刻薄的评论，但我还是有点患得患失，总希望得到一些赞扬。事实证明我的担心是多余的，这本书赢得了大家的喜爱，最起码一部分人是真心喜欢它。没有谁不喜欢赞美。我最先收到了费城的大银行家安东尼·德雷塞尔的信，他在信中抱怨：他一看我的书就停不下来了，一直读到凌晨两点，让他少睡了好几个小时。我收到了好几封这样的信。我清楚地记得，中央太平洋铁路公司的总裁亨廷顿先生对我说，他正打算好好夸我一番呢。

我问："你为什么要夸我？"

"因为我刚读了你的书。"他回答说。

"哦，这算不上夸吧，别的朋友也是这样。"我说。

"我跟他们可不一样。你也知道，这么多年来，除了看账本之外，我根本没有读过书。起初我并不想读你的书，可是我随意翻了一下，没想到就停不下来了。5 年来，我只想通读账本，别的什么也不愿意读。"

我并不完全相信朋友们的恭维。不过有一种赞美确实很受用，有些人从我的朋友手中得到我的书，阅读后给予了充分的赞美，我因此而飘飘然了好久。为了满足越来越多的需求，我又将书加印了几次。报纸上也发表了一些评论和部分精彩内容，不少人对之产生了兴趣。后来，查尔斯·斯克里布纳的儿子为了满足市场需求，要求将这些内容印刷出版，于是，《环球旅行》公开出版了，我理所当然地成了一个作家。

这次旅行开阔了我的眼界，改变了我的思想。斯宾塞和达尔文的理论也引起了我的极大兴趣，我开始用进化论的眼光去观察人类生活的不同阶段。我在中国拜读了孔子的作品，在印度阅读了佛经和印度教的经典，从孟买的帕西人那里了解了拜火教。这次旅行给我的心灵带来了平和、宁静，过去乱作一团的思绪如今变得井然有序了。我重新理解了基督的那句名言："天堂就在你心里。"是的，天堂现在就在我们的心里，不是过去，不是将来，而是在当下。我们的一切责任都在当下，在眼前这个世界，追求脱离现实、不切实际的未来是没有意义的。

过去我深受神学的影响，韦斯登博格哲学也给我留下了深刻的印象，但是现在它们再也无法左右我的思想。我发现任何民族的信仰都有其道理，但又都不是完美无缺的。每个民族都有其伟大的导师，比如佛陀、孔子、琐罗亚斯特和基督耶稣。从伦理学上讲，一切宗教教义都相差无几。所以，我打算引用《马太福音》里的话，我总是很骄傲地用它来称颂朋友：

孩子啊，
上帝一直在注视着我们，
他对我们创立的所有宗教都一视同仁，
从不轻视。
他对那些沮丧的人说，
任何人身上都具有神奇的力量！
每个人都希望用甘霖滋润心田，
每个人都有可能遭遇失败，
任何人都曾因此而痛哭流泣，

但是，

你必须振奋起来！

埃德温·阿诺德的《亚洲之光》也在这个时候出版了，我从中获得了极大的快乐。我刚从印度旅游回来，阅读这本书，使我有种重游故地的感觉。作者也听说了我对这本书的喜爱，后来我们有幸在伦敦见面，他将这本书的原始手稿赠给了我。这是我最为珍贵的收藏之一。即便要花费一些金钱，那些进行过环球旅行的人也应该将自己的经历写出来。与其他旅行不同的是，环球旅行让你对这个世界有一个清晰、完整的认识。进行环球旅行后，你会感觉自己已经看透了世间的一切(当然，这只是泛泛而言)，你会发现，所有人都在努力改变自己的命运，最终都走向一个特定的结局。

做过环球旅行的人，如果能对东方国家的宗教经典进行认真研究，肯定会大受启发。任何国家的人民都认为自己的宗教是最好的，同时也为自己生长在这片土地上而感到骄傲。大多数人认为，“金窝银窝不如自己的狗窝”。

我在《环球旅行》中记录的两件事可以充分说明这一点：

当我们游览到新加坡时，偶尔在一片小树林里看到几个穿着破旧的农民正忙着干活，他们的孩子光着身子在一旁嬉闹。这个动人的画面吸引了我们的眼球，我们让导游告诉他们，现在这个季节，我们的国家已经是冬季，水全都结成了厚厚的冰，人可以在上面行走，有时甚至可以通过马车。他们听了非常吃惊，说：“我们真的生活得很快乐，你们为什么不到这里来生活呢?”

另外一件事是：

我们去北极圈时，顺道去看了拉普兰人的驯鹿场。我们的导游是一位水手，返回途中，我们路过一个海湾，我看到对面的海岸上散落着几间棚屋，还有一座二层小楼正在修建之中。我问水手：“那座新建的房子是谁的?”

水手回答说：“那是一个特罗姆瑟人的房子，他外出打工挣了大钱，回来就盖了这座房子。他非常富有。”

“你说你去过很多地方，伦敦、纽约、加尔各答、墨尔本，还有一些别的地方。如果你也挣了大钱，你会把家安在哪里?”我们忍不住问水手。

他忽闪着明亮的眼睛，认真地回答说：“当然是特罗姆瑟了，任何地方都比不上这里。”

这里处于北极圈内，一年中有6个月生活在黑暗中。但是，这是他的家，是他出生的地方，他觉得这里是最舒服、最温馨的。

人们的生活环境也许并不是那么完美，也许有些地方条件很差，但是世界各地的人都是善良、快乐的，我们为之感叹！无论处于什么样的环境，处于地球的哪个位置，他们都热爱自己的家园。上帝平等地对待每一个民族，毫无偏私，让每一个民族都有与其发展阶段相适应的宗教信仰。

第十五章　爱情与婚姻

1877 年 6 月 12 日，我在故乡丹佛姆林获得了荣誉市民的称号，对此我非常激动，因为这是一个莫大的荣誉。自沃尔特·司各特先生当选为英国议员之后，在我之前，只有两个人获此殊荣。我常听父母讲述沃尔特先生的事情，他们曾见过他给丹佛姆林大教堂画速写。我准备发表一次演讲作为对此荣誉的答谢。为了让自己的致辞更恰当更精彩，我真诚地向舅舅贝利·莫里森请教。他是一个很好的演讲家，对我说了一句挺有道理的话："安迪，只要说出自己的真实感受就很好了。"

我将舅舅的这一演讲秘诀记了下来。下面这个演讲原则，可供年轻的演讲家作为参考：听众都是普通人，面对他们演讲，要像平时跟他们说话一样。要想避免演讲出现冷场，就不要把自己当成特殊人物，而必须把自己当成他们中的一员。一旦你伪装自己，就会底气不足，所以，你只需要做你自己，然后很自然地去说。我曾向最杰出的演讲家英格索尔上校请教，询问他怎么才能拥有这种超凡能力。他对我说："做你自己，不要缩手缩脚，不要去模仿他人。"

1881 年春天，我们一行 11 人组成一个车队，从纽约向丹佛姆林出发，这是一次意义非凡的长途旅行。早在 1867 年我和乔治·劳德、亨利·菲普斯一同去英格兰旅行时，我便产生过这样的念头，驾着马车从布莱顿码头一直游览到因弗内斯。这个愿望直到今天才得以实现。这次旅行让我感受到青春的活力，它犹如一剂包治百病的良药，让我身心愉悦。

出发前，我花了两便士买了一个小本子，拿它记录每天的经历。我这样做只是想在杂志上发表几篇文章，或是将自己的这次经历讲给身边的朋友，毕竟我已经出版了《环球旅行》一书。在一个寒冷的冬天，我实在不想出门，但又不知道待在家里如何打发时间。无聊之际，我突然想起了这次旅行，决定写点什么，没想到我的灵感喷涌而出，很快写了三四千字。从那以后，每逢大风雪天气，只要没有特殊情况，我都会待在家里写作。这样过了 20 多次，我写成了一本书。我将这本书的手稿交给斯克里布纳出版社，请他们印几百本，我好拿来送给朋友。朋友们就像喜欢那本《环球旅行》一样喜欢这本书。一天，埃普林先生跑来告诉我，斯克里布纳先生看过这本书后，希望能由他的出版社出版发行。

有点虚荣心的作者往往容易被一些奉承话所打动，认为自己写得不错，我也不例外。我答应了斯克里布纳先生的请求（这本书每年都能给我带来一点版税收入，到 1912 年，我已经领了 30 年）。这本书出版之后，我同样收到了很多读者来信，我的助手将这些来信整理装订成册。我的读者中有一部分是残疾人，他们来信说，这本书让他们看到了希望，获得了快乐。这让我感到很欣慰。这本书在英国也引起了读者的关注，评价不错。我想，这本书之所以能赢得读者的一致好评，主要原因在于我只是想写给朋友看，根本没打算用它来博得好名声，所以写得非常轻松。我就像在旅途中一样，一直保持着愉悦的心情去完成这本书。

1886 年，我陷入了极度抑郁之中，感受到从未有过的悲痛与绝望，再也无法像过去那样无忧无虑了。那年 11 月，母亲和弟弟先后离世，我成了一个孤苦伶仃之人。随后我又染上了伤寒，卧床不起，竟然无法全力去感受失去亲人的痛苦，只能独自面对死亡。

我是第一个病倒的，当时我们刚从东边回到位于阿尔勒格尼山顶的乡间别墅度假，每年夏天，我们都会来这里避暑。刚到的前一两天，我就感觉身体不适，医生诊断我患了伤寒。我们请来了纽约的丹尼斯教授，他的诊断结果与之前相同。为了更好地照顾我，我们请来了一个受过训练的护士。不久，母亲也病倒了，随后弟弟在匹兹堡也卧病在床。

那段时间，我郁闷、绝望、脾气暴躁，跟变了个人似的。我浑身无力，脆弱之极，为了忘记身体的疼痛，我只能让自己沉溺于回忆中。大家没有将母亲和弟弟的病情告诉我，直到他们去世，我才得知消息，当时我真想随他们而去。我从没离开过他们，现在怎么会变成这样？难道这就是命运的安排？

我的身体慢慢地恢复了，想到未来，我心中一片迷茫。我认识露易丝·惠特菲尔德小姐已有多年。在她母亲的许可下，我和她经常在中心花园骑马，同行的还有几位年轻的姑娘。我养了好几匹良马，经常和她们在公园或纽约周围骑马。随着时间的流逝，我发现除了惠特菲尔德小姐，其他几个姑娘都很平庸，甚至有些俗气。经过时光的打磨，惠特菲尔德小姐变得越来越完美，她身上具有我所知道的女孩的所有优点。我建议年轻的小伙子在选择伴侣时一定要仔细考察，如果都能像我一样，每个人都能找到自己的幸福。

“我曾急切地观察过很多姑娘，也喜欢过不少姑娘，因为她们身上具有不同的优点。尽管如此，她们在我心中还不是那么完美，我从来没有全心全意地爱上一个。殊不知，世上根本没有完美的人！”①

这段话一直萦绕在我的耳边。如今我和惠特菲尔德小姐已经共同生活了 20 多年，我对她的爱丝毫没有减少，如果可以，我愿意用世上最美妙的语言去赞美她。

惠特菲尔德小姐身边并不乏追求者，有很多像我一样的年轻人，所以刚开始的时候，我的告白被她无情地拒绝了，只因为我很富有，而且前程无限。而她想成为丈夫的贤内助，就像她父母一样，两个人比翼双飞，共同进步。了解我的情况后，她认为她帮不上我，她有自己的人生规划，尽管我们相处得挺好，但是她还是拒绝了我的求爱。

后来，丹尼斯教授夫妇将我接到纽约，住在他们家里。他们对我照顾有加。我很想让惠特菲尔德小姐来看我，因此等身体有所恢复，能够拿笔后，我马上给惠特菲尔德小姐写了一封信。当时我非常需要她，她看到了我的孤独与痛苦，觉得自己终于可以帮到我，于是便接纳我了。1887 年 4 月 22 日，我们在纽约结婚，之后去了怀特岛度蜜月。

---

① 出自莎士比亚的《暴风雨》。

她很喜欢野花，过去，诸如三色堇、勿忘我、樱草花和百里香等花，对她而言只是一些花名而已，她只从书本上看到过，从来没有看见过实物，现在她终于亲眼看到了，她对这些着了迷。劳德姨父和一个表哥从苏格兰来看望我们，他们为我们在基尔克拉斯顿选了一处避暑的好地方，我们很快就去了那里。苏格兰的美丽风景迷住了我的太太。她在少女时期就喜欢读关于苏格兰的书籍，尤其是小说《苏格兰领袖》，因此，她喜欢苏格兰也就不难理解了。没过多久，她就比我还像苏格兰人了。而这正是我所希望看到的。

在丹佛姆林，我们度过了一段美好的时光，幸福而快乐。我带她去看我小时候常去的地方，她从乡亲们那里听到了许多我小时候的故事。我的形象在她眼中变得越来越完美。我们的生活有了一个美好的开始。

在北部的爱丁堡，我再次获得了荣誉市民称号。在授奖仪式上，罗斯伯里勋爵发表了演讲。热情的爱丁堡市民都来参加了仪式。我在一个大礼堂里发表了演讲，听众都是工厂的工人。我还收到了一份礼物，我太太也收到了一枚胸针，她对这份礼物视为珍宝。风笛演奏深深吸引了她，使她陶醉其中，希望家里也有一个这样的乐手，早上用优美的笛声伴我们起床，晚上用笛声伴我们用餐。她是美国康涅狄格的清教徒，性格直率。她说，假如让她在一个孤岛上生活，而且只能选择一种乐器，她肯定会选择风笛。很快，克鲁尼·麦克弗森给我们介绍了一个风笛手。我们雇用了他，在他悦耳的笛声中，我们一起来到了基尔克拉斯顿的住处。

在基尔克拉斯顿，我们过得很快乐，尽管我的太太很想回到高地的家。我们家时常有朋友来访。卡内基夫人和我的亲戚尤其是长辈们相处得很好，经常邀请他们来家里做客。大家都很喜欢她，对于这样一个好姑娘竟然嫁给了我，感到不可思议。我告诉他们，我对此也很惊讶，或许这就是上天的安排。

后来，我们带着风笛手、女管家和几个仆人一起回到了纽约。尼科尔夫人忠诚地为我们服务了 20 年，现在还跟我们住在一起，我们就像家人一样。一年后，我们又有了一个男管家乔治·欧文，也成了我们家庭中的一员。女佣马吉·安德森也是一样。他们在工作中都尽心尽责，极为忠诚，品格高尚。

第二年，我们接受他人的建议，买下了克鲁尼城堡。风笛手作为当地人，给我们讲了很多那里的风土人情。我们也许是受他的影响才买下了这个城堡，从那以后，我们在城堡里度过了无数个夏天。

1897 年 3 月 30 日，我们的女儿出生了。我走到她身边，认真地注视着她。妻子对我说："我们就叫她玛格丽特吧，随你妈妈的名字。现在我想请求你一件事。"

"露易丝，什么事?"

"现在我们有孩子了，不能再租房子住了，搬来搬去的很麻烦，我们应该有自己的避暑之地，应该有自己的家。"

"嗯，你说得对。"我说。

"不过，买房子我有一个条件。"

"什么条件?"

"我想去苏格兰高地安家。"

“好极了，”我说，“这正合我意。你知道我很怕盛夏毒辣辣的太阳。我会亲自安排这件事。”

最后，我们在斯基伯买了一处住宅。

我在亲人离世、孤苦伶仃的时候认识了我的妻子，现在我们已经一起生活了 20 年，她给我的生活带来了生机与快乐，跟她在一起，我很幸福。我简直不敢想象，没有她我会是什么样子。结婚前，我以为自己很了解她，事实上，我对她的了解只停留在表层，根本没能看到她深层次的美好，她是那样的纯朴、睿智、圣洁。在与人交往时，特别是与双方亲戚交往时，她表现得如同一个优秀的外交家，一个和平使者。她将自己的善良与爱心带到每一个地方，有她在的地方总是那么的和谐、友好。面对紧急情况，她总能保持沉着、冷静。

这位和平使者从来没有跟别人发生过争吵，包括在少女时期。任何认识她的人，都不会对她心生怨气。这并不是说她逆来顺受，对朋友没什么要求，事实上，她对朋友要求很高，但是她并不在乎对方的职位、财富和社会地位。在待人接物上，她的一言一行都很得体。她从来不会降低交友的标准，与她交往密切的都是品格高尚的人。她总是站在别人的立场考虑问题，一心想着怎样给身边的人提供帮助。

我无法想象自己的生活中没有她会是什么样子；只要一想到她有可能先我离世，我就痛苦得快要窒息。按自然规律发展来看，这种情况也许降临不到我的头上，可是，如果我先她而去，将她孤零零地留在这个世界上，也是一件令人难以忍受的事情。她需要关爱、呵护。幸好，我们还有可爱的女儿，她可以陪伴、关心卡内基夫人。而且，玛格丽特也更需要妈妈，超过需要我。

哎，我们历经艰难，终于在人间建立了天堂一样的家园，为什么要逼着我们离开，去那么一个未知的地方呢？在此我想用杰西卡的话来表达自己的想法：

巴塞罗那勋爵找到了一位如意的妻子，过得幸福、美满。他很知足，因为他享受着天堂般的幸福。

第十六章　关于钢铁制造

在英国，我学到了一个关于钢铁业的重要经验，那就是保证原材料的顺利供应。我们解决了埃德加·汤姆森工厂的钢轨问题后，很快便投入到下一步的工作当中。我们建造了三座炼铁高炉，其中有一座是从埃斯卡诺巴造铁公司购买后改造的。克罗门先生张罗的这笔生意。改造旧高炉的成本跟建造新高炉差不多，但它在使用上却比不上新高炉。购买劣质的设备显然是一件极为闹心的事情。

毫无疑问，这是一次失败的交易，但是由于它比较小，非常适合炼制镜铁和锰铁，后来也给我们带来了丰厚的收入。放眼整个美国，我们是第二家生产镜铁的公司，第一家生产锰铁的公司，而且在很多年里，生产锰铁的公司只有我们一家。在此之前，我们是以每吨 80 美元的高价从国外购买锰铁。其实，生产锰铁的矿石并不难找，我们的高炉经理朱利安·肯尼迪先生提议，可以利用小高炉自己提炼锰铁。我们进行了试验，结果成功了。我们开始向全国供应锰铁，锰铁的价格因此降到了每吨 50 美元。

在进行这项试验的时候，我们发现欧洲人为了生产锰铁，也正悄悄地从弗吉尼亚矿山购买矿石。他们声称买回去另有他用，而矿主竟然相信了他们的说辞。菲普斯先生马上作出决定，将整个矿山买下来。矿主当时正缺少资金，也没有相应的技术，于是同意将矿山卖给我们。我们对矿山进行了彻底的勘察，发现这里蕴藏着丰富的锰铁矿石，完全可以收回我们的投资。我们迅速采取了行动，从发现到生产，一刻也没耽误。股份公司优于集团公司的地方正在于此。集团公司的决策必须征求董事会的意见，等待他们做出决定，很可能需要几个星期甚至几个月的时间。等到那时，矿山很可能已经落到他人之手。

我们建造了一个又一个更为先进的高炉设备，直到我们认为高炉达到了标准水平。当然，我们会持续地进行改进，但是现在我们已经有了一个设备完善，月产 5 万吨的生铁工厂。

我们公司增加了一个新的部门——高炉部，以保证高炉的独立经营和顺利生产。然而，用来熔炼生铁的燃料却出现了短缺，导致生产无法顺利进行。我们立刻针对这个问题进行了认真仔细的调查，发现弗里克焦炭公司不仅能够生产优质的煤和焦炭，而且弗里克先生本人也很有管理才能。当他还是铁路公司的小职员时，就已经显示出优秀的才能。1882 年，我们先是收购了这家公司一半的股份，后来又相继从其他股东手中买了一些股份，从而得到了这家公司的控股权。

现在我们只剩下一个问题了，即稳定铁矿石的供应。如果能解决这个问题，那么，我们就有能力与欧洲最大的公司竞争了。我们本以为成功在宾夕法尼亚找到了铁矿供应，没想到却上当了，矿山周边的矿石经过多年的雨水冲刷，含铁量确实很高，然而深入探测后，我们发现这座矿井根本就是一座贫矿，无法利用。

在宾夕法尼亚群山中，我们租了一座高炉，并派化学家普鲁瑟先生到这里分析原料成分，同时鼓励当地人给他送矿石标本。但是，要取得当地人的帮助却很困难，因为人们对化学还一无所知，甚至很畏惧。他检测矿石成分的仪器被人们看成是邪恶的东西，具有一种超能力。无奈之下，我们只得从匹兹堡派了一个人过去帮他。

一天，他发来了一份非同寻常的关于无磷矿石的分析报告，他说这种矿石很适合贝西默炼钢法。这一发现引起了我们的重视。这个矿井的主人是一个富裕的农场主，名叫摩西·汤普森，在宾夕法尼亚中心县拥有7000英亩良田。我们很快约他协商石矿的转让事宜。据了解，该矿在五六十年前曾被人开采过，但当时使用的是木炭熔炼法，而这种矿石的含铁量较高，不易熔化，所以失败了。我们暗暗庆幸，幸亏当时此矿被看成是无用之矿。

矿主给了我们6个月的时间准备接手此矿。任何矿产收购者在收购矿山时，首先要做的事情就是对矿山进行仔细的勘测，我们也很快采取了行动。我们每隔100英尺拉一条线，接着每隔50英尺再交叉拉一条线，然后在每一个交叉点上进行不同深度的探测分析。我们一共挖了80口井，尽可能在给卖家支付钱款之前，彻底了解矿山的情况。探测结果令我们惊喜不已。在我的表哥兼合伙人劳德先生的努力下，我们的采矿、洗矿成本被降到了最低，还弥补了上次选矿失误的损失。因为有化学家提供帮助，这一次我们获得了成功。由此可见，我们有决心而且积极主动地找到了充足的原材料。

我的几次成功都相当惊险。有一天，在匹兹堡，我和菲普斯先生从国家信托公司的办公室前路过，看见他们的窗户上写着“每个股东都有责任”几个烫金大字。就在那天早上，我在查阅财务报表时，发现我们公司有国家信托公司的 20 股股份，于是对亨利说：“请您在下午到办公室前将这些股票卖掉，可以吗?”

他说：“好的，等有了好机会我就处理。”

“不，亨利，请您马上处理这件事。”

亨利很快将那些股份出手了。不久，这家银行因为财政赤字而宣布破产，给很多股东造成了很大损失，包括我的表哥莫里森。真的好险，再晚点卖掉那些股份的话，受害股东的名单上就会出现我们公司的名字，即使我们手中只有 2000 美元的股份（20 股）。这件事给我们上了终身难忘的一课。生意场上有一条铁律：你挣到的钱，可以随意支配，但是千万不要让自己的名字被列进那些需要承担责任的名单上。在很多人看来，几千美元只是一笔小投资，但它却可能给你带来致命的一击。

我们清醒地意识到，钢的时代将很快到来，铁的时代已然过去。钢逐渐取代了铁的位置，被越来越多地应用到生活当中，包括我们吉斯通桥梁公司也不例外。随着铁的慢慢淘汰，我们越来越多地依赖钢了。1886 年，为了生产各种型号的钢材，我们打算在埃德加·汤姆森钢厂附近建设一个新工厂。就在这时，匹兹堡有五六家制造商表示，愿意将他们联合建在荷姆斯泰德的钢厂卖给我们。这些钢厂原本是几家制造商为了给各家公司提供钢材而联合修建的。当时钢轨市场形势一片大好，他们决定改变计划，建设了一家钢轨加工厂。钢轨的价格一直很高，所以他们的钢轨生产也得到了收益，但是，这些工厂并不是为生产钢轨而建立的，他们既没有炼造生铁的高炉，也没有用作燃料的焦炭，所以根本不是我们的对手。

购买这些工厂对我们很有好处。我认为，让他们与卡内基兄弟公司合并是处理这个问题的最佳办法。于是，我们提议在平等的条件下进行合并，他们建厂花了多少钱，我们就支付给他们多少钱。在这个基础上，谈判很快达成了协议。在支付方式上，他们可以选择现金，也可以选择入股，幸运的是，所有人都选择了现金，除了乔治·辛格先生。后来辛格先生说，他的合伙人当时非常担心我们会提出更苛刻的条件，直到我们提出用一美元抵一美元的平等原则，他们的心才算放进了肚子里。

这次交易后，我们公司进行了一次重组。1886 年，我们新成立了卡内基·菲普斯公司，负责荷姆斯泰德钢厂的经营。威尔逊·沃克公司并入卡内基·菲普斯公司，沃克先生被推选为董事长。卡内基兄弟公司的总裁一职由我弟弟担任。随着公司业务的拓展，我们又建立了哈特曼钢厂，专门生产荷姆斯泰德钢厂不生产的那些钢材。这样一来，我们几乎能够生产所有类型的钢材，从小小的铁钉到 20 英寸的钢梁，无所不包。我们根本不想再进入别的新领域。

我认为很有必要回顾一下我们公司从 1888 年到 1897 年这 10 年间的发展历程，这是一个非常有趣的过程。1888 年，我们投资了 2000 万美元，到 1897 年，我们的投资额翻了一番。1888 年，我们的生铁年产量是 60 万吨，到 1897 年，生铁年产量翻了三番。1888 年，我们的钢铁日产量是 2000 吨，到 1897 年，钢铁日产量突破了 6000 吨。我们的焦炭炉刚开始只有

5000座，10年后数量也翻了三番，每天的产能也从6000吨增长到1.8万吨。1897年，我们的弗里克焦炭厂拥有4.2万英亩的煤田，比过去供货商的三分之二还要多。我们的公司在这10年间取得了令世人瞩目的成就。国家在不断地发展，我们的公司也要与时俱进，否则肯定会被淘汰。

为了生产1吨钢，我们需要开采1.5吨矿石，先通过铁路运到100英里外的湖边，再经过几百英里的船运，然后转到火车上，通过铁路送到150英里外的匹兹堡；需要开采1.5吨煤，加工成焦炭，通过铁路行走50多英里运到匹兹堡；还需要开采1吨石灰石，运到150英里外的匹兹堡。完成这一系列的工作后，我们是如何做到在确保自己的利益不受损害的情况下，使每3磅钢材的价格低至2美分的呢？这听起来似乎有点不可思议，但我们的确做到了。

美国很快从钢铁生产成本最高的国家变成了成本最低的国家。后来，我们与贝尔法斯特造船厂也有了业务往来。而这只是万里长征的第一步。美国的劳动力成本虽然居高不下，但我们生产的钢材却和其他国家一样便宜。要想让工人们放心、快乐地工作，只有支付给他们较高的薪水。

美国的国内市场形势不错，这是美国的一大竞争优势。仅仅依靠这一点，我们的投资就能够获得回报。一个国家要想在与外国产品的竞争中获得胜利，必须拥有一个好的国内市场，尤其是那些产品已经定型的国家（我们就是如此）。我在英国提出一个与此相关的词汇——“盈余法则”，后来，这一词汇在商界中被广泛应用。

第十七章　荷姆斯泰德罢工事件

1892 年 7 月 1 日，我正在苏格兰高地避暑，我们的工人和董事会之间发生了严重的冲突。26 年来，我始终致力于协调董事会与工人之间的关系，我们与工人的亲密关系一直让我觉得无比自豪。有人指责我在荷姆斯泰德罢工时期没有及时回来支持我的合伙人，反而选择留在国外，这样做很不应该。对此，菲普斯先生在 1904 年 1 月 30 日的《纽约论坛报》上作了回应，他说有几个合伙人并不希望我回来，因为我总是答应工人们的要求，即使他们的有些要求很不合理。我一直希望能与工人保持亲密的关系，希望与他们成为朋友。其实，与工人保持友好，从经济上来说是一种不错的投资，工人拿到的薪水越高，他们就会越快乐，对老板也就越尊重。适当对工人作出让步，可以带来丰厚的收益。

随着贝西默平炉炼钢法的广泛运用，钢铁业经历了一场大变革。我们意识到旧设备已经落伍，于是在荷姆斯泰德投资几百万美元建立了一个新工厂。新设备的使用使我们的钢产量增长了 60%。280 名以产能计工资的工人与我们签订了 3 年的劳动合同，最后一年，我们投入了新设备，于是他们的工资也随着产量的提高而增长了 60%。

不久，公司拟订了新的工资方案，提出将这增长的60%由公司和工人们平均分配，也就是说，工人拿30%，另外30%用于公司补偿设备更新的费用。工人产能的增加是因为公司使用了新设备，并非增加了劳动强度。对于这个方案，工人理应心怀感恩之心愉快地接受，因为它合情合理，不失公平，而且相当慷慨。当时公司的紧要任务是为政府生产装甲用的钢，任务重，时间紧。我们之前已经推辞了两次，但政府急需这些装备，我们只得接受。另外，我们还要履行为芝加哥的展览中心提供材料的合同。在这种情况下，一些工人认为，公司任务繁重，无论他们提出什么样的要求，公司都会答应，于是坚决要求得到60%的份额。结果公司没有答应，也不应该答应，因为他们的要求如同趁火打劫，是一种敲诈。即使当时我在场，对这种勒索行为也不会屈从。

在这件事上，公司的决定是正确的。当公司的决策与工人的意见不一致时，我总是用足够的耐心去和他们讲道理，给他们分析他们要求的不合理性。但是，我绝对不会，也从来没有雇用新的工人来顶替他们。当时有3000名工人没有参与罢工，荷姆斯泰德钢厂的经理认为，有了这3000人，工厂一定能够正常运转，于是急于除掉那280名工人。那280名罢工工人组成了工会，而且除了“加热工”和“轧钢工”，他们不接受任何其他部门的工人加入，所以那3000名工人便拒绝与他们合作生产。

先是这位经理被工人误导了，接着又连带着误导了我的合伙人。这位经理是刚从基层提拔上来的，没有多少管理经验。一边是280人的无理要求，一边是3000人的意见，我们的经理自然而然就相信了后者，认为反对前者的这 3000 人一定能够按照他们所承诺的那样去做。这 3000 名工人中也不乏优秀者，他们希望能够取代那 280 人的位置。至少我了解的情况是这样的。

事后看来，当时工厂不应该开工生产。公司要做的是安抚好两边的工人：“你们先将你们之间的劳动纠纷解决好再说。公司已经给你们开出了最慷慨的条件。在纠纷解决之前，公司不会开工，不过你们的职位都会被保留。”或者那名经理可以告诉那 3000 名工人：“假如你们愿意不顾安全来上班，我也不拦着。”这样就等于让工人们自己承担保护自己的责任，双方的力量对比悬殊，3000 人对 280 人。不过，为了保护这 3000 名工人，州政府已经派出了警力。因为那 280 名带罢工的工人非常凶猛好斗，而且还拥有枪支，完全可以对付这 3000 人。后来的事实也证明的确是这样。

在此我想重申一下我之前所说的那个法则：“公司应该让工人明白，公司有足够的耐心等待工人主动回来工作，决不会启用新人来顶替他们的岗位，永远不会。”优秀的员工不可能在大街上闲逛而没有工作。只有没本事的人才会无所事事。即使在经济最不景气的时候，我们也不会随意解雇我们看重的工人。雇用新手来操作现代化钢厂的复杂机械是不现实的。新老员工之间通常会相互敌视，当时管理人员雇佣新人的企图使得 3000 名老员工改变立场，不再积极地支持我们，我们怎么能够责怪他们呢?

如果当时我在美国，也可能像那个经理一样，想试一试老员工是不是会遵守他们的承诺开始工作。但是我的合伙人竟然让新员工马上上岗顶替那 280 个人，这是不应该的。当然，我的合伙人也是应老员工的要求才那样做的。我们的原则是不用新员工，但现在是老员工提出了这样的要求，这样一来，合伙人的做法就不违背原则了。对于罢工者开枪打死警员后的第二次复工，现在回过头来可以轻松地说："如果当时等到老员工主动回来再开工就好了。"然而，局势很快被宾夕法尼亚政府派出的 8000 名士兵控制了。

当时我正在苏格兰高地，并不了解罢工的具体情况。这件事让我很难过。商海沉浮几十年，我记忆最深，也最痛苦的事就是荷姆斯泰德罢工。这件事根本就不应该发生。因为使用新设备，按照新的计酬方法（多得 30% 报酬），工人的日工资就从 4 美元涨到 9 美元，这个涨幅也太大了，他们的确太过分了。我在苏格兰高地接到了一封由工人领袖发来的电报："亲爱的老板，请您告诉我们，您希望我们怎么做，我们一定照做。"我为此倍受感动，只可惜灾难已经发生了，电报来得太晚了。当时政府已经控制了工厂，一切都太迟了。

这段时间，我收到了很多朋友的安慰信。让我最感动的是格拉德斯通先生写给我的一封信。

亲爱的卡内基先生：

很早以前，我和妻子就表达过对您的诚挚祝贺和感谢。如今您做出了更有意义的事情，却受到了别人的诋毁，我想您一定很痛苦吧，我也很为您难过。我希望我能帮助您从那些媒体的恶意诽谤中解脱出来。我希望尽我所能为您做点什么，哪怕只是一句话。我相信，所有认识您的人，都不会因为发生那样的不幸而减少对您的拥护与赞赏。

当今社会，财富犹如一个恶魔，对人们的道德造成了极大的威胁，而您的所作所为无疑是对恶魔的有力抨击，我将会鼎力支持您。

请您相信我！

您真诚的朋友

W. E. 格拉德斯通

我在这里引用这封信，是想说明格拉德斯通是一个富有同情心的人，他善良而敏感，同情一切值得同情的人或事，无论是对那不勒斯人、希腊人，还是保加利亚人，抑或其他遭受不幸的人。

民众并不知道当时我在苏格兰高地，对荷姆斯泰德罢工事件一无所知。多年来，我因为工厂的工人被杀，一直背负着罪名。但有一些事仍然值得我庆幸。当时美国有一个劳资双方可以共同参与的组织，叫全国市民联合会，可以对劳资双方施加影响。汉纳议员是该联合会的主席，奥斯卡·施特劳斯是副主席，他邀请我去他家吃饭，并会见该联合会的其他官员。在具体时间定下来之前，我的终身挚友汉纳主席突然离开了人世。我如约参加了晚宴，即将散席时，斯特劳斯先生说起了汉纳先生的继任人选一事，提议由我来接替这一职位。在场的工人领袖们纷纷站起来，表示赞同斯特劳斯先生的主张。

我一下子惊呆了，既意外又感激。我觉得自己在工人心目中还是有一定地位的，他们拥戴我，信任我。然而，由于荷姆斯泰德骚乱，人们已经认定卡内基工厂是一个剥削工人血汗钱的工厂。

我站起来解释说，每年夏天我都会去苏格兰高地避暑，而联合会每时每刻要准备应对可能发生的骚乱，所以我不能接受这个光荣的职位。我努力让他们理解，这是我今生收到的最好的礼物，足以抚慰我心灵的创伤，但我还是不能接受，希望他们能够明白我的心情，别让我太为难。我还表示，如果我能被选入执行委员会，我一定会欣然接受。我的请求得到了大家的一致同意。大家的态度让我长出了一口气，心情轻松多了，荷姆斯泰德骚乱带给我的悲伤也减轻了一些。

过去我做过不少关于劳工问题的演讲，也写过相关文章，奥斯卡·施特劳斯先生都阅读过，他和工人们说话时很喜欢引用我的话，这次他挺身而出为我辩护，令我很感动。晚宴上还有两个来自匹兹堡的工人代表站出来为我辩护，说我和工人们的关系一向十分密切。

后来，工人们和他们的妻子在匹兹堡图书馆为我举办了欢迎会，我做了一次开诚布公的演说。我在演讲中说了这样一句话："公司就好比一张凳子，而资本、工人和雇主就是它的三条腿，缺少了任何一条，公司都无法立足。"我永远也忘不了这句话。大家对我的演讲报以雷鸣般的掌声。我和工人们及其家人握手言和，重新友好相处。

不久，我的朋友、罗特格斯大学的教授约翰·C. 范·戴克跟我说了一件与荷姆斯泰德罢工相关的事情。

1900 年，我从加利福尼亚湾的瓜伊马斯出发去一个朋友的农场，打算和他一起去索诺拉雷普群山上打猎。他的农场十分偏远，我原以为在那里只会遇到墨西哥人和印第安人。令我吃惊的是，我居然遇到了一个讲英语的美国人。他显得很孤独，迫切想要与人交流。我很快了解到他来这里的原因。他叫麦克卢基，原本是荷姆斯泰德卡内基钢铁公司的熟练机修工，直到 1892 年，他在工厂里都是公认的高手，薪水很高，而且有着幸福美满的家庭和可观的资产。当地市民很尊敬他，推选他为荷姆斯泰德镇的镇长。

1892 年工人大罢工时，麦克卢基理所当然地站在罢工者一边。他以镇长的身份下令逮捕那些来保护工人、维持秩序的私家侦探们。他解释说，这些侦探在他管辖的区域内肆意妄为，他有权逮捕并解除他们的武装。他的命令引发了流血事件，进一步激化了双方的矛盾。

众所周知，罢工以失败告终。大家纷纷指责麦克卢基是刽子手、暴徒、叛徒，并起诉了他，是不是还有其他的罪名我就不得而知了。他被迫逃往国外，想等风头过去再出来；他不仅受了伤，还在忍饥挨饿，过得甚为悲惨。很快他发现自己已经被美国钢铁行业列入黑名单，没有一家公司愿意聘用他。他花光了身上的钱，后来妻子也去世了。他历经坎坷，决定去墨西哥。我遇到他时，他正在当地的几个矿上找工作。但是，这里根本不需要像他这样出色的熟练机修工，他们需要的是没有工作经验的廉价劳动力。毫无疑问，他的悲惨遭遇博得了我的同情，我认为，像他这样聪明能干的人，不应该遭受这样的命运。

当时，我并没有告诉他我认识卡内基先生。不过，麦克卢基多次跟我说，如果"安迪"当时在场的话，绝对不会出现那么多的麻烦，他丝毫没有责怪卡内基先生。他认为，“安迪”与其他合伙人不同，他一直与工人们相处融洽。

我在农场里住了一个星期，晚上经常见到麦克卢基。之后我从那里直接去了亚利桑那州的图森，并且在那里给卡内基先生写了一封信，将麦克卢基的情况告诉了他。我还在信中说，我对这个男人深表同情，认为他不应该受到如此严重的惩罚。卡内基先生很快给我回了信，用铅笔在信纸的边缘写了以下文字：“请给麦克卢基一些钱，他要多少就给多少，不过不要提到我。”我立刻给麦克卢基去了封信，表示要资助他一笔钱，让他重新自立生活。他对我表示感谢，但拒绝了我的好意，他说他想通过自己的力量去打拼。我非常佩服他，他的身上体现着真正的美国精神。

我后来曾跟一个朋友——索诺拉雷暴铁路公司的总经理说起麦克卢基。据说麦克卢基在铁路部门的钻井队找到了一份差事，表现非常出色。一年后我又去了瓜伊马斯，并再次见到了他，当时他正在监督修理一些铁路设备。他变了很多，看起来过得很幸福，而且娶了一位墨西哥太太。既然他现在的生活好起来了，我认为我可以将实情告诉他了，他理应明白，当初与他为敌的人并不冷血，他要正确看待。离开的时候，我对他说：“麦克卢基先生，现在我想告诉你，当初提出给你钱的人不是我，而是安德鲁·卡内基先生，是他提出给你一笔钱的，只不过让我转交罢了。”

麦克卢基很吃惊，嘴巴张了半天，才说出那么一句：“你说什么？那个可恶的白头发的安迪还是非常仁慈的！”

我很清楚麦克卢基是一个好人。据说当时他在荷姆斯泰德有 3 万美元的资产。由于他既是镇长，又是荷姆斯泰德工会的主席，枪击警察的事情发生后，他遭到了追捕。他只能放弃那里的一切逃走。

因为我曾宣称将来希望用麦克卢基那句话作为我的墓志铭，所以继这个故事刊登之后，报纸上马上有人刊登文章对我进行了讽刺。但不管怎样，麦克卢基对我的那句评价，充分证明了我对工人们是非常友善、仁慈的。

第十八章　和平解决劳资纠纷

在这里我想记录几起劳资纠纷，以便劳资双方参考借鉴。这几个案例都是由我亲自处理的。

有一次，钢轨厂高炉车间的工人递交了一份联合声明，宣称，公司在星期一下午四点之前，必须给他们加薪，否则他们就罢工。当时，这些人的劳资合同还有好几个月才到期。我认为，如果工人们打破协议，那么就无需再与他们签订第二份合同。尽管如此，我还是连夜从纽约坐火车赶了回来，第二天一早就到了工厂。

我让主管召集高炉部、轧钢部、炼钢部三个部门的工会代表前来开会。我很友好地接待了他们，这并不仅仅是出于策略，我确实很乐意跟工人们在一起。我觉得，对工人们了解得越深入，对他们高尚品德的体会也会越深。值得注意的是，他们也有自己的偏见，容易被某些事情激怒。他们的极端行为并不是因为敌意，而是出于无知。工人代表们呈半圆形坐在我的面前，所有人都摘下了帽子，这让这个小会议显得更加庄重、正规。

轧钢部门的工会主席是一位戴着眼镜的老绅士，我首先对他说："麦克凯先生，我们之间是不是签订了一份年底才到期的合同?"

他缓缓地摘下眼镜，拿在手里，说:"是的，卡内基先生，而且据我所知，公司现在的资金不是太充裕，不允许我们毁约。"

"只有真正的美国人才会说这样的话，我为你骄傲。"接着，我转向炼钢部的工会主席说:"约翰逊先生，我们之间是不是也签过这样的合同?"

约翰逊先生身材瘦小，他很谨慎地说:"卡内基先生，签订合同的时候，我通常会认真阅读，如果觉得不合理一定不会签名;合理的话，我才会签字。只要签了字，我就一定会遵守合约。"

"你也是一个自尊心强的美国工人。"我说。

高炉部的工会主席名叫凯利，是一个爱尔兰人，我也问了他同样的问题:"凯利先生，我们之间也有一份这样的合同，对吗?"

凯利回答说，他不太确定，他曾经在一份文件上面签了字，但他根本不知道文件中说了什么。

我们的工厂经理琼斯上尉工作出色，但比较容易冲动，他听了凯利的话，立刻暴躁起来:"凯利先生，我给你读了两遍文件的内容，并且与你进行了讨论，你怎么会不知道呢?"

"别冲动，上尉，凯利先生有解释的权利。有时律师和合伙人拿文件让我签字时，我也经常不看内容就签了。凯利先生的解释是合理的，我们应该理解。但是凯利先生，我们是不是应该履行完这个因一时粗心而签署的合同，然后在下一次签合同时加倍小心呢?你不觉得这是最好的解决办法吗?"

他沉默不语。于是我站起来，对大家说：“高炉部的先生们，你们威胁公司如果不在下午四点前答复你们，就要罢工（假如真的发生这种事，公司将面临灾难）。现在我提前答复你们，你们可以离开工厂，公司不会向你们妥协。不履行自己已经签订的合同，是工人们最不光彩的行为。这就是我的答复。”

工会的人慢慢走出了会场，管理人员也都没有说话。一个陌生人走了进来，他是来公司谈事的，他说他在走廊上遇到了那些离开会场的人：“我刚才在外面看到一个戴眼镜的人和一个叫凯利的人走在一起，说：‘现在你们这帮家伙明白了吧，不要在这个工厂里耍心眼。’”

问题就这样解决了。后来我从一个职员那里听说了高炉车间后来的情况。凯利等人回去后，工人们正聚在那里等待消息。凯利对他们大声喊道：“你们这群混蛋，站在这里干什么？快回去干活！那个矮个子老板只会静观其变，根本不会宣战。你们这群废物，快回去干活！”

那些有着苏格兰和爱尔兰血统的人，性格都比较怪异。不过只要你了解了他们，就会发现，他们还是很容易相处的。凯利过去是工厂里的一个刺头，后来居然跟我成了好朋友。由此可见，大多数工人会做出正确的事情，只要他们还没有做出决定，表示坚决支持他们的领导人，我们要相信他们。我们还要对他们对他们领导人的忠诚表示佩服，即使有时他们的忠诚是错误的。人们一旦表示对某人的忠诚，什么事情都做得出来。他们所做的只是想得到公平公正的对待而已。

我们解决另一次罢工的过程也很有意思。某些部门的134

名工人悄悄聚会，结成同盟，要求公司在年底给他们加薪。当时的经济形势很不乐观，其他钢铁公司都在降低工人的工资。然而，我们的工人仍然秘密宣誓，如果公司不给他们加薪，他们就罢工。在其他钢铁公司都在减薪的情况下，我们不可能答应他们的要求，结果工厂停工了。其他部门也闻风而动，整个工厂都停止了工作，高炉停止了生产，我们遇到了非常大的麻烦。

我很快赶到匹兹堡，发现高炉竟然停了火，这令我大吃一惊，因为这与我们的合同背道而驰。我想立刻见到工人们，但却收到他们的一张纸条，纸条上说，他们将在明天来见我，因为现在他们已经离开高炉部了。他们给了我一个下马威。

我的回复是："他们明天见不到我，因为明天我就离开这里了。他们总是拿罢工来威胁公司，太没意思了。终有一天，他们会主动要求复工的。到那个时候，我将告诉他们说：必须根据产品的价格变化来调整工资标准，否则公司不会开工。新的工资标准有效期是三年。公司再也不向工人妥协了。很多次我们都向他们低了头，现在轮到他们向我们低头了。"

我对合伙人说："什么也不要说了，我决定下午就回纽约。"

工人们得知我的决定后，马上请求在我离开之前来见我。

我同意了。

见到他们后，我说："先生们，你们的主席班尼特先生向你们保证说，我会像以前那样来和你们一起解决这个问题。他说的没错。他还说我不会和工人们对抗。他确实是一位伟大的预言家，但有一点他说错了，我不与你们争斗，不是因为我怕了。先生们，”我盯着班尼特先生，举起紧握的拳头说，“我是一个苏格兰人，他似乎忘记了这一点。但是，我知道有比与工人争斗更好的办法，所以我永远不会与你们争斗。我可以击败任何工会，尽管我不与你们发生冲突。公司不会复工，除非有三分之二的工人投票要求开工。到那时，公司会实施浮动工资制度，就像我今天早上所说的那样。我的话说完了。”

他们离开了。大约过了两个星期，我在纽约家里，一个仆人递给我一张拜贴，上面写着两个工人的名字，其中一位老工人很受人尊重。仆人说，他们从匹兹堡来，希望跟我见一面。

我对仆人说：“去问一下，他们有没有违背协议，参与封高炉的事件?”

仆人很快回来说：“他们都没有参与。”

“你去请他们进来吧，我很乐意与他们见面。”

我热情地款待了他们。我们先聊了一会儿纽约，因为他们都是头一次来这里。

“卡内基先生，我们这次来是想跟您谈谈工厂的事情。”其中一位工人终于谈到正题。

“哦，真的吗，工人们投票表决了吗?”

“没有!”

听了他的回答，我说：“既然还没有，我们就不要说这件事了。我说过，公司开工的条件只有一个，那就是三分之二的工人同意开工。你们还没有逛过纽约吧，我带你们去看看第五大道和中央公园，然后回来一起吃午饭。”

我们一边逛，一边聊，除了他们想谈的那件事，什么都聊。我们玩得很开心，他们也很享受那顿午餐。美国工人和别人一起吃饭的时候，总是表现得言行得体，文质彬彬，如同一位绅士，这是他们的一大特征，也是一个不错的传统。

他们没有再跟我提关于工厂的事情就回匹兹堡了。没过多久，工人们就进行了投票表决，除了极个别人外，全都投了赞同票。我再次来到匹兹堡，请工会仔细阅读新制定的工资标准。这是一种浮动工资制度，以产品的销售价格为标准。从此，工人和公司站到了同一立场上，有福同享，有难同担，共同发展。不过，为了保证工人们的基本生活，我们还规定了最低工资。对于这个标准，人们已经清楚了，所以这里也就不用说得太详细了。

这时，工会主席对我说："卡内基先生，我们同意所有的条件，不过我们有一个请求，请您同意让我们的工会领袖来替工人们在这些文件上签字。"

"没问题，我同意。我也有一个请求，希望你能够答应。工人们在各位工会领袖签字后也签一下自己的名字。班尼特先生，你很清楚，这份合同的有效期为三年，很多工友也许会认为工会没有权力代表他们，如果他们自己签上名字，以后就不会有什么误会了。"

现场陷入了沉默，我听到一个人附在班尼特先生耳边说："这下我们全完了。"

就这样，我们顺利解决了问题，而且是在没有进行正面攻击的情况下平息了风波。幸好我答应了他们的要求，允许工会领袖替他们签名，否则他们就有了挑起事端的借口。我一口答应了他们的请求，他们也就不会拒绝我的请求了。为自己签名，是所有自由、独立的美国公民的权利。因为我们要求每一个工人都必须自己签名，所以工会领袖们就没有必要再去代签了。后来，工会因为工人拒绝交工费而解体了。从那以后，我再也没有听到过与工会相关的事情了。[①]

在处理劳工问题上，我最显著的成绩就是引进了浮动工资制度。它使劳资双方成为共担风险、荣辱与共的合作伙伴，是解决劳资问题的最佳办法。起初匹兹堡地区实行的是一年一度的工资标准，这种工资制度意味着工人和老板一签完合同就在为发生纠纷做准备。要解决这个问题，最好不要给双方已经认同的工资标准限定期限。实行半年或一年后，如果双方都没有意见，这种方式就可以继续延用下去。

很多时候，一些小事也能很好地解决问题。我想讲两个例子来证明小事的作用。有一次，某工会向公司提出了很不合理的要求，据说这些工人是受了一个人的鼓动，这个人也在工厂上班，还在外面悄悄开了一家酒吧。他一向横行霸道，专门欺负那些老实的工人。很多工人都在他的酒吧赊过账。他才是这次事件的幕后主使。

我一向喜欢与工人见面，也经常友善地会见他们，我能叫出很多工人的名字。这一次我们仍然以友好的方式见了面。我与那个领头的工人面对面坐在桌子旁。他听完我的陈述，弯腰拾起自己的帽子，慢慢地戴到头上，我知道他是在暗示我，他

---

① 这件事发生在 27 年前的 1889 年，这个浮动工资标准一直保持至今，就像我前面所说的，这种工资制度对劳资双方都有好处，所以工人们也不愿轻易改变。——作者注

要离开了。我见机会来了，就严肃地说：“在座的都是有教养的人，请你摘下帽子，否则就从这里离开。”

我紧紧地盯着他，现场安静得出奇。他犹豫了，我知道我打败了他，无论他怎么反应。假如他戴上帽子离开这里，他就承认自己不是一个有教养的人；假如他摘下帽子留下来，那么他就丢了面子。我并不关心他到底要怎样做，不管是哪个选择，都是一条列路。他缓慢地摘下帽子，放回地上。他在后面的会议中再也没说一句话。据说他后来不做工会领袖了。就这样，我圆满地解决了这次事件。

我提出浮动工资标准后，工人们派出了一个由 16 人组成的工人委员会与我们谈判。刚开始，谈判进行得很艰难，一直没有什么进展，我告诉他们第二天我必须回纽约去处理一件紧急事务。后来他们的委员会成员增加到了 32 人，要求我与这个委员会谈判。很显然，工人内部有了分歧。我答应了他们的要求，他们从工厂赶到匹兹堡来见我。一个名叫比利·爱德华兹的优秀工人首先发了言，他说总体而言，合同是公平的，只有少数地方不太合理。他还举出了那些不合理的地方，比如标准对一些部门合适，但对另一些部门则有些不公平（这个工人给我留下了深刻的印象，据说他后来被提升重用了，职位还不低）。大多数工人也持有这个观点，但是让他们明确指出哪些部门受到了不公平对待时，他们便各自站在自己的立场上说出不同的意见。

比利说：“卡内基先生，按产量支付工资并没有错，只是我们之间的分配不太合理。卡内基先生，现在你解聘我吧。”

“冷静，冷静！比利先生，”我大声说，“卡内基先生不会解聘任何人。如果将你们这些优秀的技术工人解聘，我就犯了严重的、不可饶恕的错误！”

所有人都大笑起来，随后现场响起了热烈的掌声。我也大笑起来。我充分地肯定了比利。这场风波很快平息了。有时，金钱并不是解决劳工问题的唯一办法，也不是最佳办法。要想拉拢工人，除了金钱，更要欣赏他们，友好而公正地对待他们。

老板们根本不需要花太多钱，就可以让工人们高兴。在一次会议上，我问工人们我能为他们做点什么。比利·爱德华兹马上站起来说，因为公司是按月给他们发工资，所以他们都欠了商店很多钱。我依然记得他当时所说的话：“我的妻子很会持家，每到月底我领到工资后，我们就在周六下午去匹兹堡购买下个月的生活用品，这样做可以节省三分之一的开支。但并不是每个工人都能这样做。我们这里的商品很贵，尤其是煤炭要价很高。如果公司能每两周发一次工资，就等于给工人们增加了10%的工资，工人们一定会很高兴。”

“以后就按你说的做，爱德华兹先生。”我当场就答应下来。

这样做会增加核算工资的工作量，我们必须增加人手，但是这都是小事情。听到比利说商店的物价高，我想，工人们为何不开一家自己的商店呢？我很快开始安排这件事，店面租金由公司支付，但是工人必须自己管理商店。就这样，我们成立了布拉德道克斯合作社。这是一个很有意义的机构，对诸多方面都有好处，至少能让工人们知道做生意并不是那么容易。

煤炭问题也得到了解决。公司同意以进价向工人出售煤炭——据我了解，市场价要贵一倍，而且公司可以送货到家，但工人得自己出运费。

后来，我们了解到，工人们也为他们的存款忧心忡忡。工人们不愿将钱存进银行，因为当时美国没有邮政储蓄这样的权威银行，这一点不如英国。于是，我们提出帮工人保管资金。为了鼓励工人们勤俭节约，公司还为存款达到2000美元的账户提供6%的利息。公司建立了一个信托基金，专门管理工人的存款。如果有人需要建房子，公司还会借钱给他。这对保护工人的利益来说非常有利。

无论是从经济角度，还是别的方面来说，这件事可以说是公司做过的最好的投资之一。超出合约之外为工人做点事情，可以得到不错的回报。我的合伙人菲普斯先生认为我过于大方，他说："无论工人提出什么要求，哪怕是不合理的要求，你都会答应下来。"现在回过头来看看，我真想自己再大方一点，多为工人做点事。多少钱都买不到与工人的深厚友谊。

我们很快培养出一大批优秀工人，这是一支战无不胜的团体，不会再有冲突和罢工。如果荷姆斯泰德工厂里都是我们的老工人，1892年的大罢工完全可以避免。我们公司从1889年至今（1914年）一直采用浮动工资制度，期间一次劳工纠纷都没有发生过。我前面已经说过，工人与工厂签订了三年的合同，也就不用再给工会交会费了，所以工会解散了，一个对劳资双方都有利的组织——劳资友好协会取代了它。

给工人提供良好的待遇和稳定的工作，对雇主也是有好处的。对工人来说，最重要的事情是工厂能够正常运营，工作秩序稳定，以应对变化莫测的市场行情，而浮动工资制度恰好满足了这一要求。与高薪水相比，为工人提供稳定的工作才是最重要的。在我看来，埃德加·汤姆森钢厂在处理劳资问题方面做出了表率。有些人预测，三班倒的工作制度一定会广泛实行。工人的劳动时间会随着时代的进步而缩减，8 小时工作、8 小时睡觉、8 小时休闲的时代一定会到来。

我认为，劳工问题并不单单是由薪酬引发的。在我看来，承认工人的贡献、称赞他们的工作、关心他们的生活是避免引发劳资纠纷的最佳办法。我很喜欢与工人见面，与他们见面并不单纯是为了解决纠纷；与他们接触越多，我越喜欢他们。他们身上的某些品质是老板们所不具备的，而且工人们之间也更加慷慨大方。

相对于资本家，工人显然属于弱势群体。假如老板关闭了工厂，他只会在短时间内得不到收益。他照样不缺吃不缺穿，照样可以休闲娱乐，生活基本不会发生什么变化。而工人就不同了，一旦失了业，他们就会陷入痛苦，生活无着，无力抚养妻儿、生病后无法及时得到治疗。弱势的工人才是最需要我们保护的，资本家根本无须我们去保护。如果重回商界，我将把关心、善待工人放在解决劳工问题的首位。工人们都是善良、仁义之人，我会真诚地关怀他们，尽管他们有时会被误导。

我在荷姆斯泰德罢工事情结束后回到了匹兹堡，在那里见到了一些没有参与暴动的老员工。他们一致认为，如果当时我在场的话，就不会发生罢工事件。我对他们说，公司给工人的待遇已经相当优越了，我不可能给出更好的条件。政府在我收到电报之前已经出动了警力，那个时候，我们已经无力控制局势了。我还对他们说："你们受人误导了。你们应该接受我的合伙人给出的条件。那些条件已经相当优厚了，当时如果是我，我不确定自己能这样大方。”

一个轧钢工人听了，对我说：“这事与钱无关，卡内基先生。工人允许您踢他们，但别人要揪我们的头发就不可以。”

由此可见，情感在日常生活中的作用是非常大的。对此，那些不了解工人的人往往不太相信。但是我坚信，薪酬在劳资纠纷中的作用只有 50%，关键是老板从不肯定员工的工作，也不以友善的态度对待他们。

很多参与罢工的员工遭到了起诉，但是我回来后，马上将这些起诉撤消了，并找回了那些没有参与罢工的老员工。当时施瓦布先生刚刚被调到埃德加·汤姆森钢厂，我在苏格兰时就催促他尽快回荷姆斯泰德。没多久，在施瓦布先生的领导下，工厂就恢复了正常。如果他一直待在荷姆斯泰德，很可能不会发生如此严重的骚乱。查理（施瓦布先生的昵称）与工人相互尊重、相互关心，但是荷姆斯泰德工厂还存在着不稳定因素，这里有一些工人是我们以前解雇的，之后他们在我们买下荷姆斯泰德工厂前就在这儿找到了工作。

第十九章　进入慈善行业

我在拙著《财富的福音》中说，我将不再为获取更多的财富而拼搏。该书出版后我确实是这样做的。我决定将精力投入到高尚而艰巨的捐赠工作中去，而不再一味地积攒财富。我们每年能够获得 4000 万美元的利润，而且利润的增长空间很大。后来，我们公司被美国钢铁公司收购后，创下了高达 6000 万美元的年利润。如果公司一直由我们自主经营，然后按照我们的计划进行扩张，估计可以获得高达 7000 万美元的年利润。

钢材行业很有发展前景，已经跃居建筑材料榜首。而我的捐赠事业才刚刚起步，前路漫漫，有可能遭遇很多挫折与困难。但是莎士比亚的一句经典名言让我找到了信心："捐赠可以避免挥霍浪费，任何人都能享受快乐无忧的生活。"

在 1903 年 3 月这个关键时刻，施瓦布先生告诉我，摩根先生想知道我有什么打算，如果我真的想脱离商界，他就买下我们的公司。摩根先生还表示，他已经问过我的合伙人，他们愿意出售公司，因为摩根先生给的条件很诱人。我说，如果我的合伙人愿意卖掉公司，那么我也同意。于是，我们把公司卖掉了。

当时商界有很多投机者，他们常常运用瞒天过海之术，低价买进、高价售出，有时上百元的股份换来的却是没有多少价值的资产。我拒绝接受这种普通股。后来得知，如果当时我接受普通股，可以多得 100 万美元，超过后来摩根先生给我的 5% 的股份。后来，普通股的年收益率一直保持在 5% 左右。我当时应该要求这笔额外的收益，只是捐赠工作让我忙得不可开交。

我的第一笔捐款赠给了我们工厂的工人。我的声明如下：

在即将退休之际，我将拿出 400 万美元来答谢那些为我的事业作出巨大贡献的工人。这笔赠款用于资助那些遭受意外事故的工人，让他们得以安度晚年。

另外，我还捐赠 100 万美元，用以维持工人图书馆和礼堂的正常运营。

1901 年 3 月 12 日于纽约

荷姆斯泰德的工人给我写了一封感谢信，信中说：

尊敬的安德鲁·卡内基先生：

我们代表荷姆斯泰德的全体工人通过工人委员会，借助这封信向您表示感谢，感谢您建立了“安德鲁·卡内基救济基金”。上个月，我们已经向您汇报了基金会上一年度的运营情况。

您对工人总是照顾有加，关怀倍至，我们对您的感激无以言表。我们坚信，安德鲁·卡内基救济基金会只是您善举的开始，以后您会做出更多这样的善行。您让我们对这个国家重新燃起了希望，认识到这个国家似乎也没有那么黑暗。

诚挚的工人委员会成员：

转钢工哈里·F. 罗斯

铁匠约翰·贝尔

计时员 J. A. 霍顿

电工沃尔特·A. 格瑞格

调车厂厂长哈里·库塞克

露西高炉的工人们还送给我一件礼物——一件精美的银器，上面刻着对我的感谢辞：

安德鲁·卡内基救济基金

露西高炉

安德鲁·卡内基先生慷慨地为卡内基公司的员工们设立了安德鲁·卡内基救济基金。为了感谢卡内基先生的伟大善举，露西高炉的工人们特召开会议，对卡内基先生表达真挚的感谢，祝愿卡内基先生永远幸福安康！

工人委员会成员：

主席詹姆斯·司各特

秘书刘易斯·A. 哈金森

詹姆斯·戴利

R. C. 泰勒

约翰·V. 沃德

弗雷德里克·沃尔克

约翰·M. 维吉

不久，我出发前往欧洲，同伴们都来为我送行。我明显地感觉到情况和以前不同了，这次分别像是一次诀别，这让我感到非常痛苦。

几个月后，我回到了纽约，感觉来到了一个完全陌生的地方，但仍有不少工人在码头上欢迎我，我很高兴，也很欣慰。我只是失去了合作伙伴，但我们的友谊还在，他们还是我的好朋友。这一点很重要。现在我最主要的任务是，如何将自己的财富捐赠给社会，这也是我最大的乐趣。

有一天，我阅读《来自苏格兰的美国人》，看到了这样一句话："上帝将送给那些开始织网的人一根线。"这句话很有道理，就像是专门为我写的一样。我将这句话铭记在心，决定开始编织自己的第一张网。上帝果然送了一根线给我。一天，纽约公共图书馆的代表 J. S. 比林斯博士来找我，经过磋商，我投资 525 万美元在纽约市修建了 68 家公共图书馆，不久又出资为布鲁克林修建了 20 多家图书馆。

前面说过，我的父亲和其他 4 人将自己的图书借给邻居，首创了丹佛姆林图书室。我的第一笔捐助就是追随父亲的脚步，给家乡捐助了一座图书馆。我的母亲参加了奠基仪式。随后，我又给我们在美国的第一个落脚城市阿尔勒格尼捐助了一座公共图书馆和礼堂。哈里森总统特意从华盛顿赶过来，和我一起参加了这两座建筑的开放仪式。没过多久，我又应公众要求为匹兹堡捐助了一座图书馆。匹兹堡的博物馆、美术馆以及几所技术学校、玛格丽特·莫里森女子中学也是我捐资修建的，并于 1895 年 11 月 5 日向公众开放。我把大部分财富都捐给了匹兹堡，截至目前已达 2400 万美元。这些都是匹兹堡应得的，因为我从它这里得到的更多，捐助只是其中的一小部分。

我的第二笔大额捐赠，是在华盛顿创办卡内基协会。1902年1月28日，我投资1000万美元建设这个项目。对协会主席的人选，我咨询了罗斯福总统的意见，邀请国务卿约翰·海先生担任。海先生高兴地表示愿意接受。在他的推荐和邀请下，艾布拉姆·S. 休威特、比林斯博士、威廉·E. 道奇、伊莱休·鲁特、希金森上校，D. O. 米尔斯、S. 米尔·米切尔博士等人出任了协会理事。

这些人在社会上都很有名望。罗斯福总统看过这份成员名单后说："不可能再弄出第二份这样的名单了。"他非常支持这个项目。1904年4月28日通过的一项上会法案将这一项目列入其中。

大力提倡调查研究、考察探索，鼓励发展对人类有利的事业，尤其是科学、文学、艺术领域的相关研究工作，更要大力支持、引导和捐助，努力与政府、综合大学、专科院校、技术学校、学术团体以及个人建立合作。

这个协会的成就有目共睹，在此不再多说。我只是想说一下这段时期发生的两件比较重要的事情。

当时，为了纠正早年海洋探测中的一些错误，协会派出一艘由木材和青铜制成的轮船进行一次环球旅行。指南针技术的不断发展，使我们认识到很多海洋的探测数据存在错误。青铜不具有磁性，而过去的船体大多是用钢铁制成，钢铁的磁性特别强，从而导致过去的探测很容易出错。这时发生了一件事，“卡纳德”号汽船行使到亚述尔群岛时搁浅了。“卡内基”号的船长彼得斯经调查发现，“卡纳德”号船长对这次事故不应承担责任，这艘船一直是按照海军部地图提供的航线行驶的，只是过去的观测资料是错的。我们很快纠正了这一错误。

我们改正了很多类似的错误，但只有这一次向国家作了汇报。我们收到了来自世界各地的感谢信，这是对我们最好的回报。我衷心希望我们年轻的共和国有朝一日能够对这些捐赠作出回报。我很高兴地发现它已经开始这样做了。

“卡内基”号的环球航行取得了很大的成绩，我们还在加利福尼亚的威尔逊山设立了一个大文台。这个天文台建在海拔5886 英尺高的地方，主要负责人是黑尔教授。科学家们在威尔逊山上拍摄了很多照片，从中发现了一些新星。在第一张照片上，我们发现了 16 颗新星，在第二张发现了 60 颗，在第三张发现了 100 多颗，据说其中几颗的体积超过了太阳的 20 倍。有一些新星距离我们大约 8 光年，令人不由得感叹：“这个宇宙实在是太辽阔、太宏大了，我们所看到的实在是太渺小了。”技术在不断地进步更新，我相信，观测仪也一定会变得越来越先进，到那个时候，我们会发现更多奇妙的东西。我相信我们将能清楚地看到月球上的事物。

后来，我全身心地投入到英雄基金会的建设上，这是我的第三笔捐赠。据说匹兹堡附近的一座煤窑发生了严重事故，前任主管泰勒先生收到消息后，很快赶到现场帮忙。为营救埋在矿下的矿工，他带领一批热情的志愿者进入矿井，结果献出了宝贵的生命。

这位英雄的壮举令我心潮起伏。我的好朋友理查德·沃森·基尔德先生给我寄来了一首非常真挚、非常唯美的小诗，我反复地读着，终于下定决心创办英雄基金会。

和平年代的人会这样说：

当这个世界上不再有战鼓响起、战争爆发时，
英雄以及英雄事迹便在这片土地上消失了。
英雄并非战争的专属品，
一个战争的胜利者手上都沾有无数鲜血，
往往犯下诸多罪恶。
妇女们在对抗男人的羞辱时，
即使脸色苍白而颤抖，照样坚如磐石。
孩子为了不让母亲伤心，
通常会将痛苦埋在心底。
为了给英雄赋予正确的含义，
学者们甘冒风险向宗教发起挑战。
这个世界应该为和平年代的英雄鼓掌，
他们捍卫了法律的尊严，
用自己年轻的生命，
拯救成千上万个生命。

为奖励英雄，抚恤那些因挽救他人生命而牺牲的英雄的家

人，以及救济那些在事故中受难的家庭，1904 年 4 月 15 日，我捐助 500 万美元创立了英雄基金会。这个基金会自成立之日起，取得了无数辉煌的成就。我真心实意地重视它，对它关爱有加，如同一个父亲爱护自己的孩子。我将基金会视为自己的孩子，因为据我所知，这个创意是前所未有的。后来，我将这个基金会扩展到我的故乡英国，总部设在丹佛姆林，由卡内基丹佛姆林信托理事会负责管理，同样取得了显著成效。再后来，英雄基金会在法国、德国、意大利、比利时、荷兰、挪威、瑞典、瑞士以及丹麦也得到了发展。

美国驻柏林大使大卫·杰恩·希尔曾给我写信报告英雄基金在德国的发展情况：

德国国王对英雄基金会非常满意，为此我特向你写了这封信。他高度称赞了你的这一创意和慷慨大方。他说，基金会竟然能够发挥如此重要的作用，令他难以置信。国王向我讲述了与基金会有关的很多感人故事，其中一个是一个年轻人抢救落水儿童的故事。当他将男孩放进一只小船时，他自己却沉入了水底，再也没有上来，留下了他漂亮的妻子和可爱的儿子。英雄基金向他的妻子伸出了援助之手，帮助她开了一间小店。另外，基金会还向他的儿子提供了教育基金。

刚开始，德国政府内阁的最高长官瓦伦提尼对英雄基金会表示怀疑，现在他对基金会却充满了热情。他表示，委员会的所有成员都将全心全意地为这项事业提供服务和支持。他们愿意联络英、法的委员会，和他们一起协商基金会的相关事宜。美国的基金事业引起了他们的关注，他们决定向美国学习。

英国的爱德华国王也称赞了英雄基金会，称赞我为故乡作出了不朽的贡献。为了表示对我的感谢，他亲自给我写了一封信：

亲爱的卡内基先生：

对于您慷慨地向我们的国家、您的故乡提供捐助，我一直想向您表达我真挚的谢意。

这笔基金非常宝贵，但最为宝贵的是您为基金的妥善运用而做出的努力，这令我非常佩服。

整个英国，包括我本人在内，都对您的慷慨捐助以及取得的成绩感动不已。为表示对您的真诚感谢，我随信寄给你一张我的个人画像，希望您能够接受。

真诚的爱德华

1908 年 11 月 21 日

于温莎城堡

美国的一些报纸曾经质疑英雄基金会的作用，百般挑剔基金第一年的运营报告。但是，这一切已成为历史，基金会的成功运作证明了它的价值，也使它得到了民众的大力支持和高度赞扬，相信它的作用会随着时间得到进一步的发挥。伤害或杀害自己的同胞在过去的野蛮时代被视为英雄行为，而拯救人们的生命则是当今文明时代的英雄之举。野蛮与文明、物质与精神的不同正在于此。人们很快会忘记那些自相残杀的英雄，而永远记住当今文明时代的英雄。

英雄基金的主要职能是向英雄及其遗孀和孩子发放抚恤金。起初人们对基金会有些误会，认为基金会是拿奖金来诱惑人们去见义勇为。这种认识实在太荒唐了。真正的英雄一心想着帮助他人脱离困境，从不计较个人回报。我创办这个基金会的初衷，是向因救助他人而伤残的英雄或因救助他人而牺牲的英雄的家属提供帮助。基金会的开局不错，而且随着人们对它了解的逐步深入，它将发展得更加成熟完善，并取得更显著的成就。如今，我们在美国已经捐助了 1430 位英雄及其家属。

我过去的下属查理·泰勒被推选为英雄基金会的主席。他对这项事业很感兴趣，虽然从中拿不到一点薪水，但我相信他会将自己的大部分精力倾注其中，也愿意投入大笔金钱。所以，我认为他是基金会主席的最佳人选。另外，我把卡内基工人救济基金（即卡内基救济基金）、铁路工人救济基金（我曾经服务过的夕法尼亚铁路公司匹兹堡分公司）也交给他管理，并派维尔莫特先生协助他。

查理经常劝说我捐助，有一天，我终于报复了他。查理毕业于里海大学，他非常热爱自己的母校。里海大学请他来游说我捐助一座礼堂。我没有正面答复查理，而是瞒着他写信给里海大学的君克校长，告诉他我同意捐助，但礼堂的名称必须由我来定。校长答应了，于是我给这座礼堂起名为“泰勒礼堂”。查理知道后向我表示抗议，认为这是对他的羞辱。他说自己无力消受这一殊荣。我很高兴终于逮到了一个让他难堪的机会。我对他说这是你的母校，你应该为它作出点贡献，尽管给这个礼堂起名“泰勒礼堂”有点不好看。我还给了他一个选择，或者放弃礼堂，或者牺牲“泰勒”这个名字，由他自己决定。他十分为难。以后，前来参观的人会对泰勒这个名字感到好奇，到时大家会发现他是里海大学的优秀学生，他不仅宣扬要为同胞慷慨捐助的真理，而且对这一信条身体力行。

第二十章　快乐的捐赠

1905年6月，为了发展教育事业，我捐赠1500万美元设立卡内基教学促进基金，为大学教授们提供养老金。这是我的第四笔大额捐助。我们打算从美国各大学院的校长中选取25人来担任理事，负责管理这笔基金。有一天，他们中的24人（芝加哥大学的哈珀校长因病未能参加）齐聚我家，让我感到无比荣幸。弗兰克·A.范德里普先生过去在华盛顿积累了丰富的相关经验，在基金会创办初期发挥了重大作用。基金会主席亨利·S.普利切特博士也起到了极为重要的作用。

这个基金会让我认识了很多人，所以我对它很有激情。我相信很多优秀的、贡献突出的人都能从中受益。教师这一职业或许是薪酬最不公平的职业，人们都很尊敬它。我最初担任科内尔大学的理事时，惊讶地发现教授们拿到的薪水比我们公司一些员工的薪水还要低。因为大学里没有设立养老金，已经到了退休年龄的教授，不论有没有能力，都只能选择继续工作，因为节约是养不了老的。毋庸置疑，养老基金势在必行。第一批公布的受益人名单充分证明了这一点，这个名单上有好几位享誉全球，为知识的传播作出过重大贡献的学者。我收到了许多来自受益人或受益人遗孀的非常感人的信，我一直保留至今，每当我郁闷的时候，拿出这些信读一读，心情就好多了。

我的朋友托马斯·肖先生（丹佛姆林人）在英国一家评论性杂志上发表文章说，苏格兰有很多穷人无力供养孩子读大学。读了这篇文章后，我决定捐助1000万美元，一半用于为贫困学生支付学费，一半用来改善学校的设备。

这个基金叫卡内基苏格兰大学信托基金。1902年，该基金的第一次理事会在苏格兰国务卿驻爱丁堡的办事处召开。巴尔弗勋爵主持了会议，与会人员包括巴尔弗首相、亨利·坎贝尔·巴内曼爵士（后来当选为首相）、埃尔金伯爵、罗斯伯里勋爵、雷勋爵、肖先生（现在是肖勋爵），以及来自丹佛姆林的约翰·罗斯博士和其他各行业为教育事业作出贡献的人。我在会上解释说，在阅读理事会的报告后，我决定邀请他们参加这个基金会，而不是让功格兰的大学来管理这个基金。巴尔弗首相赞同我的主张，该委员会的委员之一埃尔金也表示同意。

埃尔金伯爵认为，该基金的管理章程不太周密和明确，他希望自己的职责能够更明确、更具体一些。经我授权，如果将来有一天，理事会认为这项基金的管理章程不再适应当前形势的话，他们可以变更受益对象和申请方式。巴尔弗首相的看法与埃尔金伯爵相同，但理事会的权利让他感到不可思议，认为应该制定具体的方案。

我对他说："的确如此，巴尔弗先生，任何法律对后代都不适用，有些法律对当代人都不一定合适。"

大家都笑了起来，首相也笑了，他说："嗯，你说得对，我想在所有捐助者中，你是最明智、最有远见的一个。

我提议，如果理事会中有一半理事同意，就可以改变条款。巴尔弗首相则坚持必须有三分之二的理事通过才行。全体理事都赞同他的建议。我相信这个决定是非常明智的，后来的事实会证明这一点。来自丹佛姆林的埃尔金伯爵爽快地接受了基金会主席一职。巴尔弗首相对于我推荐埃尔金伯爵担任这一职务表示同意，他说："在英国，他是担当这一职务的最佳人选。"

我们对人事安排都感到满意。但是，谁能辅助他呢？这又成了一大问题。

也正是在这个时候，我和亨利·坎贝尔·巴内曼爵士、埃尔金伯爵、约翰·罗斯博士都当选为议员，并被授予丹佛姆林荣誉市民的称号，同时成为苏格兰的大学基金理事。现在，理事会又增加了一名女士，即卡内基夫人。她很热爱丹佛姆林，把它当作自己的家乡。

1902 年是我一生中最为重要的时刻，这一年我被推选为圣·安德鲁斯大学的名誉校长。我没有上过大学，对它极为陌生。我清楚地记得自己与全体教员首次见面的情景。圣·安德鲁斯大学建校已有 500 年，历任校长都是德高望重之人，没想到现在我也成为其中之一。为了准备演讲，我找出了历任校长的发言记录。斯坦利校长的一段话，让我觉得非常有道理，他建议学生们如果"要寻找自己的信仰，就到伯恩斯的诗中去吧"。他既是教会的杰出人物，又是维多利亚女王的心腹，谁也想不到他竟然如此大胆，对约翰·诺克斯大学的学生说出这样的话，这足以证明神学也紧跟时代的发展在不断进步。人们在伯恩斯的诗中，可以找到最好的行为准则，例如，"你唯一要受到责备的就是胆怯”，这是我早期的座右铭；还有一条是“可怜的人们只能在来自地狱的可怕刽子手的鞭子下屈服。如果你感受到荣耀，就不会感到恐惧。”

为了将自己的宝贵经验都传给学生，约翰·斯图尔特·米尔校长给圣·安德鲁斯大学的学生作了一次精彩的演讲。他认为，音乐不仅给人以美的享受，还能帮助人们提高生活质量。我同意他的看法，并有着切身感受。

我和夫人很荣幸邀请到了苏格兰 4 所大学的校长及其斯基伯聚会。埃尔金伯爵、巴尔弗勋爵及夫人也参加了这次聚会，我们一起度过一个星期。后来，“校长周”成了例会，每年都会举办，我们也因此成了好朋友。这样的聚会能够激发团队合作意识，对每所大学都很有利。兰校长在第一次周会结束时发表了讲话，他说：“如何开会这一问题，苏格兰的大学校长摸索了 500 年，没想到现在大家聚在一起只用一个星期就弄清楚了。”

1906 年，我们在斯基伯度过了一个难忘的校长周。这次聚会还邀请了本杰明·富兰克林的曾孙女，时任拉德克利夫大学校长的艾各尼丝·欧文小姐，她的到来让我们感到很高兴。150 年前，富兰克林从圣·安德鲁斯大学获得了第一个博士学位。在他诞辰 200 周年之际，费城举行了纪念活动，圣·安德鲁斯大学以及世界各地的大学都发来了贺词。现在他的曾孙女也从圣·安德鲁斯大学获得了博士学位，我作为名誉校长在校长周的第一天晚上向她颁发了证书，并为此举办了一个仪式，200 多人在会上发表了祝词。

这次给她颁发证书，使在场所有人好像回到了 150 年前圣·安德鲁斯大学第一次给她曾祖父颁发证书的场景。她和她的曾祖父富兰克林一样，也是一个在英国出生的美国公民。颁发证书的仪式在费城举办，这里是富兰克林长眠的地方，在当地举办这么一个大会也是为了纪念他的英魂。这个仪式是那么的独特，又是那么的肃穆，我作为主持人，感到无比自豪。这次仪式给了我很大鼓舞，后来我还经常想起当时的情景。

让我感动的是，我被圣·安德鲁斯的学生推选连任名誉校长。晚上我经常与学生们聊天，我很喜欢跟他们在一起。唐纳德森校长告诉我，校委书记在第一次与学生聚会后评价说："别的校长都是站在讲台上给学生们讲话，卡内基先生则不同，他是坐在我们围成的圈里亲切地与我们交谈。"

我经常思考的一个问题是，我们的大学怎样才能拥有更好的教学体系。我认为，拥有 5000 ~ 10000 名学生的大学规模已经不小了，比如哈佛大学、哥伦比亚大学，这些大学已经没有多少发展空间；我们应该将资金投到诸如专科学院这种小型教育机构，它们更需要帮助。所以，我认为最明智的做法就是资助那些小型院校。过了一段时间，我们发现我们基金会和洛克菲勒先生的教育基金"大众教育委员会"的想法完全一致，而且我们在这方面的努力都取得了很大的成功。我同意了洛克菲勒先生的提议，加入到他们的行列。合作有利于双方的发展，直到现在我们的合作还在继续。

在向学院提供捐助时，就像当初用查理·泰勒的名字命名那座礼堂一样，我的许多朋友也得到了这种荣誉。比如，迪金森学院一座礼堂就是用蒙丘·D. 康威的名字来命名的。最近，康威先生出版了他的自传，文学协会将他的自传称为“文学作品”，称赞道：“现在的很多自传就像垃圾，而这两本书就像垃圾堆里的宝石，闪烁着夺目的光辉。”我把这种话当成是对自己的警示，因为我也正准备撰写自传。

康威先生的自传结尾处是这么写的：

> 读者朋友们，祈求和平吧！祈求和平意味着依靠你所遇到的每个人，包括男人、女人和孩子，而不是向雷电祈祷。祈求和平不能只停留在口头上，还要付诸于行动！这样做，你的内心才能拥有一片和平的净土，尽管这个世界仍然充满着冲突。

康威先生真可谓一语中的，尖锐地指出了人类最深层的耻辱，我们真的应该尽快消除战争。

我在俄亥俄州凯尼恩学院设立了斯坦顿经济学名誉教授一职，以纪念埃德温·M. 斯坦顿先生。早年我在匹兹堡当信差的时候，经常给斯坦顿先生送信，他曾有恩于我，在我成为司各特部长的助理后仍对我关怀倍至。此外，克利夫兰的西方储备大学的汉纳会长之职、布朗大学的约翰·海图书馆、汉密尔顿学院的第二个伊莱休·鲁特基金以及韦尔斯的克利夫兰夫人图书馆等，都是以我的朋友命名的，这样做让我感到非常快乐。为了纪念我熟识、尊敬的朋友们，我愿意做更多这样的事情。要不是道奇将军和盖勒已经从他们的母校获得了这样的荣誉，我还准备捐建一座道奇将军图书馆和一座盖勒图书馆。

我本打算以伊莱休·鲁特来命名我给汉密尔顿大学的第一笔捐助，谁知我们优秀的国务卿、被罗斯福视为最聪慧之人的鲁特先生并没有将我的想法转达给大学管理层。当我质问他时，他笑着说："好吧，我答应在下一次捐赠时绝对不再欺骗你。"

第二次捐赠时，我留了个心眼，没有再让他负责这件事。就这样，汉密尔顿大学的基金以他的名字命名了，他已经无法改变。鲁特这个人非常了不起，罗斯福总统曾公开声明，如果鲁特能够被提名为总统候选人，他愿意从白宫爬到国会。鲁特先生曾经做过很多公司的顾问，但是他不善辞令，无法忠惑人心，很多人认为他过于懦弱。而且他又过于谦虚内敛，说出的话很难吸引低俗的选民，所以他的政党决定不提名他为总统候选人，这真是太愚蠢了。

汉普顿和塔斯凯基学院一直在帮助黑人提高地位，我从与他们的联系中获得了极大的乐趣。与布克·华盛顿的相识也让我感到极大的荣幸。他不仅让自己摆脱了奴隶身份，还帮助数以万计的黑人同胞走向了文明，我们应该脱帽向这位伟大的人物致敬。在我向塔斯凯基学院捐助 60 万美元后不久，华盛顿先生前来拜访我，他说："我可以提一个小小的建议吗?"我回答："当然。"

他说："您出于好意，从基金中专门拨了一笔款用于维持我和妻子的老年生活，对此我们表示衷心的感谢。但是这笔钱，远远超出了我们的生活所需。在一些人看来，我已经不再是一个厉行节俭的穷人。所以我希望您能对条款进行修改，改成"给予适当的补贴"，您看可以吗?我非常相信理事们。我和妻子只需要一点点就足够了。"

我答应了他的请求，修改了相应条款。这个事例已经成了一个典范。后来我听鲍尔温先生说，他写了一份表彰文件，打算放进条款中，但是这位崇高的先生却拒绝这样做，并将文件丢掉了。我们本应该将之永远珍藏、世代相传的。

这位黑人领袖品质高尚、真诚善良、乐于奉献，似乎具备了人类的一切美德。布克·华盛顿是当今这个时代或是有史以来为数不多的从最底层迈进最高层的一个人。他是当代的摩西和约书亚，从奴隶一举成为黑人领袖，并带领自己的族人不断前进。

在与这些院校的接触中，我结识了他们的管理者和基金会理事，比如汉普顿的赫利斯·B. 弗雷斯尔校长、罗伯特·C. 奥格登、乔治·福斯特·皮伯迪、V. 艾文瑞特·马斯、乔治·马克安尼以及刚刚离世的威廉·H. 鲍尔温。这群人一直在默默地向他人作着贡献。我真诚地祝福他们。库珀联盟，技工和商人协会，事实上我对每一个协会都很感兴趣，他们中的很多人都在奉献自己，力争拯救自己的同胞于苦海；他们不是为一己私利，而是为崇高的理想而奋斗。

早年我就曾为教堂捐赠过管风琴。第一家得到捐赠的是阿洋勒格尼的斯威登伯格教会，我的父亲曾是其中的一员，这个教会的人很少，所以我没有捐建一个新教堂。没过多久，我就收到了许许多多索要管风琴的申请，从匹兹堡的天主大教堂到乡间小教堂，都向我提出了申请，我忙得不亦乐乎。如果他们得到了新风琴，就可以将旧风琴卖掉，得到一笔可观的收入，所以每个教堂好像都想要一架更好的管风琴。一些小教堂置管风琴的巨大响声而不顾，也在接二连三地提出申请，殊不知，管风琴的响声也许会掀翻教堂的屋顶，就像斯威登伯格教堂一样。其他一些教堂也很想得到这笔钱，尽管他们已经有了管风琴。后来我们不得不制定一套严格的捐助制度，让申请人填写一份表格，回答相关的诸多问题，然后我们再根据他们的答案来做决定。现在这项工作已经比较完善了，我们根据教堂的规模大小，确定不同的捐赠等级。

但是，苏格兰高地的一些人说，我向教堂捐赠的管风琴破坏了基督教的名声。我受到了长老会成员的指责，他们指控我在称赞上帝时用装满汽笛的箱子取代了神赐予的动听的嗓音，说这种行为非常可耻。鉴于这种情况，我要求申请管风琴的教堂必须支付管风琴的一半费用，以便和我共同承担这个罪名。尽管如此，申请者仍然络绎不绝，这项捐赠活动继续进行着。另外，教会成员在不断增加，教堂也越建越多，管风琴的需求依然很大。

这看起来似乎没头。不过，因为申请者必须支付管风琴的一半费用，有力地保障了开支的合理性与必要性。从我的经验来看，适当地听听宗教音乐是有好处的，每次听完布道之后可以放松神经。我认为在管风琴上花点钱是很划算的。我们会将这项捐赠继续下去。

在所有的捐赠中，最让我感到满意的是一笔养老基金。社会上一些善良、值得尊敬的老人退休后，却没有足够的储蓄让自己安享晚年。他们的需求并不高，只需付出很少的钱就能帮到他们，我认为没有什么比关爱这些老人更值得高兴的事情了。我非常吃惊地发现需要关心和帮助的人有很多。我在退休前就开始做这件事，从中获得了很大的成就感。在我看来，老人们都需要帮助，所以我从来没有公布过养老金的名单。这些人值得尊敬，这份名单也充满了温暖与关爱。

尽管我从来没有想过，“慈善事业能给我带来什么好处?”但我认为这个问题的最佳答案是：让名单上的人能够安享晚年，就是对我的最佳回报。我不再期望得到更多，因为我得到的已经远远超出了一个生命应该得到的。人活于世，就应该默默地向社会贡献自己的一份力量，无论有没有回报，只需做好自己该做的事情。

毫无疑问，给予远比得到更让人快乐。我帮助了别人，我相信在我遇到困难的时候，他们也会同样帮助我。很多人向我表示感谢，说他们每天晚上都会为我祈福。我经常怀着无比激动的心情给他们回信。

我在信中说：“请您不要再为我祈祷，我已经得到了很多，不要再为我祈求什么了。我的大部分财富被拿走才是最为公平的做法。”这是我的真心话，绝不是为了赚取好名声。

我设立的铁路工人养老基金也是这样，它使匹兹堡分部的退休职员及其家人受益匪浅。这项基金在好几年前就开始运作了，现在已经有了一定的规模，其资助对象是我过去的部下，或是他们的遗孀，他们需要这项资助，也值得我去资助。我初到铁路公司时还是一个小男孩，这些工人对我非常友善。接受资助的大多数是我亲密的朋友。

为了资助工厂的工人们，我捐资 400 万美元设立了钢铁工人扶恤基金，使九百个未曾谋面的工人能够在晚年幸福地生活。在今后的日子里，我将继续向这项基金提供资助。

第二十一章　和平与正义

我很早以前就在思考，以英语为母语的国家终有一天会和平共处。1869 年，英国调动了当时最大的军舰——“君主”号。据说这艘军舰可以不费吹灰之力就可以攻占下美国的一座座城市。我给当时的英国内阁成员约翰·布赖特发了一封电报：“将皮博迪[①]的遗体送回家乡应该是‘君主号’的第一个任务，也是它能够完成的主要任务吧。”

这封电报我是匿名发出的。没想到英国人真的这样做了，“君主”号也因此成了和平的使者，而不是毁灭者。多年后，伯明翰的一个小型晚会邀请我出席，我在那里见到了布赖特先生，告诉他那封电报是我发的。他说当时他正想要这样做，那封电报令他大吃一惊。我认为他是一个值得信赖的人，所以对他的话深信不疑。

美国内战时期，布赖特先生是美国人的朋友，我和父亲都很崇拜他。刚开始，很多活跃分子指责他，但他一直坚守原则，从容不迫，最终赢得了民众的支持与拥护。他是一个和平主义者，对克里米亚战争一直持反对态度。作为布赖特的朋

① 皮博迪：即乔治·皮博迪，美国商人和慈善家，1869 年在英国去世。

友，我很荣幸得到他的家族的批准，在国会里摆上曼彻斯特议员布赖特雕像的复制品，取代原来破旧的雕像。

英国和平协会很早就引起了我的极大兴趣，我参加过他们的很多次会议，我最为关注的是杰出的工人代表克里默先生创办的议会联盟。克里默先生的境界可以说无人能及。在拿到诺贝尔和平奖奖金后，他将大部分钱捐给了仲裁委员会，自己只留下了一小部分。他的这种奉献精神是多么高尚啊！真正的英雄视钱财如粪土。为了和平事业，克里默先生总是慷慨捐赠，其实他的薪水仅够在伦敦糊口。他就是这样，崇高而伟大。

1887 年，我有幸在华盛顿向克利夫兰总统介绍了仲裁委员会。总统热情地接见了委员会成员，并向他们保证他愿意与他们真诚地合作。也就是从那时起，我不再关心其他的事情，一直在想怎样避免战争这个问题。在海牙会议上，与会人员第一次提及裁军这个问题，这令我又惊又喜。可惜后来的事实证明，裁军只是一种幻想而已。本次会议制定了一个专门解决国际冲突的永久性法庭，我认为这是人类向和平迈出的重要一步。与会者正在为和平努力奋斗。

豪斯先生的离世令我深为惋惜。如果他仍然在世，一定能够和他的上司安德鲁·D. 怀特先生一起参加第二次海牙会议，很有可能促成设立一个消除战争的机构——国际法庭。这个机构在当时是迫切需要的。他曾奉上级的命令连夜从海牙赶往德国觐见德国外长和国王，最终说服他们同意在不撤走德国的与会代表为前提下，成立这个高级法院。豪斯先生是一位非常了不起的人，对人类作出了巨大贡献，应该名垂青史。遗憾的是，他英年早逝了。

国际法庭成立的那一天应该成为世界历史上最具纪念意义的日子之一。它将终止人类自相残杀的深重罪恶，到那一天，全世界人民都要举杯庆贺，我坚信那一天就在不远的将来。到那时，人们会忘记过去的很多英雄，因为他们是战争的制造者，而不是和平使者。

安德鲁·D. 怀特和豪斯先生从海牙回来后，建议我捐资在海牙修建一座和平教堂。我对他们说，如果荷兰政府向我提出这样的请求，我很愿意考虑这项捐助，否则我不会做出如此鲁莽的行动。他们表示怀疑，说或许任何政府都不会提出这样的建议。我说这种不恰当的事情我也不会做。

最后，荷兰政府派大臣盖弗斯男爵来到华盛顿，向我提出了这个请求，我很高兴地同意了。不过，我小心谨慎地给男爵写了一封信，表示我会在恰当的时候将资金汇给他。最后，荷兰政府派人来华盛顿将钱直接取走了，那张 150 万美元的汇票没有发挥作用，于是我就把它作为一份纪念品收藏起来。和平教堂被人们赋予了最高尚的理想，是世界上最神圣的建筑，我为自己能够为和平贡献一份力量感到无比自豪。这一伟大事业应该受到世人的关注。和平教堂并不只是一个让人们供奉上帝的地方，它有着更大的意义，就像路德所说的："我们无法帮助上帝，也无法向上帝提供什么。人类从它这里获得了和平。为人类服务就是对上帝的最大尊敬。"至少我和富兰克林都赞同路德的说法。

1907 年，我以自己太忙为理由，委婉谢绝了朋友们让我出任纽约和平协会会长的请求。事实确实如此，我有太多要忙的事情。但是拒绝后，我一直惴惴不安，觉得良心上过不去。

如果我连和平事业都不愿奉献自己，还有什么值得去奉献呢？值得庆幸的是，莱曼·艾博特牧师、林齐牧师以及其他一些知名人士很快又找到我，一致请求我再考虑一下。我很直率地对他们说，自从上次拒绝后，我一直受着良心的折磨，我已经决定接受会长的职务并认真履行自己的职责。第二年 4 月，和平协会召开了第一次全国会议，全国 35 个州都选出代表参加了大会，与会者还有很多国外的知名人士。

正是在这个时候，法国政府给我颁发了一枚爵士勋章，这是我人生中的第一枚勋章，完全出乎我的意料。我在纽约主持了一次和平宴会，埃斯图内勒·德康斯坦男爵在会上满腔激情地发表了演讲，并在来宾的欢呼声中授予我爵士勋章。这份荣誉是对我为世界和平所作贡献的肯定，是对我的最高奖赏，我为此感到自豪。他们之所以亲自赶来给我颁奖，是因为他们认为这份嘉奖实在是太轻了。但我却不这么认为，我觉得大家对我的奖励太厚重了，为了不辜负他们不远千里来给我颁奖，我今后必须更加努力、更加注意自己的言行举止。

我认为，丹佛姆林的皮坦克里夫峡谷是我这一生中收到的最宝贵的礼物。那里有我童年最纯真的回忆，有我最温馨的情感。在此我想告诉大家一个故事。

在我小时候，丹佛姆林曾发生过一次冲突，斗争双方都想占有大教堂的地产和皇宫遗址。我的外祖父也参与其中。斗争一直在继续，我的劳德姨父和莫里森舅舅也加入了。有人提出控诉，说我舅舅煽动民众毁坏了一堵墙。经最高法院审判，舅舅一方败诉了。当时的皮坦克里夫地主宣布，从此以后，“莫里森家族的任何人都不能再进入峡谷”。我和表哥多德作为莫里森家族的成员，也在被禁之列。这也使莫里森家族和皮坦克里夫的地主们从此结了仇，一直延续了好几代。

峡谷是世上独有的，它位于镇上两条主要大街的西北方向，靠近大教堂与皇宫，占地约六七十英亩，如同人间仙境，树木繁荣茂盛。那里是丹佛姆林所有孩子的天堂，包括我在内。每每想到“天堂”二字，我的脑海里就会浮现皮坦克里夫峡谷。偶尔透过敞开的大门，或坐在围墙上往峡谷里瞥上一眼，我们就会快乐无比。

劳德姨父几乎每个星期天都会带上多德和奈格到大教堂周围散步，然后找一个能够看一眼峡谷的地方。在我们看来，峡谷的主人代表着财富和地位。众所周知，女王陛下住在温莎城堡，就算是她也不能拥有皮坦克里夫峡谷。不管是她还是其他任何人，都无法从皮坦克里夫的亨特家族手中得到这个峡谷。我们坚信这一点，因为如果是我们拥有峡谷，我们也不会拿它与人交换。童年的我认为，皮坦克里夫是最宏伟的建筑，任何建筑都无法与之匹敌。劳德姨父早就预言我长大后一定会很有出息，但是他从来没想到我会变得很富有，并且能拥有皮坦克里夫峡谷。我相信，如果他能想到这一点，一定会非常高兴。现在我已经将我童年时代的天堂还给丹佛姆林，并作为公园向公众开放。这份荣誉是任何地位都比不了的。

当罗斯博士私底下向我透露，亨特上校迫于形势想卖掉皮坦克里夫时，我立刻竖起了耳朵。我根本没听进去罗斯博士觉得亨特上校出价过高的劝告。1902 年秋天，我突然想起了这件事，马上打电话约罗斯博士面谈。一天清早，妻子走进我的房间，神秘地让我猜是谁来了，我马上猜到是罗斯博士。我们一起讨论了皮坦克里夫的详细情况，我提议派我们共同的朋友、丹佛姆林的地主，现住爱丁堡的肖先生去与亨特上校的经纪人面谈，并让他暗示对方，像我这么热心的买家是不多见的，如果不跟我交易的话，他们肯定会后悔。而且我可能会突然改变主意，或突然去世。肖先生很快传来消息，他对罗斯博士说，明天一早他就去面见亨特的律师，到时一定将我的话转告对方。

没过多久，我去了纽约。一天，我收到肖先生的电报，问我是否愿意以亨特上校的出价 4.5 万英镑购买皮坦克里夫峡谷。我回电说，如果罗斯博士同意，我就同意。肖先生在圣诞节晚上给我回复说："您好，皮坦克里夫的主人!"就这样，我成了皮坦克里夫峡谷的主人，获得了理想的荣耀。国王没有什么了不起的，甚至可以说他是一个非常可怜的人，因为他既没有马尔科姆国王塔，也没有圣玛格丽特的神殿，更没有皮坦克里夫大峡谷。如果国王来丹佛姆林参观的话，我很乐意作他的向导，屈尊带他参观这些伟大的建筑。

成为峡谷主人后，我很快发现，如果将钱放在热衷于公益事业的人手中，钱就能发挥最大的效用，给广大民众带来幸福。我认为，没有谁会比罗斯博士适合管理皮坦克里夫公园。他建议成立基金会，得到了我们的一致赞同。他们希望将公园建设成一个城镇，但是当他们发现丹佛姆林的建设还需要 50 万英磅时，都感到十分震惊。

人们非常喜欢峡谷公园，这得归功于 12 年来理事会对它的精心管理。这里繁花盛开，成为居民休息、孩子玩乐的胜地，也吸引了附近城镇的很多人前来游玩。由此可见，理事会对它的管理是成功的，跟我们预期的想法一样。当初我们的目的就是把它打造成一个娱乐场所，“以提高丹佛姆林市民的生活质量，让他们的生活变得更加丰富多彩，给他们尤其是孩子带来快乐与幸福；让家乡的孩子们即使多年后离乡万里，也会想起这个给自己的童年带来欢乐的地方。如果这一点能够实现，那么理事会的管理就是成功的，否则就说明你们的工作不到位”。

这段文字当时发表在《泰晤士报》上，前加拿大总理格雷伯爵看到后，马上写信给罗斯博士，说一定要认识这篇文章的作者。我与他就这样相识相交，并结下了深厚的友谊。

我们在伦敦会了面，彼此都有一见如故的感觉。这位伟大的伯爵很快就喜欢上了这项事业，并倾注了极大的热情，他现在也成了我捐给英国的一个 1000 万美元基金会的理事会成员。

在我所做的公益事业中，皮坦克里夫峡谷是最令我满意的一个。上帝是公正的，皮坦克里夫峡谷和公园终于又回到了丹佛姆林民众的手中，而这一伟大行为是由我——活跃分子首领托马斯·莫里森的外孙、贝利·莫里森的外甥、仁慈的父母的儿子完成的，这是一件无比浪漫的事情，仿佛有一种无形的力量在推动着我，让我赶走了原来的地主，成为峡谷的主人，然后又把它还给人民。我的耳边似乎响起一个轻柔的声音：“你这辈子一点也没有白活。”皮坦克里夫，是我这辈子最大的荣耀！真是“三十年河东，三十年河西”！

到目前为止，我脱离生意圈在慈善的道路上已经走了 13 年。假如我退休后就拿着一大笔钱在家赋闲养老，整天无所事事，那么我不可能过得如此充实、快乐。现在的我过得非常好，有空就读书、写作，时不时地发表一下演讲，还经常和过去的老朋友谈天说地。退休这么多年来，我从来没去过公司，去那里我会不自觉地想起很多老朋友，他们已经离开了这个世界，再也不能亲切地叫我一声“安迪”了，如今这样称呼我的朋友只有一两个了。

我当然没有忘记那些比我年轻的工作伙伴，为了让我尽快适应新环境，他们都曾大力支持过我，他们影响着我的一生。令我感到欣慰的是，他们在我离开商界后成立了卡内基企业退休职工协会。这个协会每年都会在我纽约的家里举行一次聚会，这一聚会足以让我快乐一年。很多与会者从很远的地方赶过来，我们齐聚一堂，共同回忆当年的时光。和他们在一起让我感到很幸福。这个协会持续了很多年，直到最后一个人去世。

总而言之，我经常对自己说：“我不愿做亿万富翁，我要将自己的财富散发给更多的人。”确实如此，假如我不捐赠的话，我的财富比他们的 1000 倍还要多。

我和妻子都很喜欢结交朋友，但是这一点也没有改变我们对旧时老友的感情。我们在纽约的家被妻子称为“老伙伴聚会地”，她和我一样非常热爱那些兄弟。她最喜欢说的一句话是“首次兄弟聚会”。受他们邀请，我的妻子成为退休职工协会的第一位荣誉会员，我的女儿是第二位。他们是真心诚意地邀请，并非出于口头上的礼貌。在我心目中，他们是最值得信赖的人。尽管我在他们当中年龄最大，但是我们在一起就像兄弟一样。我们有着共同的目标，彼此信任，进而建立了深厚的兄弟之情。我们首先是朋友，然后才是合作伙伴。在 45 个合伙人中，有43个终身保持着深厚的友谊。

每年在我们家举办的盛会还包括由《世纪》主编理查德·沃森·基尔德主持的文学晚会。每年他都会设计一些卡片，写上客人们所写作品中的一句话。大家都很喜欢他如此贴心的安排，聚会的气氛也因此变得更加热烈。1895年聚会上所用的每一个盘子里都放着一张卡片，卡片上写着约翰·莫里的一句名言，因为他是那次聚会的主宾。

有一年，沃森·基尔德早早来到会场调整座位安排。座位都已经事先安排好了，他告诉我，约翰·伯勒斯和欧内斯特·汤姆森·塞丁纳正因为鸟兽生活习性而发生了激烈的争执，不能让他们坐在一起，否则很有可能会激化矛盾。于是，基尔德将他们的座位调开了。我当时什么也没有说，只是悄悄地将卡片挪了回去。基尔德看到他们坐在一起后，大吃一惊。但结果如我所料，他们两人握手言和了，并在聚会结束时已经成为了好朋友。正如老话所说："只有安排矛盾双方在一个文明的场合见面，你才能当好和事佬，化解他们之间的矛盾。"

对于我要弄的这个心计，伯勒斯和塞丁纳都愉快地接受了。很多时候，我们是因为不了解他人才心生怨恨。化解矛盾的最好办法就是邀请你的对手共进晚餐。很多矛盾之所以激化，正是因为敌对双方没有见面、缺乏沟通，或者受到他人挑拨。任何事情都是可以解释清楚的，如果敌对双方能够彼此了解，就不会使矛盾变得尖锐。不愿化解矛盾的人是愚蠢的，握手言和是最明智的行为。失去朋友是一种不可弥补的损失。彼此的矛盾得到和解，就算恢复不了过去那样亲密的关系人，但双方依然是朋友。随着时间的流逝，曾经的朋友必将一个个地离开这个世界，永远地离开你。

一个乐于帮助他人，愿意带给他人幸福而不增添麻烦的人，无疑是快乐的。而这些都是维持友谊所需要的。这意味着同情，无尽的同情。不仅仅是为你所失去的东西而同情，还为那些基于美德才拥有的真正的友谊。

“当朋友之间相互谦让的时候，友谊之花就逐渐凋谢了。”过去的深情厚谊也许会不复存在，但是彼此之间还可以相互祝福。

在我的朋友中，马克·吐温对我的退休最为支持。有一次，报纸大肆宣传我的巨额财富，这时我收到马克·吐温的一个便条：

亲爱的朋友：

最近您好像志得意满啊！作为您的一个崇拜者，我很想买一本赞美诗集，您愿借我1.5美元满足我这一个小小的愿望吗？如果您答应的话，您会得到上帝的保佑的。我坚信、我希望，如果我是上帝，肯定也会这样做。

您亲爱的朋友

马克

注：我要自己去挑选诗集，所以请您寄钱给我，而不要寄诗集。

他在纽约卧病在床的时候，我经常去看望他。他即使生了病，仍然跟以前一样幽默，我们在一起很快乐。有一次，我要去苏格兰，出发前还特意去跟他道别。我离开后没多久，纽约成立了大学教授退休基金会。马克往苏格兰写信告诉我这件事，信封上写的是“致圣安德鲁”。他在信中写道：

> 您可以将我的光环拿走了。如果您在我的床边时就将这件事告诉我，您当时就可以拿走了。

认识克莱门斯先生（即马克·吐温）的人都知道，他是一个魅力无穷的人。只有乔伊·杰斐逊在言行举止方面能与他相提并论，他们都是一类人。这样魅力四射的人还有几个，比如“瑞莫斯叔叔”（即乔伊·钱德勒·哈里斯）、乔治·W.凯布尔、乔希·比林斯等。这些人总是能给身边的人带来快乐与欢笑，无论他们处于什么境况。正如里普·万·温克尔所说：“不幸的人各有各的不幸，快乐的人都很相似。”他们都是那样的慷慨、热情、无私，而且乐于助人。

在大家眼中，克莱门斯先生是一个幽默的人，其实这只是他的一面，他在政治和社会问题上也有坚定的信念。比如，他曾用尖锐的笔锋评论过俘虏阿奎那一事。

他的70岁生日宴会开得非常有个性。大部分的来宾是文学界人士。马克还邀请了他的患难之交、亿万富豪H. H.罗杰斯先生。宾客们纷纷称赞他在文学上作出的巨大贡献。轮到我发言时，我提醒人们注意，我们这位朋友的所作所为也将和他的作品一样千古流传。他因为合伙人的错误而走向破产，情况与沃尔特·司各特勋爵差不多。他面临着两种选择：一是交出所有财产，宣布破产，然后重新开始，如此一来他就无债一身轻了。毫无疑问，这是一条便捷、通畅、合法的道路。二是努力拼搏，牺牲自己的一切，这显然是一条充满挫折与坎坷的漫长之路。

面对选择，他决定："这不是如何向债主交待的问题，而是如何向自己交待的问题。"

生活中，大多数人都会面临诸多考验，只有处于困境之中才能测试出你是渣子还是金子。我们的朋友历经风雨，变成了一个真正的英雄。他在世界各地奔波演讲，努力偿还债务。人们评价他说："马克·吐温是一个不折不扣的幽默家。"但是我们还要明白，他为人处世也相当出色，正如沃尔特勋爵一样。

他的妻子也很伟大，她就像一位守护天使，一直支持着他，陪着他四处旅行，让他能够像沃尔特勋爵那样克服重重困难，一步步走向成功。他经常跟朋友们说起他的贤内助。克莱门斯夫人离世后，我去拜望他，当时他一个人在家。我紧紧握着他的手，一句话也说不出来，他的手突然颤抖起来，喃喃道："家没了，家没了。"尽管已经过去了很多年，我还是经常想起那三个字，每每忆起，我的心就揪得生疼。

与我们的父辈相比，我们幸运多了。如果我们心怀公正、正义，我们就无畏无惧。

我们要真诚待人，时时处处不失信于人，对任何人都以诚相待。这个世界固然存在诸多不公平，但是磨难终将过去，罪恶必将结束。

第二十二章　我的朋友马修·阿诺德

我和约翰·莫利一致认为，在我们认识的人中，马修·阿诺德是最有意思的。要恰当地形容他的长相及言语，只有一个词汇，那就是“魅力无穷”。人们就算看到他义正言辞的模样，也会不由自主地发笑。

大概在1880年的时候，他和威廉·布莱克、埃德温·A.艾比，还有我一起乘坐马车去英格兰南部游玩。当马车来到一个美丽的村庄时，他说他想去墓地给他的教父基布尔主教扫墓，问我们是否可以在这里逗留片刻。他补充道：“啊，亲爱的基布尔！他对我的神学主张感到痛心，事实上我也很痛苦。尽管如此，作为我亲爱的朋友，他还是专程跑到牛津推选我为英国诗歌教授。”

我们一起来到静悄悄的墓地。我一直记得马修·阿诺德在墓前深思的模样。后来我们说起了他的神学主张，他说很多朋友都被他伤害了。

“格莱斯顿先生认为我原本应该成为一个主教，我让他非常失望。我发表的文章无疑影响到了我的晋升，也伤害了我的朋友们。但我必须表达自己的观点，我实在控制不住这股冲动。”

他说话时语调极为哀伤，语速缓慢，如同发自心灵深处。随着时代的发展，人们慢慢地接受了他的观点。现在他的主张已经不会受到责难了。马修·阿诺德从来不说无礼的话，绝对是一个虔诚的宗教徒。在这一点上，他和格莱斯顿十分相似，但他说过这样一句话："向神灵祈祷是一种毫无用处的迷信行为，应该结束了。"他的话否定了虚幻的超自然能力。

1883 年，他和女儿（即现在的维特瑞奇夫人）一起到我纽约的家里做客。我在阿尔勒格尼山的时候与他交往密切，经常见面。他在纽约首次发表公开演讲时，是我和母亲用马车送他去的。由于不擅长面对公众讲话，所以他那次演讲不是很成功。我们到家后，他开口道："你们怎么看？快告诉我，我能做一个演讲家吗？"

我非常希望他能够成功，于是坦率地说："你上台之前应该调整好心态，你可以向优秀的演讲家请教一番。"我强烈地要求他请演讲专家来指点一二，最后他终于同意了。我们讨论完后，他又问母亲："亲爱的卡内基夫人，他们都说了自己的意见，现在我非常想听听您对我在美国的首次演讲是怎样看的。"

我母亲温柔而缓慢地说："阿诺德先生，您讲的太严肃了！"多年后，阿诺德先生还一直提起我母亲的话，他说母亲的评价非常中肯，可谓一针见血。从西部旅行回来后，他的演讲技巧改善了很多，那声音就像是在布鲁克林音乐学院专门培训过一样。他接受我的建议，在波士顿跟从一位演说艺术教授学习演讲。从那以后，他的演讲之路越来越顺畅。

他希望能听一听著名传教士毕切尔先生的演讲，于是在一个星期天的早上，我们一起去了布鲁克林。我们事先告诉毕切尔先生我们会去听他布道，这样演讲结束后，他们二人就可以见面详谈了。我向毕切尔先生介绍了阿诺德先生，毕切尔先生十分热情，表示很早以前就很崇拜他了。他紧紧地握着阿诺德先生的手，说："阿诺德先生，我认真研读过您的著作，从中得到了很多启发，真是受益匪浅啊！"

"哦，我很荣幸！但是您也许会发现其中某些地方提到了您，我认为应该将其删除。"阿诺德回答。

"哦，不，不，那些全都是称赞我的。"毕切尔先生说。随后他们二人就相视大笑起来。

接着，我又向毕切尔先生介绍了英格索尔上校的女儿。我对他说："毕切尔先生，这是英格索尔小姐，她是第一次来基督教堂。"

毕切尔先生主动拥抱了她，注视着她缓慢地说："啊，您是我见过的最美丽的不信教的人。"英格索尔小姐的确非常漂亮，凡是见过她年轻时容貌的人，都会这样认为。他接着说："英格索尔小姐，你的父亲可好？我祝愿他永远健康。我们多次站在同一个讲台上，可惜我没能和他站在同一边，不知道这是我的不幸还是幸运？"

毕切尔先生确实是一个大度、大气之人，他集众家之长，欣赏一切对美国有益的力量，比如斯宾塞的哲学、阿诺德的睿智、英格索尔的崇高政治理想等一切积极力量。不仅如此，毕切尔先生还努力与这些人交朋友。

1887 年，阿诺德先生来苏格兰拜访我们。我们聊到了运动，他说他很喜欢钓鱼，但不打猎，因为他不愿意射杀空中自由飞翔的鸟儿。他随后又说：“我想讲一件非常有意思的事情。”他告诉我，应一位公爵的邀请，他每年都有两三次机会去钓一整天鱼。听说这位公爵很讨人厌，只是我不记得他是谁了。我们很好奇，阿诺德先生怎么会和这样的人有来往呢？

“哦，无论怎样，公爵都是一个大人物。”他说，“我们都是势利之人，这是数百年的历史造成的。我们生来就是这样的人，谁也改变不了。”他说话时脸上一直带着微笑，但是我认为其中定有隐情，因为他并不是势利小人。

不过，他确实对位高权重、财大气粗的人很有好感。在纽约时，他非常希望去拜访范德比尔特先生。我对他说，这个人跟其他人没什么区别。他却说：“我认为和世界上最有钱的人相识是我的荣幸，他是靠自己的努力拼搏发家致富的，跟那些从父辈手中继承财富的人完全不同。”

有一天，我建议他对莎士比亚的作品写点评论，他说他也有这个想法，但是以他目前的能力还无法完成这件事。他认为，莎士比亚是一位伟大的作家，不能轻易去评论他的作品，必须进行仔细斟酌、反复研究才行，他认为自己写不好这样的作品，所以不愿谈及这个话题。在他大力称赞莎士比亚后，我给他念了一段他曾写的十四行诗，唤起了他的回忆：

莎士比亚，
我们对所有人都提出质疑，除了你。
我们一再追问，你依然面带微笑，沉默不语，
你渊博的知识，如崇高的山岭。
你是那么的伟大、壮观，只有繁星才能见识你的尊容，

你坚定地把脚扎在知识的海洋深处，
而思想却高于九天。
平凡之人只窥到知识的一角，
你自信、自尊、自审、自学，自己挣得荣耀，
你与繁星、阳光相映成辉，
你的成就凡人根本无法想象，
可是这又算得了什么？
智者必定要忍受痛苦与磨难，
不再软弱，不再悲痛，
用自己的无畏战胜一切。

肖先生（即乔希·比林斯）是一位未经打磨的钻石，我想把他推荐给阿诺德先生。我们住在温莎旅馆时，一天早上，乔希来拜访我，我们说起了阿诺德，乔希说自己非常崇拜他。我告诉他："你今天晚上就能与他一起用晚餐。女士们会外出，只有我们和阿诺德三人共进晚餐。"

他是一个羞怯之人，于是婉言谢绝了我的邀请，但是我强行留下了他。吃饭时，我坐在他们两人中间。阿诺德先生很喜欢肖先生的说话方式，而且对他所讲的美国西部的故事颇感兴趣。交谈时，阿诺德先生一直哈哈大笑，看得出来他很开心。15 年来，肖先生在美国很多城市作过演讲，每一次演讲的观众都多达万人以上，他将这些经历一一讲给阿诺德听。

阿诺德先生渴望知道他如何吸引观众的注意力。肖先生说："哦，是这样的，你不能让观众笑太长时间，否则他们会认为你在戏弄他们。让观众乐呵一阵子后，你就要严肃认真起

来。举个例子吧，有一次我问：‘人类无法提前准备两样东西，大家说这两样东西是什么?’很多人回答说是‘死亡’。我说：‘嗯，是的，那么另一样呢?’观众说出了很多答案，比如财富、幸福、力量、婚姻、税金等，最后我郑重地对他们说：‘你们说的都不正确。在这个世界上，无法提前准备的两样东西就是双胞胎。’观众们顿时笑得前仰后合。”事实上，阿诺德先生也能做到这一点。

阿诺德先生又问：“你会一直编新的故事吗?”

肖先生回答说：“是的，要想让演讲变得更好，你必须创造新的故事。有一次我遇到了麻烦，我编了一个新故事，我认为观众听了一定会大笑不止，结果它完全没有达到我的预期目的，原因就在于我没有找到一个关键词。有一天晚上，我坐在密歇根州的篝火前，一个关键词突然出现在我的脑海里。我尝试着在孩子们面前说了一遍，效果很不错。后来我经常使用这个词。我是这样开始的：‘这个时代充满了挑战。对于一种新东西，只有先去理解它，才能进而接受它。现在，有先知和鲸鱼，他们两者都想了解。我认为不管是先知还是鲸鱼，他们都没有完全弄懂。所以他们会问先知在鲸鱼的社会中干什么。’”

有一天，肖先生正走在百老汇大街上，一个来自美国西部的人走上前来搭讪：“你是乔希·比林斯吧。”肖先生回答说：“对，大家有时会这样称呼我。”“我要给你5000美元。”“哦，这是为什么呢？走，附近有一家代尔莫尼克餐馆，我们进去坐下来说。”

两个人在餐馆坐下后，那个陌生人说他是加利福尼亚一家金矿的股东之一。他和合伙人因为金矿的所有权产生了纠纷。

股东会结束的时候，他恐吓合伙人说他将用法律手段来解决问题。他对肖先生说："第二天早上，我跑过去告诉合伙人，我早上看了乔希·比林斯所写的年鉴，发现今天的训诫是：'抓住牛尾巴显然要比冒着大风险抓住牛角好得多。'我们一起大笑起来，一致认为这句话说得很精辟。我们按照您的建议，协商解决了问题，最后又成了好朋友。有人建议拿出 5000 美元来感谢乔希，正好我要来东部，于是他们拜托我将钱交给您，我向他们保证一定完成任务。请您收下这笔钱！"

晚餐结束时，阿诺德说："肖先生，我真诚地欢迎您来英国演讲，到时我会将我的第一批观众介绍给您。也许让某个当地贵族为您介绍更有利，哪怕他愚蠢至极，但我非常渴望能这样做。"

文质彬彬的马修·阿诺德竟然要将幽默大师乔希·比林斯介绍给伦敦的观众，这是多么不可思议。

在后来的很多年里，阿诺德从来没有忘记问候我们狮子一般的朋友肖先生。

我曾给阿诺德先生讲过一个关于芝加哥的故事。波士顿的一位名媛去芝加哥拜访一个将要结婚的同学，这座城市很快吸引了她。一天晚上，一个知名人士问她，芝加哥最吸引她的是什么。她温婉地回答说："这里最吸引我的不是发展的速度、豪华的住宅，也不是繁华的商业，而是当地人的文化和文明。"那人马上点头回应："对，你说的没错，这些让我们感到无比自豪。"

但阿诺德并不打算喜欢芝加哥，他认为这是一座很俗气的城市。然而，他很快发现这里竟然有这么多的"文明与典雅”，这一发现让他非常吃惊。出发之前，他希望能在这里发现一些有意思的东西。我笑着说，屠宰场是最有趣的地方。那里的设备都是最先进的，活生生的猪从这一头进去，它的叫声还没消失，火腿已经从另一头出来了。

他思索了一会儿，不解地问道：“人们为什么要去屠宰场听猪叫呢?”我无言以对，这件事就这样泡汤了。

在《旧约全书》中，阿诺德最喜欢的人物是以赛亚，至少他对这个伟大诗人（他是这样称呼以赛亚的）名句的频繁引用给人这种感觉。在进行环球旅行时，我发现其他宗教的经书都将其中的糟粕删除了。阿诺德曾对我说，《圣经》也进行过了去伪存真的处理。孔子和其他一些伟人的经典语录都是经过精心筛选的，人们读到的都是精华。经书中没有过去那些令人不快的愚昧思想。

对这件事思考得越深入，我越觉得基督教应该效仿东方，将圣经中的糟粕——有些甚至比糟粕还要糟糕——删除，就好像给谷物脱壳一样。我们应该将精华筛选出来。在这一点上，我很感激能认识阿诺德先生并与他成为朋友，他是超越时代的真正的导师，伟大而浪漫，在“未来和抽象”范畴内做出了非凡的成绩。

为了让阿诺德见识一下云雾缭绕的匹兹堡，我带着他走出阿尔勒格尼山的避暑山庄。从埃德加·汤姆森钢铁公司到火车站的路上，有一段台阶非常陡峭。当我们爬到四分之三的地方时，他突然停下来，气喘吁吁的。他依靠在栏杆上，用手按住胸口，对我说：“唉，我早晚会死在这个小心脏上，就像我的父亲一样。”

当时我并不知道他有心脏病，但是这个场景让我永生难忘。没过多久，我就收到了他突然去世的消息。这时我才发现，我的朋友早就预知了自己的命运，他的离世让我十分悲痛。

这里我要提一下波士顿的奥利弗·温德尔·霍姆斯医生，他是一个非常好的人。马修·阿诺德去世后，很多朋友认为应该给他开个追悼会，大家都主动出资，为他捐款，并把这视为一种荣耀。我很荣幸成为这件事的负责人之一。我从未想到霍姆斯医生会涉及此事，因为作家和专家都不在我们的邀请之列。然而，一天早上，这位医生给我写了一封信，说他也要参加募捐活动，并表示，如果这份荣誉手册上有他的名字，他会特别开心。毫无疑问，他认为这个活动是有意义的。

这可能就是我们想要的纪念方式。我坚信，所有乐于奉献的人都会对这个机会心存感激。

第二十三章　英国官员

在伦敦的时候，罗斯伯里勋爵正在格莱斯顿的内阁任职，政治前途一片光明。有一天，他邀请我和他共进晚餐，在那里我幸运地见到了格莱斯顿先生。能够与世界第一公民见面，我感到无比荣幸。当时是 1885 年，我记得自己还做了充分的准备，并在晚宴上给格莱斯顿先生留下了深刻的印象。

当格莱斯顿先生第一次邀请我与他共进晚餐时，我处理得非常不恰当。我特别希望这位英国统治者的邀请只是一道命令，因为在此之前，我已经答应了另一个邀约。但是，我还是去赴了前一个约会，错过了与这位伟大人物见面的机会。幸运的是，后来在海沃顿我又有了与他见面的机会。

罗斯伯里勋爵曾参加我在丹佛姆林捐助的第一座图书馆的揭幕仪式。时至今日，1905 年，他又参加了我为斯托诺威捐助的最后一座图书馆的揭幕仪式。上一次他来纽约访问，我驾车带着他在河边兜风，他说，在这个世界上，任何城市都没有这座城市吸引人。他是一个意志力薄弱的天才。假如他出生于贫寒家庭，然后经过自己的努力拼搏进入上议院，我敢肯定他的意志力一定能够磨练得无比坚强。遗憾的是，他极为敏感，又没有在政治领域遨游的坚韧不拔的精神。可以肯定的是，他是一个很有魅力的演讲家，语言质朴无华，风格文雅优美。①

一天早上，我应约去拜访他。我们相互问候之后，他递给我一个信封，并说："我希望你能够辞掉你的秘书。"我回答说："阁下，这是怎么回事？他不仅是一个苏格兰人，而且是一个难得的人才。您的要求让我很为难。"

他说："这封信不是你写的，我看是他的笔迹。他竟然将我的名字'罗斯伯里'拼错了两次，换成你，你会怎么看？"

我说如果我在意这种小事的话，那么我的生活就过不下去了，因为"我每天都会收到很多信件，其中有20%～30%拼错了我的名字"。

然而，他是一个极为较真的人，他为此感到十分烦恼。做大事的人不应该计较这种鸡毛蒜皮的小事，否则很可能变成一个斤斤计较的小人。他极富人格魅力，但是又太敏感、羞怯、保守，这些不好的性格也许经过下议院的打磨会有所改变。

他是一名自由党人，他的言论在上议院引起了轰动。当时我冒昧地向他灌输我的民主思想。我对他说："将你的世袭头衔丢到一边，向人们宣示你不愿享受什么特权。这样做可以让你成为真正的领导人。任何贵族都做不到这一点。你年轻有为，才华卓越，而且很有演讲天赋。如果你愿意放下身段，大胆尝试，肯定能当上英国首相。"

他听了我的话，显然有些心动，奇怪的是，他非常淡定地说："像我这样的贵族，下议院是不会接受的。"我说："如果

---

① 在诸多演讲稿中，他的演讲也许是最出色的。他的演讲无人能及，已经达到了一个巅峰，赋予他任何荣誉都不为过。——作者注

这样就更好了。如果换成是我，遭到拒绝后，我会更加努力去竞选下一个议席，直到他们愿意接纳我为止。一个人如果肯放下自己的世袭特权，是非常崇高的，有资格去竞选任何职位，并肯定能获得成功。你将成为第二个克伦威尔。那些敢于打破成规、制造先例的人，必然会受到民主人士的推崇。”

这个话题就此打住了。后来，我曾向莫利提起这件事，他评价说：“亲爱的朋友，克伦威尔并不住在伯克利广场38号。”他说话时语速缓慢，神情庄重。我永远也忘不了他的这句经典之辞。

罗斯伯里是一个优秀的人，只是因为生在贵族之家才造成当前的局面。与他不同的是，莫利生长于普通人家，他的父亲是外科医生，含辛茹苦地供他读了大学。现在的他虽然取得了很大的成就，但他没有沾染一点贵族习气，跟过去没有什么两样。罗瑞伯恩伯爵和大法官鲍勃·里德、另一名大法官霍尔丹伯爵、阿斯奎斯首相以及劳埃德·乔治等人也是如此。

世界第一公民格莱斯顿去世后，大家都在思考一个问题：他的职位由谁来接替呢？年轻的内阁成员一致同意把这个决定权交给莫利，在哈考特和坎贝尔·巴内曼两人之间作出选择。哈考特常常控制不住自己的情绪，这是他致命的弱点。国家领导人必须冷静沉着、头脑清醒、判断准确，而他的弱点显然不适合领导阶层。

哈考特先生非常热爱自己的祖国，而且对人口普查及相关报告很感兴趣，我对他颇有好感。他的妻子是马特利的女儿。不过，我也很高兴看到坎贝尔·巴内曼当选，他是丹佛姆林老家的代表。他在向民众表示感谢时，总是说：“这次能够当选，我要特别感谢贝利·莫里森主席。”

贝利是丹佛姆林激进派的领军人物，也是我的舅舅。卡内基家族和莫里森家族坚决拥护伟大的共和制度，始终属于激进派。因为华盛顿和他的同党知道并且能够大胆宣扬公民权，所以他们获得了卡内基家族和莫里森家族的一致称赞。英语民族在有秩序、有法律保障的发展中，很快就会确定一个有利于人民的规则：“地位头衔就好比是金币上的花纹，没有任何价值，人才是最珍贵的资源。”

这在英国所有的殖民地中得以广泛流传。对于自己的孩子，祖国总是关爱有加，犹如一只老母鸡一样呵护着每一个孩子。

约翰·罗斯博士是卡内基丹佛姆林基金会主席，为丹佛姆林的发展作出了巨大贡献。1905 年秋季，他被授予丹佛姆林荣誉市民称号，我和妻子都参加了授奖仪式。麦克白市长发表了演讲，他说，这项荣誉是非常难得的，在此之前，获得这一殊荣的只有现任首相 H. 坎贝尔·巴内曼、现殖民部部长埃尔金伯爵（前印度总督）和我三个人。这项荣誉像是我所在的官位永远无法赢得的荣誉。

埃尔金伯爵的祖先是布鲁斯国王，他们家族的墓地位于丹佛姆林大教堂内，大教堂的大钟下躺着他伟大的祖先。埃尔金伯爵是苏格兰大学改革运动的二号人物，后来又被保守派政府任命为布尔战争委员会的主席。当上议院的决定引发苏格兰联合自由教会的混乱时，他被指定为委员会的主席去解决这场混乱。国会把他的报告当作法案来提出，他又再次成为了应用法案的带头人。我向巴尔弗首相建议，埃尔金伯爵是管理苏格兰大学基金会的最佳人选。巴尔弗也表示，在英国再没有比他更合适的人了。后来的事实证明，我们的判断是正确的。后来，丹佛姆林基金会成员之一约翰·莫利评价埃尔金说："过去我一直认为埃尔金是一个自以为是、一身恶习的政客，但现在我发现，他是一个勤奋而稳重的人。"

事实正是如此，埃尔金勋爵不仅谦逊有礼，而且才华横溢。

自从我获得第一个荣誉市民称号后，相似的荣誉接二连三地向我袭来。1906 年，我在伦敦接连 6 天获得了 6 个城市的荣誉市民称号。在两周的时间里，我一直奔波于各个授奖仪式之间。或许有人会说这种仪式单调而乏味，其实并非如此。每一个城市都有自己的历史、成就与磨难，我在这些仪式上认识了很多大人物，比如各市的市长、市政要员、公民代表。每一个城市都是一个小世界。市议会就是一个小型内阁，市长就是首相。这里的民众不关心外交事务，只关心本地区的事务。当然，外交问题还是存在的，比如相邻城市之间的关系，与水、气、电相关的诸多问题，必须召开会议协商解决。

新旧世界的最大不同就体现在市政府里。在旧世界，家族成员世世代代生活在出生的地方，并对本地区的建设贡献自己的力量。一个人如果自己做过市长，肯定会鼓励他的儿子继承他的事业。他们热爱这片生养自己的土地，并愿意为它付出努力，创造更多的财富和荣誉。每一个参加议员竞选的人都希望为自己的家乡作出贡献，这是鼓舞优秀市民的最好办法。当然，只有那些富有之人才能竞选为议员，因为他们需要住在伦敦，但是却没有任何补贴。后来，英国开始向议员支付薪酬（这一决议开始于 1908 年，目前议员的薪水是 400 英镑），情况才得以改变。

另外，英国的议员们总是在忙完一整天的专职工作后，用疲惫不堪的大脑来思考国家大事，这样怎么可能有好的成效呢？它还应该向其他国家学习，在白天召开议员会议，这样议员才能精神百倍地投入工作，提升工作效率。有人曾询问桥牌高手卡文迪，一个人在打牌时有没有可能在第二圈第三张牌时打出一张“丁”（桥牌中的一张臭牌）。卡文迪沉思片刻，回答说：“如果在晚饭之后玩牌，可能有人会这样出牌。”

英国的市镇议会中云集了很多优秀、廉洁、道德高尚的人，他们热爱自己的家乡，并为之作出不朽的贡献。在这方面，美国与英国相差甚远，不过，美国也正在培养民众对家乡的感情。在人口变得越来越稠密之后，人们越来越想在一个地方长期定居。

我发现，在伊斯特本、金兹林、索尔兹伯里、伊尔克斯顿等古老的城镇中，市长来自不同的社会阶层，并且普遍用自己的双手劳作。大多数议员也是这样。他们不计回报地奉献自己的力量。我非常荣幸能在苏格兰和英格兰认识那么多市镇的军官和政要，也不会忘记爱尔兰，在那里我曾经获得许多地方的荣誉称号。我在科克、沃特福德和利默里克受到了极其热烈的欢迎。在欢迎仪式上，当地人用盖尔语在旗帜上写着 10 万个“热烈欢迎您的到来”。这让我感到十分惊喜，并永生难忘。

到各地去领取荣誉市民奖，让我有机会更好地体察当地的风土人情，否则这样的奔波肯定会令人厌烦。我对那些官员记忆深刻，他们的演讲时常为我在那里的生活增添新气象。

我认为，英国市镇普选的市长及官员们对国家的管治效果特别好，远远胜过其他国家。他们掌管着政府各个重要分支。当国会更换代表的时候，其效率丝毫不会降低。或许等到议员们能够获得足够的薪酬之后，威斯敏斯特国会中也会出现很多这样的议员，这能给国家带来更多的益处。

第二十四章　格莱斯顿和莫利

1892年4月，我和夫人去拜访格莱斯顿先生，当时他充分肯定了我所写的《美国的四驾马车游英国》一书。他邀请我们到他的新书房看看，除了他本人，任何人都不能碰那里的书。当他踩在梯子上整理那些厚重的书籍时，我看到了一本奇怪的书，便冲着他大声喊道："格莱斯顿先生，我看到一本我父亲的朋友写的书，名叫《丹佛姆林名人录》。这本书出版的时候，我还很小，只认识几个书中列举的名人。"

"哦，没错，与它相隔三四本书的地方是另一个丹佛姆林人写的书。"

我找到了他所指的那本书，竟然是我写的《美国的四驾马车游英国》。这时，已经爬到梯子顶端的格莱斯顿先生饱含温情地说："丹佛姆林于我而言，就像麦加之于伊斯兰教徒，贝拿勒斯之于印度教徒，耶路撒冷之于基督教徒，具有非凡的意义。"我愣怔一会儿才意识到我在书中曾说过这几句话。当时我们刚从南部回到丹佛姆林，看到故乡，我激动万分，于是就说了上面那番话。

"当时我还不认识你呢，这本书不可能是我送给你的，你是怎样得到它的？"我惊讶地问道。

“当时我们的确不认识，可能是罗斯伯里送给我的，我曾听他提起过这本书，于是向他借过来读了一遍。你对丹佛姆林的深厚感情令我很感动，至今仍无法忘怀。”

格莱斯顿先生的记忆力真是惊人！这件事发生在那本书出版后的第 8 年，他对其中的话竟然记得如此清楚。这对一个有着强烈虚荣心的作者来说无疑是最高的赞扬，令我感动不已。

人们总是对礼拜天在公众面前阅读圣经的政客们持怀疑态度。在与格莱斯顿先生交情尚浅之前，我也曾这样怀疑过，一度认为这位老先生如此机智，应该明白这样做对他拉选票毫无益处。然而，这种想法随着对他的熟悉慢慢消失了。他是一个无比真诚、厚道的人，曾在日记里（参考莫利的《格莱斯顿传》）说：他在下议院时做过一次长达几个小时的演讲，主题是政府的预算问题，赢得了议员们的认同。他“明白以上都是神的力量在支持他”。就像能够拒绝其他众多信念的人那样，只坚信一种未知力量来支持信仰，这个信仰必定是对他真正地产生了持续的影响，尽管这可能会令不少人震惊——难道我们人人都能够大胆地设想造物主会考虑到格莱斯顿预算案，这顶多只能算是地球上的斑点那么大的事。这样想好像是对神灵的一种亵渎，但对格莱斯顿来说却完全不是。

1887 年 6 月，在维多利亚女王诞辰 50 周年那天晚上，我和布莱恩先生到皮卡迪利大街的沃尔顿参加晚宴。在宴会上，我见到了格莱斯顿先生及其夫人，这是布莱恩与格莱斯顿先生的初次见面。那天我们很早就从京都酒店租了一辆马车出发了，但是街上行人很多，马车无法行进，我们只得将马车停在圣詹姆斯大街上，下车步行前往。我和布莱恩先生一前一后地走在人行道上，途中我看到一个警察，便告诉他布莱恩先生的身份及我们要去的地方，希望他能够帮我们带路。这位警察答应了我的请求。我们跟着他往目的地走去，9 点才到达沃尔顿，当我们离开的时候已经 11 点了。

格莱斯顿先生说，他和夫人是从海德公园那里绕过来的，还算顺利；他们打算还从那条路回去。我和布莱恩先生则想充分享受大街上人潮涌动的气氛。当我们随着人流慢慢前行时，我突然听到一个熟悉的声音，我对布莱恩先生说："我好像听到了格莱斯顿先生说话的声音。"布莱恩先生不太相信："不会吧，我们刚刚分开，他不是从那条路回家了吗？"

我肯定地说："没错，就是他，我确信是他的声音。"我拉着他往回走了几步，走到一个裹得严严实实的人跟前，悄声说："深更半夜的，你不睡觉，在这里做什么？"

格莱斯顿先生暴露了。我对他说，我是凭声音认出他的。

他说："我觉得这个时候，年轻人更应该睡觉。"

我们又在一起待了一会儿，他相当谨慎，不愿摘下他的斗篷。夜已经很深了，可是八十高龄的他竟然将妻子送回家后又跑出来凑热闹，真像个孩子。

格莱斯顿先生爱好广泛。我最近一次见到他是在苏格兰，当时他仍然精神抖擞，身体健朗，对所有事物都保持着强烈的好奇心。他问得最多的是关于美国钢铁建筑方面的问题，对第五层、第六层的木石结构比第三层、第四层先完工感到十分困惑。他很满意我对这个问题的解释。他就是这样，什么事情都爱"打破砂锅问到底"。

下面我想讲一下我的一个英国朋友——莫利先生。他过去是我最早发表作品的刊物《双周评论》的主编。现在他已经是勋爵了，但仍然保持着平民作家的质朴本色。我们之间的友情随着时间的推移变得更加深厚，到了晚年，我们都把对方当成最亲密的朋友。周日下午，我们经常以短信或长信的方式交换彼此的思想。我们两人的性格截然相反，或许正是因为性格上的互补才成为挚友。我向来很乐观，世界在我眼中是光明的，犹如人间天堂。我觉得自己生活得很幸福，对命运充满感激。而他则比较悲观，总是看到事物不好的一面，有时甚至有点杞人忧天。下属在他眼中总是有这样那样的缺点。他只关注太阳的黑点，总是三思而后行，好像什么东西也不会让他着迷。

我曾给莫利讲过一个关于乐观与悲观的故事。有一个任何东西都无法让他高兴起来的悲观者，还有一个任何东西都不能让他烦恼的乐观者，这两个人同时升入了天堂，并得到了天使的祝贺。悲观者说："这个地方不错，不过我戴着的这个光环似乎不太合适。"为了反驳他的观点，乐观者讲了一个故事。

魔鬼背着吉姆前往地狱，走到一个温度很高的泉水边时，魔鬼放下吉姆，自己去泉水边喝水。这时，一个老朋友说："吉姆，你被打入地狱了，这下没救了，彻底完蛋了。"

吉姆回答说："嘘，别说话，现在还没到最糟糕的时候呢。"

"你都被扔到地狱了，还有什么比这更糟糕的呢？"

"嘘，"吉姆指着魔鬼说，"你没看到吗，是他背着我，而不是我背着他下来的。"

莫利对音乐很感兴趣，在基伯特，每天早上他都喜欢听一听悦耳的管风琴。他和亚瑟·巴尔弗一样，喜欢宗教剧。我清楚地记得，他们两人曾一起去水晶宫看宗教剧。他们都很有才华，富有哲学头脑。但是，巴尔弗最近的一些作品里存在太多的推理与假设，而莫利则一直兢兢业业，从来没有这样做过，他对自己所走的道路非常清楚，绝对不会迷失在荒野中。

最近，莫利在伦敦举办的世界编辑大会上发表了演讲，令在场的所有观众震惊不已。他说，在维护当时的政治和社会环境方面，伯恩斯的几句诗发挥的作用远远超过几百万篇社会评论。他还说，人们要经常将自己内心的想法写出来或是说出来。汤姆·佩恩的《人权》就是这样的作品。

演讲之后，他来到斯基伯和我讨论了一番。我问他："您在演讲中引用了伯恩斯的哪 6 句诗?"他回答说："您不用我说了吧。"

"对，不用，我对他的诗太熟悉了。"

后来，我在蒙特罗斯公园的伯恩斯雕像揭幕式上背诵了那 6 句诗。莫利说我的猜测是正确的。说来奇怪，几年前我和他同时被授予蒙特罗斯荣誉市民的称号。

1904 年，在我的多次劝说下，莫利终于来到美国，参观了美国的很多地方。我们尽力安排他结识一些杰出人士。一天，伊莱休·鲁特参议员应邀来我家做客，莫利与他谈了很长时间。后来，莫利对鲁特先生大加赞赏，说是他见过的最合他意的美国政治家。确实，鲁特先生是一个非常优秀的人，对公共事务有着精准的判断，知识面广泛，但完全没有傲气。

莫利还去白宫拜访了罗斯福总统。他说与这位伟大的领导人共度的几天让他受益匪浅。后来，莫利对自己的美国之行下结论说："罗斯福总统和尼亚加拉瀑布是我在美国见到的两大奇观。"

他的这一评价真是绝妙而精确。罗斯福总统和尼亚加拉瀑布的确很相似，他们一路咆哮，勇往直前；他们无惧无畏，不知疲倦，尽全力履行着自己的职责。

格莱斯顿先生向我讲了阿克顿勋爵的情况，建议我买下阿克顿图书馆。我采纳了他的建议，并允许阿克顿勋爵在有生之年继续使用图书馆。可惜没过多长时间他就去世了。图书馆又到了我的手上。我相信，将图书馆交到莫利手上，他一定能管理得更好，并在最后将图书馆交给一个合适的机构。然而当我提出让他来管理图书馆时，他却拒绝了："我必须告诉你，在你买下图书馆的第一天，我就知道会有这么一天。格莱斯顿先生在知道阿克顿勋爵有生之年能够继续享用它时，兴奋得再也无法保守这个秘密。"

我一直认为我和格莱斯顿先生是最亲密的，从这里可以看出，莫利与他的关系也非常密切。但是，他们两人在神学上的观点差别很大，反倒是阿克顿和格莱斯顿的观点比较接近。

在我设立苏格兰大学卡内基信托基金的第二年，莫利作为大臣随英王出访巴莫拉尔。他给我发来电报说想见我一面。见到我，他说，国王对我在苏格兰大学及英国其他地方的捐助称赞有加，他也想为我做点什么。

我问莫利："你是怎么回答的？"

莫利说："我说，陛下不用做什么。"

我说：“你说得很好，我什么也不需要，不过，如果国王能亲自给我写一封信，说他很欣赏我做的一切就更好了。我会非常感激，并把它当成传家宝留给后代子孙。”

后来我得偿所愿，我在前面曾展示过国王陛下的亲笔信。

斯基伯对莫利而言是一个最好的休养场所，每年夏天他都会带着夫人来和我们住上一段时间。我俩有一个共同的爱好，那就是驾上小船出游。这项运动对我们是一剂良药。莫利向来诚实厚道，无论遇到什么都镇静自若，不过有时他也会犹豫不决，偶尔还会不敢面对现实。

张伯伦和莫利不仅是一对好朋友，而且都是思想活跃的激进分子。我在英国经常与他们见面商讨问题。“地方自治”刚提出来的时候，英国上下反响极大，民众的反应比在美国还要强烈。我应邀在许多城市发表演讲，对我们的联邦制、团结、自由和强大的政府进行解释、赞扬。张伯伦请我给他提供相关的材料，我将安娜·L. 戴维斯小姐撰写的《国家的管理》这本书寄给了他。

我写信给莫利，表示对第一个地方自治法案不予赞同。格莱斯顿先生见到我后，针对这件事表示了他的遗憾。我反对将爱尔兰人排除在国会之外。我告诉他，美国常常鼓励南方的州县向华盛顿选送代表。

“假如他们不愿意来参加，你怎样处理?”他问。

我回答说：“动员民众来阻止这种行为。”

听了我的话，他愣住了，过了一会儿才重复道：“阻止这种行为。”然后他就沉默了。

我总是用美国有很多立法机构而只有一个国会来解释这个

问题。英国应该学习美国的做法，设立一个国会，分别在爱尔兰、苏格兰和威尔士设立三个立法机构。英国还应该仿效美国管理纽约和弗吉尼亚的办法去管理各个州县。但是，美国拥有自己的最高法院，它是最高权威的司法机构，对地方法院和国会有终审权。英国应该拥有国会来代表一个国家的最高权威而不是爱尔兰的规章制度。所以，爱尔兰制定的地方法案应该提交下议院，经过为期三个月的公开讨论，修改与国会法案有分歧的部分。法律条文中一旦包含有不合理的地方，这个机构就会变得名不符实。条款必须对那些企图脱离国会的小人有威慑作用。

我将这个观点推荐给莫利先生，却被告知，已经有人向帕内尔提议过，但帕内尔断然拒绝了。格莱斯顿或许会说："这个方案固然很好，但它只适合美国，对英国却不适用。不仅仅是我，所有人都会说行不通，我们只采纳能给英国带来利益的观点。"

在哈瓦顿的一天早上，格莱斯顿夫人对我说："我听威廉说，你们进行了一次促膝长谈。"

的确如此。我对社会上存在不同的世袭阶级感到不可思议，他对我的这个想法也无法理解，因为他听不进美国人的演讲。人们为什么会愿意放弃父母给予的名字呢？对此我感到非常奇怪。更有意思的是，那些老的世袭贵族与新晋贵族打招呼时，总是一脸的不屑。因为这些新贵族的头衔可能是他们刚刚花一万英镑买来的，所以他们或许会给民主党派多少捐点钱。

我们到伦敦时，布莱恩先生也跟着来了。我对格莱斯顿先生说，布莱恩先生对那次在纪念无名英雄的游园会上与他的会面印象深刻，那天天气非常冷，可是他仍然行了脱帽礼，这让布莱恩先生感到很震惊。我认为，宗教和政府总有一天会站在同一立场上，因为英国已经没有扩张的能力了，所以民族会重新联合起来。政教分离是一种极不正常的社会现象，除了英国，其他的民族都不存在这种现象。任何英语国家都鼓励一切宗教。

格莱斯顿先生问我："你认为我们的体制还能维持多长时间？"

我告诉他，我无法确定具体的时间。他在政教分离方面的经验要比我丰富得多。他笑着点了点头。

我说："我估计英国未来的人口会相对减少。"

他问："那你说英国的未来会怎样？"

我跟他提起了文明古国希腊，并说乔叟、莎士比亚、斯宾塞、弥尔顿、伯恩斯、司各特、史蒂文森、培根、克伦威尔、华莱士、布鲁斯、休姆、达尔文以及其他优秀人才都出自英国并非偶然现象。财富的多少并不是天才产生的必然要素。英国在许多年后可能不再是一个工业大国，这并不是因为它衰落了，而是因为其他国家以更快的发展速度赶了上来，到那时，英国也许会变成一个现代的希腊，成为民族精神的一面旗帜。

听了我的观点，他笑了起来，不停地念叨着："民族精神的旗帜，民族精神的旗帜，太形象了！我喜欢，我喜欢。"

这次交谈对我来说是一种极大的享受，以前从来没有过这种感觉。在哈瓦顿，我又见过他一次。1897 年冬天，在戛纳的兰德尔勋爵家里，我最后一次见到了格莱斯顿先生。当时他病得很重，但依然很有魅力，对我的弟媳露西十分殷勤。这是露西第一次见他，并留下了深刻的印象。我们与格莱斯顿先生分别后，露西还在低声地自言自语："一只虚弱的老鹰，一只虚弱的老鹰！"

格莱斯顿先生非常伟大，而且很善良、仁慈。他对"世界第一公民"这个称号当之无愧。

早在 1881 年，我在英国和一个颇有才华的激进分子塞缪尔·斯托里建立了业务联系。他是英国议员，一个地地道道的共和党人。为了宣传激进思想，我们收购了几家英国报纸。帕斯莫尔·爱德华兹等人也加入了我们的行列，但效果一般。他们没有与我好好配合，最后我只能放弃，值得庆幸的是，我并没有遭受经济损失。

我发现很多人对美国知之甚少，有些人的认识还是曲解的，于是我写了第三本书《民主的胜利》。我清楚地记得 1882 年，我与格莱斯顿先生进行的第一次交谈。我对他说，现在只有极少数英语国家仍然实行君主立宪制，大多数都建立了共和国。

他对此很不理解，不明白为什么会发生这种情况。我说："格莱斯顿先生，就算英国的殖民地人口再增加一倍，英国的人口也比不上美国说英语的人多。"

"啊，是吗？美国有多少人？"

"美国人口有 6600 万，而英国人口还不到它的一半。"

"哦，的确，这太不可思议了。"

我们又说起了财政状况，他通过 1880 年的调查报告发现，美国虽然只有上百年的历史，但它的财富足以买下大不列颠及爱尔兰，而且不费吹灰之力就能还清英国的一切债务，这一发现让他大吃一惊。自由贸易是最令他震惊的。我告诉他，美国已经成为当今最大的工业化国家。（后来，霍尔丹大法官也和格莱斯顿先生一样，认为英国是世界第一大工业国，得知我的观点后，他对我的纠正表示感激。）我向他展示了马尔霍尔的一份数据报告：1880 年，美国的总产值是 11.26 亿英镑，而英国只有 8.16 亿英镑。

他对此不置可否，只是说："实在让人难以相信。"

随后我又给他列举了一些数据，他听了很是震惊，说："这些内容为何没有写出来向世人公布呢？"

我表示我正要着手这项工作，并告诉他我正在为《民主的胜利》一书收集素材，希望这本书能起到这个作用。

撰写《民主的胜利》比撰写《环游世界》和《美国的四驾马车游英国》两本书要费力得多。写这本书不仅要有恒心，有毅力，而且要不辞辛苦地付出。我必须认真调查，搜集大量素材。但是，随着工作的推进，这项工作对我越来越有吸引力了。有那么几个月，数据几乎填满了我的大脑。我不知疲倦地工作着，完全没有了时间概念，白天与黑夜在我这里没有了区别。当时我不仅要写书，还要打理生意，所以常常疲惫不堪，最终引发我人生中的第二场大病。

第二十五章　赫伯特·斯宾塞

赫伯特·斯宾塞是一位哲学家，我很佩服他的哲学思想，并在伦敦见过他一次。1882 年，我在塞尔维亚再次遇到了他，当时他和他的朋友罗特先生一起。我们一起从利物浦去纽约旅行，我身上还带了一封莫利先生给他的介绍信，意在向斯宾塞先生引见我。我已经有过多次的旅行经历，所以旅途中一直照顾他和罗特先生，整个旅途我们总是坐在一起。

有一天，我们聊起了与大人物的首次见面，畅谈着各自的感受。我表示大人物的现实形象与想象中的差别很大。我说："每每见到这些伟人，我都会大吃一惊，因为他们跟我想的完全不一样。"

斯宾塞先生说："啊，那么我呢，也让你如此吃惊吗？"

"嗯，你比其他任何人都让我感到震惊。"我回答，"我想象中的你冷静、从容，泰山崩于前而色不改，而你本人却是如此的情绪化，一个小小的赤郡奶酪或切达奶酪的问题就能让你如此激动。"事情是这样的，就在前一天，他要了切达奶酪，而服务员竟然给他送来了赤郡奶酪，为此他非常生气，竟然气呼呼地将送来的奶酪推开，大声喝斥服务员。即便一个普通人也不会像他这样为一件小事而愤怒得情绪失控。他在他的

《航海传记》中提起过这件事。

斯宾塞很喜欢听故事，而且很爱笑。他对美国小说故事尤其钟爱，我很少给他讲故事，但是只要一讲，就能引起他的阵阵大笑。当时美国西部地区很受欧洲的关注，他也很想了解那里的情况，我给他讲了一个关于德克萨斯州的故事，让他乐不可支。有一个移民失望地从德克萨斯州回来，别人问他那块土地是不是很贫瘠，他说："我对德克萨斯的所有感觉就是，如果我拥有了德克萨斯，我就……把它卖了。"

今非昔比，德克萨斯州现仅人口就有400多万人，1882年，那里的棉花产量比世界上所有地方的总产量还要高。

有一次，我和斯宾塞在匹兹堡的家附近散步，快到家门口时，我的脑海中突然浮现出另一个关于美国的故事。一个到美国游玩的人打算到花园散步，他推开门正要往里走，一只大狗突然向他扑了过来。他赶紧退出来，飞快地把门关上。主人见状，大声对他说："别害怕，它不咬人。难道你没听说过一句话吗——会叫的狗不咬人！"

"我是听说过这句话，你我都知道这个道理，但是，狗未必知道啊。"那位游客声音颤抖着说。

有一天，我和斯宾塞正在屋里说话，我的大侄子将门打开一条缝，悄悄地往里看。他的母亲后来问他："你为什么要偷窥他们？"我那年仅11岁的侄子说："那个人在书上说，学习语法是没有用的，我就是想看看他。"

斯宾塞先生后来时常说起这个故事，显然它给他带来了极大的快乐。他对我侄子的话深信不疑。

有一天，他说他已经签名反对在加来和多佛之间建造隧道。他的行为让我感到吃惊，他解释说，实际上，他和其他人一样，很希望能修建这条隧道，而且认为人们不应该以任何理由去反对此事。他之所以签名，只是因为他觉得他的同胞太胆小，会被英国的军队吓跑，一旦他们心生恐惧，便极有可能产生军国主义思想。那样一来，国家就得扩充军队了。他还说，这样的恐慌的确出现过，当时政府不得不拿出数百万资金来修建防御工事，但是后来的事实证明，工事一点作用也没有。

有一天，我们从大酒店向特拉法加广场眺望，看到英国皇家近卫兵团正经过广场，我对斯宾塞先生说："斯宾塞先生，这里是19世纪最先进的地方，没想到还有人将自己打扮得像个小丑一样。学习杀人的最佳手段被他们当成了终身的职业，他们认为，这种职业在目前是绅士们唯一应该做的，就像我们认同自己一样。"

斯宾塞先生说："我同意你的看法，但我想向你说一下我控制怒火的方法。每当我快要控制不住自己的情绪时，我就去想爱默生的故事，以此平静躁动的内心。有一次，爱默生在法纳尔礼堂发表演讲，因为反对奴隶制度而被轰下了台。他说他在回家的路上感到十分愤怒，但是当他推开花园门，透过层层叠叠的榆树枝条看到天上闪烁的星星，他似乎听到星星们在对他说：'孩子，为何如此激动啊？'"我和他相视而笑。我非常感激他给我讲了这个故事，我经常这样告诉自己："孩子，为何如此激动啊？"这确实是个控制情绪的好办法。

我们在戴尔蒙尼家为斯宾塞先生举行了一场宴会，他的美国之旅在这里达到了最高潮。我和他一起去赴宴，并亲眼目睹了他胆颤心惊的模样，这或许是因为他过去很少发表演说。当时他已经引起了美国人的极大关注，所以他非常害怕自己无法说出对美国人民有益的事情。这次宴会邀请了很多知名人士参加，尽管他参加过很多宴会，但从来没有哪一次能与这一次相比。这次宴会非同寻常，社会名流们给斯宾塞先生的赞美是独特的。亨利·沃德·毕切尔的致辞将宴会推向了高潮。

毕切尔先生说："我的身体来自于父母，而我的灵魂则来自于您，斯宾塞先生。您是我的导师，当我深陷困境之时，是您给我指明了出路。"他的语气缓慢而郑重，包含着深深的感激之情。斯宾塞先生也深受感动。此后不久，在一次布道过程中，毕切尔先生发表了自己对进化论的看法。听众们的反应正是他所希望的，他正是想通过感激斯宾塞先生来提高自己在教会中的知名度。我清楚地记得毕切尔先生在演讲结束时这样说，他深信达尔文进化论的某个观点，尽管如此，上帝在一个人达到最高境界时仍然会赐予他（万物中唯有人）神圣的灵魂，为他戴上神圣的光环。

斯宾塞先生对机械很感兴趣。参观我们的工厂时，那些新型的机械设备深深地吸引了他的目光。后来他经常跟我提起这些设备，说他对美国的发明和大规模发展的预测已经完全实现了。他对自己在美国得到的尊重和关注感到非常高兴。

每次去英格兰，我必然会去看望他，即使他后来搬去了布赖顿也是一样。他在布赖顿的房子面朝大海，这一点深深地吸引着他，能使他的内心变得宁静平和。他对自己的一言一行都非常谨慎小心，认真权衡，哪怕是极其微小的事情。他做任何事情都完全听从自己内心的声音，我还是第一次碰到像他这样的人。对于宗教，他从不嘲讽。但对神学，他只是出于礼貌而加以关注。

斯宾塞先生一直是一个沉着冷静的哲学家，我相信他从小到大都没有做过有违道德的事情，从来没有愧对过任何人。他尽心尽力地做着每一件事，我比任何人都信任他和达尔文，所以我比任何人都想要了解他。

当时，我和三四个好友都有些怀疑神学（包括超自然元素、通过赎罪拯救灵魂以及在此基础上建立的各种学说），值得庆幸的是，我读到了达尔文和斯宾塞的《综合哲学》《物种起源》《社会静态学》《人类的起源及性的选择》等著作。其中关于人类是如何汲取有利的精神食粮、取其精华去其糟粕的理论，让我茅塞顿开。我不仅摆脱了对宗教和神学的疑惑，而且找到了人类发展的真理。我相信“万物都是不断进化的”，并将其作为自己的座右铭。人类的进化没有止境，从低级形态到高级形态，始终在不断地发展完善着。

人体是一个有机体，出于本能，会抵制一切有害的东西，而摄取对自身有益的东西。我们可以想象有一个造物主，他让世间万物无忧无虑地生活，就像天堂里的天使那样。就算做不到这样，很早以前人类就被赋予了进步的力量，而不是退化的力量。不管是作为对过去的一种记录，还是作为一堂诲人不倦的课程，《旧约》和《新约》都有其存在的价值，就如同其他国家的宗教书籍一样。我们要像创作《圣经》的古人一样，立足于现在的生活和职责，去发展自己的思想 。伟大的圣人孔子教导我们：人最基础的常识就是认真履行自己的职责，独善其身，不受外物干扰。至于未来会怎么样，等到了未来我们再去考虑。

我就好比是阳光下的一粒尘埃，在这个庄严、神秘的宇宙里是那么的渺小。我耸耸肩，似乎明白了一个道理。正如富兰克林所说：“为人类服务是对上帝最崇高的敬意。”然而，所有这些并不能让一个人停下追名逐利的脚步。人类生活在未来并不比生活在现在能拥有更多的奇迹。

第二十六章　布莱恩和哈里森

每个人出名的方式都不同，有人因创办公司而闻名于世，有人因讲故事而受人瞩目。在我所认识的人当中，布莱恩先生是最会讲故事的人，他在任何场合都能讲出充满智慧、一针见血的故事。

我和布莱恩先生一起去约克镇，他在那里的演讲引起了强烈的反响。在演讲中，他专门提到了两大英语国家之间的友谊，希望两国长期友好相处。他曾把这篇演讲稿读给我听，我听后认为“长期”一词用得不够好，便对他说：“国务卿先生，我能给您提个小小的建议吗？我不是很喜欢‘长期’这个词，为什么不换成‘永远’呢？”

“好的，好极了！”

就这样，布莱恩在演讲时将“长期”改成了“永远”。

从约克镇返回后，我们在一起度过了一个难忘的夜晚。我们趁着月光、伴着军乐队的演奏坐在船尾畅谈。我们一致认为音乐有着独特的魅力，布莱恩先生说，刚才所演奏的《快乐即将到来》是他最喜欢的乐曲，前不久在加菲尔德总统的葬礼上也演奏了这首曲子。他说，此生只有那一次被这首甜美的乐曲深深地感动了。当天晚上，他恳请乐队最后再演奏一次这首乐曲。他和格莱斯顿都很喜欢自然纯朴的音乐，他们不了解瓦格纳，却非常欣赏贝多芬，精通古典音乐。

我问他在国会听到过的最成功的演讲是哪一次，他说是原宾夕法尼亚州州长里特尔先生的演讲。里特尔先生是一个德国人。当时议院因为内地淡水供应拨款的第一项法案而产生了分歧。“狭义解释宪法派”认为这样做与宪法相违背，只有盐海的海港才属于联邦政府。双方发生了激烈的争论，但谁也无法说服对方。这时，里特尔州长第一次缓慢地站起来，会场马上安静下来，大家都吃惊地看着他，想听听这位年长的、没有实权、从来没在国会上发表过意见的德国人要说些什么。

他是这样说的：“我不太了解宪法，但我知道，如果宪法是在盐水里洗澡而不是在淡水中，那么我一分钱也不会给它。”现场所有人都大笑起来，法案就此通过。

政府出台了一项新的政策，由政府出钱，海陆两军派出工程师修建引水工程。这是一项最好的政策。在此之前，政府经常花费了不少钱，但是得到的回报却很少，而现在，投入不多的钱也能产生巨大的回报。为了满足不断增长的人口的新需求，政府需要不断完善我们的宪法。

在我看来，在布莱恩先生的众多故事中，下面这个故事应该是最精彩的一个：

在奴隶制度的那个时代，著名的民主人士扎吉。法兰西住在俄亥俄州河畔，他对一些反对奴隶制度的朋友说，从河对岸逃过来很多黑人，他们准备秘密逃往北方，他想把自己的办公室提供给这些黑人。他这样想了，也这样做了。为了搞清楚这些黑人为何要逃走，他与奴隶们之间有了以下这些对话：

扎吉："你们是因为主人太恶劣才从肯塔基逃出来的吗？我猜应该是这个原因。"

奴隶："哦，不是，我们的主人很善良，很仁慈。"

扎吉："那么是他让你们从事极为艰苦的工作了？"

奴隶："不是，我从来没有过度劳累过。"

扎吉想了想，又问："是他让你们饿肚子了吗？"

奴隶说："哦，上帝，怎么会吃不饱呢？我们每天都吃得很好。"

扎吉："那么是缺少穿的？"

奴隶："不，我认为我穿得已经可以了。"

扎吉："那么是住得太差？"

奴隶："噢，上帝，我有点想念我在肯塔基州住的美丽的小木屋了。"

扎吉犹豫了一会儿，说："你们的主人很善良，你们的工作也不累，你们有吃有穿，还有漂亮的小木屋，我不明白你们为什么还要逃跑。"

奴隶："是的，我们生活得确实不错，但是有谁愿意做一名奴隶呢？您愿意吗？"

法官似乎明白了。"自由是最吸引人的。奴隶们虽然生活得不错，但是他们同样渴望自由。"黑人之所以甘冒风险，极有可能是想要争取自由，并最终获得美国公民的权利。

当我陪同布莱恩先生去克鲁尼时，我第一次看到他高兴得像个孩子。我们一起快乐地游玩。他从来没有用苍蝇钓过鱼，我带他去了拉甘湾钓鱼，起初他显得笨手笨脚，但很快就学会了。他钓到第一条鱼的样子令我终身难忘："亲爱的朋友，你教会了我生活中的一个新的乐事。缅因州有百余个垂钓港湾，我以后度假就来这里钓鱼。"

6 月份的克鲁尼没有夜晚，迎着落日的余晖，我们在草地上尽情地跳舞。布莱恩夫妇、道奇小姐和其他客人都兴奋地学跳苏格兰舞蹈，如同地道的苏格兰高地的人那样尽情地喊叫。我们在这里痛快地玩了两个星期。后来我在纽约的家里举办了一次宴会，邀请的客人大多来自克鲁尼。宴会上，布莱恩先生对大家说，他在克鲁尼明白了真正的度假是什么样子，"把最微不足道的事情当成是生命中最重要的事情去做"。

1888 年，哈里森总统任命布莱恩先生为国务卿，当时他正和我们一起旅行。我和布莱恩夫妇、玛格丽特·布莱恩小姐、黑尔议员及其夫人、道奇小姐、沃尔特·丹罗斯乘坐一辆车从伦敦去克鲁尼城堡。即将到达林利斯戈时，我们发现当地的市长和地方官员全都身穿盛装，在宾馆迎接我们。这时，布莱恩先生走进来，将一封电报递给我，想征询我的意见。我展开电报，只见上面写着："必须使用密码。"电报是由在芝加哥开会的埃尔金斯议员发来的。在此之前，布莱恩先生发过一封电报，表示，除非俄亥俄州的谢尔曼州长同意，否则他拒不接受任何任命。埃尔金斯议员想让布莱恩先生不受外界干扰，与他保持长期联络。

我对布莱恩先生说，出发之前，我曾给埃尔金斯议员一串密码，并将其记录在一张纸片上，放进我的笔记本里。我很快找到了那些密码，布莱恩先生是"胜利者"，哈里森先生是"王牌"，新泽西的费尔普斯是"明星"等。我在电报上写下

“王牌”和“明星”字样，并很快发了出去。

那天晚上，我们睡得很晚。第二天一早，我们发现党派的所有成员都穿戴整齐，列队接受当地官员的检阅。在通往我们居住的这个宫殿的主要路段，到处站立着身穿制服的人，而且彩旗四处招展。当地官员热烈地欢迎布莱恩的到来，布莱恩先生也作了简短的答谢致辞。就在这时，他又接到了一封电报，上面写着：“哈里森和莫顿提名。”费尔普斯落选了。

作为哈里森内阁的国务卿，布莱恩先生最辉煌的战绩是泛美会议。当时我也作为美国代表团的成员出席了这次会议，这是我一生中唯一的从政机会。我由此对南美洲国家以及他们的各种问题有了更为深刻的了解。除巴西外，我们与所有泛美国家的代表进行了座谈。这次大会公布了一部已获批准的新宪章。巴西成为 17 个成员国之一（现在是 21 个）。各成员国对巴西代表的到来表示了热烈欢迎。我认为我们的政府应该充分重视南方邻国的民族感情。我们不能控制他们，但要与他们友好合作、和平共处。

当时我与后来的阿根廷总统曼纽尔·金塔纳坐在一起。他非常关注整个会议的议程。一天，他因为对一件小事感到不满，与大会主席布莱恩发生了激烈的争论。我觉得这只是一场因为翻译错误而产生的误会。这种错误是可以更正的，我悄悄对布莱恩先生说，可以暂时休会，以消除分歧。他同意了。我回到座位上，提议休会。休会期间，我们顺利解决了误会。当我们正要离开会场时，一位代表用一只胳膊搭着我，另一只手拍着我的胸口，又指了指我的口袋，大声说：“卡内基先生，你这里的东西远比这里的东西多。”南部的兄弟们的表达方式

真可爱，那里的人心就像当地的气候一样温暖。

1891 年，哈里森总统和我一起从华盛顿去匹兹堡，参加卡内基礼堂和图书馆的揭幕仪式，这是我捐赠给阿勒格尼市的。白天，我们乘火车经过了巴尔的摩和俄亥俄州，路上的风景引起了总统的极大兴趣。晚上，我们到达匹兹堡，他对熊熊燃烧的焦炭炉和浓烟感到惊奇。当时流行着一个对匹兹堡的经典描述：从山顶上看，匹兹堡就像是“一只烧开的水壶”。哈里森总统认为这个描述非常贴切。他是首位访问匹兹堡的总统。他的祖父曾在他当选后从这里换船前往华盛顿。

由于总统的出席，揭幕仪式办得非常隆重。第二天早上，哈里森总统想参观我们的钢铁工厂。我们护送他到那儿，钢铁工人们热烈地欢迎他的到来。我将每一位部门经理介绍给他。最后，当我向他介绍施瓦布先生时，总统扭头对我说：“卡内基先生，这是怎么回事？你只向我介绍了一些孩子。”

“是的，总统先生，但是你知道他们是些什么样的孩子吗？”

“对，他们每一个都是你的左膀右臂。”他说。

他说得没错，在这个世界上，很难再找到这样能干的年轻人了。他们都拥有公司的股份，但不必承担任何风险。如果这些收益与他们的付出不成正比，那么这些年轻人的责任心将很难长久地保持。在公司里，获得股份分红与拿到工资是有本质区别的。

除了匹兹堡，总统还访问了河对岸的阿尔勒格尼。当初我提出在匹兹堡捐资修建一座图书馆和一座礼堂，但被匹兹堡的市议会成员拒绝了。这时，阿尔勒格尼的官员让我将这笔钱转赠给他们，我答应了。总统亲自去阿尔勒格尼参加这两个建筑的揭幕仪式，这让匹兹堡的官员后悔莫及。就在阿尔勒格尼图书馆开放的第二天，匹兹堡就派人来拜访我，询问我是否能重新考虑给匹兹堡捐款。如果我愿意的话，匹兹堡答应拿出一大笔钱来维护它，这笔钱要比我之前提出的多得多。我爽快地答应了，给他们捐赠了 100 万美元，而不是原来计划的 25 万美元。由于捐赠的数额越来越大，我创办了卡内基基金会。

匹兹堡的市民们可以免费享受艺术。多年以来，这里成立了自己的管弦乐队，这种殊荣在美国只有波士顿和芝加哥才有。除此以外，我还在这里捐建了图书馆、艺术画廊、博物馆和音乐厅，这是我一生中最满意的贡献。匹兹堡是我早年生活和创业的地方，直到今天，我仍然深深地热爱这座古老而烟雾缭绕的城市。

斯宾塞先生与我们一起在匹兹堡时，知道了我第一次为匹兹堡捐助遭到拒绝的事情。当我第二次为匹兹堡捐赠时，他写信说，他对我再次同意捐赠很不理解，并表示匹兹堡不值得拥有这些捐赠，如果换成是他，他绝对不会这样做。我回信告诉这位哲学家，如果我第一次向匹兹堡捐赠是为了得到他们的感激，那么我受到谴责是自作自受，他人理应指责我贪慕虚荣。我能够理解他们的做法。但是我认为，这对匹兹堡的人民是有利的，我正是依靠他们才创造了现在的财富。正是因为那些没有一点根据的诽谤，我才更加想做一些对他们有益的事情，用高尚的行为去感化他们。后来我们终于创建了教育协会，并让它在匹兹堡很好地发挥着自己的作用，感谢上帝！

第二十七章　布莱恩的和平外交

哈里森总统曾经是个军人，所以在任期间明显带有好战的倾向。他的一些朋友很为他担心。在白令海的问题上，加拿大长官索尔兹伯里勋爵批评了布莱恩就解决这个问题所达成的协议，于是哈里森总统决定用极端的方式来取代仲裁。幸运的是，他的身边有许多沉着冷静的人。另外，他还想用武力来对抗南美国家。

与智利发生争端期间，哈里森总统的武力行动几乎无法阻止。智利的一些权威人士轻率地发表了一个声明，总统被激怒了。为了做些和解工作，我去了华盛顿。作为首届泛美会议的成员，我非常了解这些南部成员国的代表，而且与他们交情不错。

走进肖勒姆宾馆时，我正好遇到了密苏里州的亨德森参议长。他停下脚步跟我打招呼，看着对面的街道对我说：“总统先生在对面向你招手。”

我走到街对面。

“你好，卡内基，你是什么时候到的？”

“总统先生，我刚到，刚入住宾馆。”

“你来这里有什么事？”

“我想跟您谈谈。”

“好的，我们一起出去散散步吧，边走边说。”

时值黄昏，我和总统先生一起漫步在华盛顿的大街上，愉快地谈了一个多小时。我对他说，他曾任命我为泛美会议的代表，他曾在欢送南美代表团成员离开的阅兵仪式上发表演讲，说举行阅兵仪式是出于对代表们的尊敬，而不是为了炫耀我们的军队，我们宁愿没有军队，也不需要军队。不管发生什么事情，我们作为泛美大家庭中的老大哥，都要以和平的方式来解决。然而，我发现他现在的行为明显地偏离了当初的主张，竟然因为一个小小的争端就对智利以武力相威胁，这让我感到既惊讶又伤心。

“你是纽约人，纽约人向来只考虑生意和金钱，对国家的尊严和荣誉完全不放在心上。”总统对我说。

“总统先生，我是在战争中获益最多的美国人之一，作为最大的钢铁制造商，我可以说是战争最大的受益者。”

“哦，确实如此，我居然忘了这一点。”

“总统先生，假如我要打架，我会找一个旗鼓相当的对手。”

“嗯，不错，但是你会因为一个国家的实力大小来决定是否允许它欺侮和羞辱你吗?”

“总统先生，尊严是自己给的，没有人可以羞辱我，除了我自己。”

“可是你知道吗，对岸的敌人正在攻击我们的海军，已经造成两人死亡，你对此能坐视不管吗?”他严肃地问道。

“总统先生，我认为海军士兵之间偶尔因为喝醉酒而发生的争执并不会使国家遭受羞辱。再说，从他们的名字就可以看出，他们是外国人，而并不是美国水手。我认为应该将那位船长革职，因为在镇上发生骚乱的时候，他居然允许船员在没有安全保障的情况下上岸。”

我们边走边谈，一直走到白宫门口，这时天已经黑了。总统告诉我，晚上他还有事要外出，明天晚上可以和我一起共进晚餐，那时没有外人，我们可以继续谈。

我说：“明天晚上能够和您一起用晚餐，我感到非常荣幸。”说完我们就分手了。

第二天早上，我见到了当时的国务卿布莱恩先生。他从座位上站起来，热情地伸出双手迎接我。

“嗨，你昨天晚上为什么没有和我们一起吃饭？当总统先生告诉我夫人你在镇上时，她说：‘哎呀，太好了，卡内基先生来了，这里刚好还有一个座位空着。’”

“哦，布莱恩先生，没去见你们也不错。”我接着告诉了他昨天与总统的谈话。

“确实，要不然总统先生也许会认为，你和我串通好了。”他说。

这时，布莱恩先生的知心好友、西弗吉尼亚参议员埃尔金斯进来了，他与总统关系密切。他说他已经见过总统，总统将我们昨天晚上关于智利问题的谈话告诉了他，在这个问题上，我和总统有着很大的分歧。

“哦，总统先生，”埃尔金斯议员说，“这不太可能吧，卡内基先生跟您说话不可能像我这么直率？他虽然容易冲动，但是跟您谈话应该会有所保留。”

总统回答道："我敢保证，我完全看不出他有所保留。"

最后，布莱恩先生的和平政策使这件事得到了调解。我听说他已经多次避免美国的外交纠纷了。"好战的美国人"这个名声的确不适于形容布莱恩先生，美国人民也不会接受这个称号。

第二天与总统共进晚餐时，我们又进行了一次友好的谈话。但是我看出他的精神不是太好，于是冒昧地劝他要注意休息，可以出去散散心。他说他早就有这样的打算，但他必须尽快地找到一个合适的人选来出任最高法院的法官，因为布拉德利法官刚刚去世。我告诉他，我有一个合适的人选，但是因为我们是亲密的朋友，曾一起钓过鱼，朋友之间无法作出公正的判断，所以我不能推荐。这个人选就是匹兹堡的希拉斯先生，我建议总统打听一下此人的情况。总统先生果然进行了调查，然后任命了希拉斯。各地纷纷支持希拉斯先生。哈里森总统之所以任命希拉斯先生，是因为他肯定了希拉斯先生的才干，否则，不管是谁推荐都没有用。

在白令海的问题上，索尔兹伯里勋爵对已经达成的一致协议不予承认，总统为此很恼火，决定不再和平解决此事。在这个问题上，布莱恩先生与总统意见一致。索尔兹伯里勋爵曾通过他的大使表示同意协议，现在却反悔了。双方都不愿意妥协，而且总统的态度更加强硬了。我和布莱恩先生私下聊天时，我向他解释说，索尔兹伯里勋爵对此是心有余而力不足。加拿大给他施加了很大的压力，所以他无法再接受他之前草率签下的协议。而且，他和纽芬兰之间也有矛盾。索尔兹伯里勋爵已经尽力了。不久，布莱恩意识到了这一点，并成功说服总统和他保持一致。

在处理白令海问题的过程中，发生了一些有趣的事情。一天，加拿大总理约翰·麦克唐纳一行来到华盛顿，要求布莱恩先生安排他们与总统进行一次会谈，就这个问题进行协商。布莱恩先生回答说，他要去向总统请示一下，第二天早晨再答复。

布莱恩先生告诉了我这件事。他说："我很清楚总统是不会正式接见他们的，等他们打电话问我时，我就这样告诉他们。"加拿大是一个中立国，"在联盟中享有独立性，就像纽约一样"，布莱恩先生担心如果他安排加拿大总理与纽约的政界要人会谈，会在华盛顿引起哗然。

布莱恩先生确实是一位了不起的政治家，他思想开阔，判断力准确，而且一直提倡和平。他非常冷静而明智地应对智利和白令海问题，希望和平解决这些问题。特别是在改善英语国家的关系问题上，他起到了积极的促进作用。法国在美国独立战争期间曾经帮助过我们，对此他非常感激，但是并没有因此而失去警惕。

有一次，布莱恩先生在伦敦参加了一个晚宴，席间他与其他宾客就《克莱顿·布尔沃条约》发生了一场唇枪舌战。宴会上，一位知名的政治家表示，他们觉得布莱恩先生对英国始终不太友好。布莱恩先生断然予以否认。他举出了《克莱顿·布尔沃协议》的相关信件来回应这个说法。

布莱恩先生说："我是美国的国务卿，对各种条约都要负责。我发现你们的外交大臣总是通知我们，你们的国王陛下希望这样，希望那样，我觉得很奇怪。而我作为国务卿却总是在说，我们的总统‘冒昧请求’这个，‘冒昧请求’那个。因此，当我收到急件告知你们的国王陛下‘希望’这样时，我就会回答你们说，我们的总统‘希望’那样。”

“哦，这么说你承认对信件上的措辞进行了改动?”对方射过来一支利箭。

他马上作出反应：“并没有进行大的改动。我们只是用‘希望’代替了‘冒昧请求’。这只是向你们学习，假如你们能够‘冒昧请求’，会发现我们的总统也会如此谦逊。但是，如果你们一直‘希望’怎样，那么美国也只能以‘希望’回应了。”

有一次，布莱恩先生和约瑟夫·张伯伦先生、苏格兰钢铁公司总裁查尔斯·泰南特爵士一起参加晚宴。席间，张伯伦先生说，他的好友卡内基先生人很不错，能看到卡内基取得成功，他们都很高兴，但是他不明白，美国政府为什么每年都会给卡内基 100 万英镑甚至更多的补贴，只是为了钢轨的生产。

布莱恩先生回答说：“哦，我们可不这样想。我对铁路很感兴趣。我们过去经常按每吨 90 美元的价格从你们那里购买钢轨，一分也不能少。这次出发前，我得知美国政府已经和我们的朋友卡内基签订了一份合同，他的钢轨每吨只要 30 美元。我认为，假如卡内基和其他人不敢冒险在我们的大西洋彼岸投资发展制造业，那么，直到今天我们可能还在以高价向你们购买钢轨。”

这时，查尔斯先生说：“你们肯定会。90 美元是我们商量出来的出口价格。”

布莱恩先生笑着说：“张伯伦先生，你好像没有充分的理由来反对卡内基先生啊。”

“是的，”张伯伦先生说，“我哪里有充分的理由呢，查尔斯先生不是已经把我卖了吗？”大家听了，都哈哈大笑起来。

布莱恩先生是一个不可多得的健谈之人，他说话有一个很大的优点，那就是任何人都挑不出他的错误，就算是最挑剔的听众也听不出一个不恰当的词。他反应相当敏捷，人们听他说话会有一种舒畅的感觉，他成就了一个杰出而沉稳的总统。我发现他是个真正的保守派人士，对于所有国际问题，他都极力提倡和平解决。

第二十八章　约翰·海和麦金莱总统

在英格兰和苏格兰时，约翰·海经常到我家做客。1898年，在来斯基伯拜访我们的前一天晚上，他被麦金莱总统紧急召回美国担任国务卿。对于他在公务上的事情，极少有人记录。他总是信心十足，活力四射，并真诚地鼓舞着人们。他对战争充满着憎恨，说战争是“世界上最残忍、最愚蠢的行为”。

当时全球都在热议美国攻占菲律宾这一话题。我在伦敦遇到了约翰·海和亨利·怀特（当时他是使馆的秘书，后来成为驻法大使），惊讶地发现我们三人在这个问题上看法十分相似，认为这与美国的一贯政策相背离。美国的传统政策是将国家势力保持在北美之内，尽量不去攻占远方和不接壤的国家，特别是不要卷入军国主义的旋涡。我们在海先生的伦敦办公室里达成了共识。在此之前，他曾给我写过一封信，信中写道：

亲爱的卡内基：

我衷心地感谢你在斯基伯对我发的牢骚，也非常感谢你的亲切来信。当我听到并读到这些充满善意和赞赏的话时，觉得既严肃又有趣。我觉得信中说的仿佛是另外一个人，其实我很希望自己能够成为这样的人。在离职以前，我希望自己一直保持友好、善良的形象。

你发表在《美国北方》上的文章，我已经怀着浓厚的兴趣拜读过了。按我当下的立场，我不能赞同你的观点。我们现在要从菲律宾撤退多远，这才是我当前最为关心的问题。值得庆幸的是，这个难题没有让我去解决。

1898 年 8 月 22 日于伦敦

他原本还在庆幸这事不需要他来处理，但命运偏偏与他唱反调，这项任务还是交到了他手上。

他是在拳王问题上最早支持中国的一个友好人士，并且成功地赢得了公正和平的条约。他对英国怀有深厚的感情，并把它看成是自己民族的一部分。关于这个问题，总统和他意见一致，这也是因为英国在古巴战争中反对那些支持西班牙的欧洲国家，所以总统对英国充满了感激。

关于巴拿马运河的《海·庞斯福特条约》引起了人们的不满。我曾在《纽约论坛报》上发表文章，表达了对这一条约的异议，埃尔金斯参议员对我说，这篇文章发表得非常及时，因为他当时正要就此事发表演讲。我在文章刊登没几天就去了华盛顿。一天清晨，我和汉纳参议员一起去白宫，发现总统正在为参议院修改条约的事情而犯愁。我向总统说明了自己的想法，说英国对参议院的要求很快就会默许。因为我们为这项工程提供了资金，他们是最大的胜利者，没有理由不同意。

汉纳参议员和麦金莱总统一直称呼海先生为“约翰”。那天，汉纳参议员问我：“卡内基先生，你看见约翰了吗？”我回答说没有。汉纳先生告诉我，海先生正在为修订条约的事而郁闷，建议我去看看海先生，让他振作起来。我答应了。见到海先生后，我对他说，参议院已经修改过《克莱顿·布尔沃条约》，目前还没有人知道这件事，也没有人在意。《海·庞斯福特条约》将以修改后的形式生效，当然人们并不会在意它是否还是原来的内容。海先生仍然心存怀疑，觉得英国不会轻易做出让步。没过多久，我和他一起吃饭，他说我的预测是正确的，一切都在顺利地进行着。

这是必然的结果，其实英国一直希望运河能够建成，并愿意为此作出妥协。这条运河如今已经完全属于美国，不存在任何国际间的关系。当时修建运河也许不是很值，但是，花费三四亿美元修建运河远比建造破坏力极强的军舰要有意义得多。

海先生不喜欢参议院，讨厌那些繁文缛节。在 1905 年关于仲裁条约的提议上，他表现得十分激动，只是因为假设要以“协议”来取代“条约”这个词。我个人认为这件事影响到了他的身体健康，因为自此以后，他的健康状况就一落千丈。

我和海先生的最后一次见面是在他家吃午饭，当时罗斯福总统正在审阅参议院修改的仲裁条约。仲裁委员会的成员极力劝说总统批准这份条约。我和海先生谈话时，发现假如总统批准了条约，他将会受到强烈的刺激。如果为了安慰患病的朋友，罗斯福总统不批准这项修订案，我一点也不觉得奇怪。换成是我，我也不会做任何伤害朋友的事情。在条约问题上，海先生非常固执，丝毫不愿向参议院让步。离开海先生家时，我对妻子说，我可能与他再无相见之日了。不幸被我言中了，我与海先生真的天人相隔了。

我非常感激海先生，作为华盛顿卡内基基金会的主席兼理事，他给予了基金会大力的支持和密切的关注，并提出过很多有价值的意见。他是我认识的人中最有魅力的政治家，在很短的时间就获得了好名声。他有很多亲密好友，没有哪个政治人物能像他这样。他曾给我写过一封信，赞美我在文学创作中取得的成绩，直到今天我还保存着这封信。海先生离开了我们，这让我觉得这个世界从此变得黯淡无光。

由于古巴革命恐怖主义的谣言，美西战争爆发了。麦金莱总统一直在极力阻止这场战争的发生。在西班牙外交大臣离开华盛顿后，法国大使成了西班牙的说客，使和平谈判得以继续进行。

西班牙提出让古巴享有自治权。麦金莱总统回答说，他不知道“自治”一词究竟是什么意思，只是希望古巴能够像加拿大一样拥有相应的权利。法国大使给总统看了一封西班牙发来的表示同意他提出的条件的电报。我们尊敬的总统以为万事大吉了，但情况显然不是那么回事。

我在纽约时，里德议长经常在星期日早上来看我，那年我刚从欧洲回来没几天，他马上来看我，说他已经控制不住参议院局势了。为了让事态平息下来，他准备辞职，给予参议院充分的发言权。他在参议院发表辞职演讲时说，西班牙虽然保证让古巴拥有自治权，但那没有一点效用。唉，一切都晚了，太晚了。

国会强烈地提出质问：“西班牙这次又在要什么手段?”

国会中的大部分共和党议员也投票支持战争。参议院一片混乱，有人猜测哈瓦那海港的“缅因”号军舰是被西班牙人炸毁的，参议院因此更加喧闹了。这样的猜测让人们更加相信，西班牙完全具备作战的能力与动机。

参议院的一位代表对古巴集中营的描述震惊了参议院。人们认为“西班牙又在要手段”。麦金莱总统和他的和平政策被人们抛到了脑后，他只能顺应民意。政府宣称会信守承诺，为古巴的独立而战，而不是为扩张疆土而战。这是这场战争中令人欣慰的因素，我们要永远铭记在心。

侵占菲律宾是这次战争的污点之一。他们不但侵占了别国的领土，而且还向西班牙支付了 2000 万美元。在与西班牙交战的时候，菲律宾已经与我们站在了统一战线上。内阁在总统同意的情况下，只能在菲律宾建造一座装煤站。据说总统的这些授意都是按照巴黎和平委员会的电报做出的，因为当时麦金莱总统正在西部旅行。当他谈起国旗和杜威的胜利时，人们不由得发出阵阵欢呼。然而他回来后，又觉得撤退会不得人心，于是不再坚持当初的和平政策。我从他的一位内阁成员那里得知，他的变卦引起了内阁所有成员的不满。一位议员告诉我，身在巴黎的和平委员会成员之一戴法官曾写来一封抗议信。这封信写得非常好，假如刊登出来的话，绝不亚于华盛顿总统的告别演讲。

就在这个时候，我的朋友科尼利厄斯·N. 布利斯——内阁的重要成员之一——给我发了一封电报，邀请我去华盛顿看望总统。他对我说：“能说服他的人只有你了。他从西部回来后，谁的话都听不进去。”

我如约去华盛顿拜见了总统，与他进行了一次长谈。但是他依然固执地认为撤退必然引起国内战争。最后，他说服了内阁大臣，说他这样做完全是迫于压力，他坚信这只是临时占领菲律宾，这件事总会找到解决的办法。听了他的话，内阁妥协了。

麦金莱总统请康奈尔大学的舒尔曼校长出任和平委员会主席，随后派他去菲律宾访问。塔夫脱法官对美国的霸权政策持强烈反对的态度，舒尔曼校长也极力反对侵占别国的领土。塔夫脱法官宣称，他对总统派一个反对攻占的人出访菲律宾极为不解，但是总统说他正是因为这个原因才派舒尔曼校长出访。一切都进行得很顺利，但是停止侵占和放弃曾经购买的领土完全是两码事。这一区别很快得到了验证。

布莱恩先生曾经有能力让参议院阻止与西班牙签署那项支付西班牙 2000 万美元的和平条约。我也去了华盛顿，想为这件事出点力。我听一些人说，布莱恩先生认为这项条约会让共和党颜面尽失，而给他们的党派带来好处，于是建议他的朋友们支持这项条约。任何执行“付给西班牙 2000 万美元”条款的政党都会被击败。于是，很多支持布莱恩的人都纷纷投票反对侵占菲律宾。

在纽约时，由于我明确反对购买领土，布莱恩为了这个问题曾打电话说要来找我。我在奥马哈给他发电报解释目前的形势，请他让朋友们按自己的判断做决定。他回答我说，这样做有利于他们的党派，这与我听说的一样。我认为他这样做很不值得，只考虑党派的政治利益很可能会导致悲惨的下场。他的一句话就能拯救国家于危难之中。后来我一直无法热忱地对待他，这种情绪持续了好多年，因为我认为他这个人心里只有自己党派的利益而完全置国家的利益于不顾。

投票结束后，我马上去拜见了麦金莱总统，向他说明了他获得胜利的原因，并告诉他，他最应该感谢的人是布莱恩。跑到几千英里之外去占领一块殖民地，对麦金莱总统，甚至美国所有政治家来说，都是一个从来没有遇到过的问题。他们对其中可能会引发的麻烦与危险完全不了解。美国因此卷入了国际军国主义的旋涡之中，这是它犯下的第一个严重的国际错误。由此可见，政治家的一念之差会给世界带来多么大的变化啊！

几个星期之前（1907 年），我在白宫与罗斯福总统一起吃饭，他对我说："你瞧，美国最希望摆脱菲律宾事件的两个人就在你面前了。"说着他用手指了指塔夫脱部长和他自己。

"既然如此，当时您为什么不坚持和平主张呢?"我问道，"如果您那样做，美国人民会很高兴的。"

然而，总统和塔夫脱法官一致认为，我们的职责要求我们要时刻为菲律宾群岛的自治做好准备。这种策略正是人们常说的"当你还没学会游泳的时候，千万不要下水"。不过将来总有下水的那一天。

在霸权主义者看来，菲律宾即便不被我们侵占，也会被德国侵占。然而出乎他们意料的是，这就意味着英国要同意德国在澳门建立一处海军基地，与英国在东方的海军基地为邻。同样，要不了多长时间，英国也会同意德国在与利物浦相距 80 英里的金斯敦、爱尔兰建立海军基地。我竟然听一些人说，像塔夫脱法官这样的人，虽然刚开始的时候极力反对霸权，但是在我们讨论下一步计划的时候还想出种种理由。这着实令我惊讶不已。我们不太了解外交关系，直到现在，我们的国家仍然是独立而完整的。假如将来有一天我们的国家被分裂了，那将是极其可悲的！

第二十九章　与德皇的会面

德皇对我在圣·安德鲁斯大学所做的校长致辞非常重视。我在纽约时，他让巴林先生转告我，他把我的演讲词认真地读了一遍。他还带给我一份他在其长子的献祭仪式上的演讲稿副本，并邀请我去德国访问。但是我到 1907 年 6 月才抽出时间，带着妻子去了基尔。美国驻德大使托尔夫妇热情地款待了我们。我们在基尔停留了三天，通过托尔夫妇认识了很多优秀的公众人物。

第一天上午，我随托尔先生去参观皇家游艇，没想到德皇也在游艇上，这是我与他的第一次见面。他看到托尔先生后，问道："为什么一大早就来到游艇上?"托尔先生说是带我来参观一下。

德皇说："我希望见见他，能否给我引见一下?"

当时我正在和一群海军将领说话，他们正在筹划一次会议。我聊得十分投入，完全没有注意到从后面过来的托尔先生和德皇。有人轻轻地拍了拍我的肩膀，我转过身来。

"卡内基先生，德皇陛下来了。"

我还处于愣怔之中，德皇已经走到我的面前。我赶紧伸出双手，大声说："实在是太巧了，我一直希望拜见您呢，没想到您在没有任何仪式的情况下就突然到来了。”

我停顿片刻，接着说道：“尊敬的陛下，受到您的盛情邀请，我历经两天两夜的旅程来到这里。以前我从来没有见过任何一个头戴王冠的君主。”

德皇的脸上露出魅力十足的微笑：“哦！是的，我读过你的书，你不喜欢君主。”

“是的，尊敬的陛下，我确实不喜欢君主，但是如果我知道君主的头衔下是一个真实的人，我一定会喜欢他的。”

“哦，那么你一定会喜欢那位君主的，苏格兰的国王罗伯特·布鲁斯。他是我年轻时的偶像，心目中的英雄。”

“是的，陛下，我确实很喜欢他。他就葬在我的故乡丹佛姆林的大教堂。我童年时经常去瞻仰那座高耸的纪念碑，上面刻着‘罗伯特·布鲁斯国王’几个大字。不过，布鲁斯不仅仅是一位国王，更是一位优秀的人民领袖。作为人民的英雄，华莱士更是第一位的。尊敬的陛下，如今我在丹佛姆林已经拥有了马尔科姆国王塔，您尊贵的苏格兰血统也源自那里。您可能知道那首古老的歌谣《帕特里克·斯彭斯先生》：‘丹佛姆林的塔顶上，国王坐在那里，喝着红艳艳的葡萄酒。’我希望有一天可以陪您去看看那座塔，纪念您的祖先的塔，您可以向他表示一下敬意。”

德皇大声地说：“实在太好了。德国人太迟钝了，苏格兰人则聪慧、机灵多了。”

“尊敬的陛下，我无法接受您对苏格兰的评价。”

他笑着向我挥手告别，并大声说：“今天晚上和我一起吃饭吧。”他说今晚要招待刚到的海军将领们。

这次晚宴大约有 60 人出席，我们度过了一个愉快的夜晚。德皇坐在我的对面，非常热情地举杯邀我共饮。他问我，有没有跟坐在我旁边的比洛王子说过，他的偶像布鲁斯就在我的故乡丹佛姆林长眠，他祖先的塔在皮坦克里夫峡谷，而我是那个峡谷的主人。

我对他说："没有，陛下，我保证，我与贵国的交往是非常严肃的，尽管我与您相谈甚欢。"

一天晚上，我们正在格莱特夫人的游艇上饮酒，德皇走了过来。我对他说，最近我听罗斯福总统说希望有机会拜访他。罗斯福总统觉得有必要进行一次重要的会谈，以促进两国的共同发展。我也深表同意。德皇说欢迎罗斯福总统出访德国，他非常希望见到罗斯福总统。我向他提出自己的看法，希望他不要被宪法束缚住手脚，也可以去美国与罗斯福总统会面。

"哦，我不能离开我的国家，它需要我！"

我说："我有一年要离开美国去避暑，在和员工们告别时，我对他们说自己将要离开，而他们还要在烈日下辛苦地工作，对此我非常抱歉。但是我每年都要给自己放个假，无论多么劳累，只要抽空在船头待上半个小时，看着大西洋的波浪，我就会觉得无比轻松。我那个聪明的琼斯经理对我说：'哦，先生，您放松了，我们也会感到放松的。'陛下，您的人民或许也会有这样的感觉。"

听了我这番话，他忍不住大笑起来，这又开启了一个新的话题。他一再表示希望见到罗斯福总统。我对他说："好的，陛下，假如您与总统在一起时产生了矛盾，我一定会支持您的。"

他笑着说："嗯，我明白了。你是希望把我们拉拢在一起，不错，假如你能让罗斯福先生第一个骑上马，我一定紧随其后。"

"哦，不，不，陛下，我对骑马的道理还是有所了解的，你们都没有骑马的经验，所以我绝对不会让你们两个一前一后地去骑马。我必须让你们的缰绳拴在一起、并驾齐驱，这样才能更好地保护你们。"我回答道。

德皇对故事的兴趣任何人也比不上。他是一位很好的朋友，而且非常真诚、热情，我相信这样的人一定非常渴望世界和平。他的和平主张可以从下面这件事上得到证明。在他统治的 24 年里，没有发生过任何流血事件。他认为，德国的海军力量非常弱，对英国完全构不成威胁。但是，我觉得完全没有必要向其他国家示弱。当我得知比洛王子的观点后，坚信德国根本不会威胁到世界和平。德国对世界和平充满了向往，它的主要目标是发展工业，增强德国的经济实力。

我托德国大使施坦贝格男爵送给德皇一本《罗斯福新政》，这本书的序言是我写的，总统为此很高兴。德皇则送给我一尊他本人的精美铜像，还附了一封信，我觉得无比荣幸。他不仅是一个皇帝，而且是一位促进世界和平、渴望改变现状、努力阻止战争的伟大人物。

我一直认为皇帝是天定的君主，这次见面更坚定了我的想法。我强烈希望他将来能做出一番惊天动地的大事。他已经在德国实施了 27 年的和平统治，但他还没能采取积极的行动去维护文明国家之间的和平。人们希望，他不仅维护德国的和平，还要维护整个世界的和平。

1912年，我在柏林皇宫向他递交了来自美国的贺信，庆祝他长达25年的和平统治，这25年来，他的手上没有沾染过一滴人类的鲜血。我呈给他一个装着贺信的盒子，他向我张开双臂，大声说："卡内基先生，和平统治了25年，我们希望更长久一些。"

我说："在这项崇高的事业上，您是我们最重要的同盟者。"

直到现在，他一直没有采取任何行动，总是静观其变。我认为，他个人是非常支持世界和平的，如果他没有处在军事集团包围之中的话。一个世袭的君主难免会受到军人特权阶级的影响。这个世界一旦有了军国主义，就不会有真正的世界和平。

今天（1914年），当我再次读到这里时，猛然发现这个世界变化真大啊！世界因为一场前所未有的大战而变得混乱不堪。人类相互残杀，如同野兽一般。我不敢再抱有任何希望了。最近我发现政治舞台上出现了另一个统治者，或许他会成为一位不朽的人物。在巴拿马运河通行税的问题上，他为本国争得了利益，他就是美国现任总统威尔逊。他一直在坚持不懈地追求真理。

"国王制造了神，而卑劣的人创造了国王。"

对天才来说，任何事情都能办成！让我们翘首以待这个血管里流淌着苏格兰人血液的威尔逊总统的表现吧！

（原稿写到这里戛然而止）

附录:《财富的福音》

当今时代，财富问题关系到穷人与富人的和谐相处，以及兄弟情谊的保持，所以，如何正确地管理财富成了人们面临的主要问题。经过数百年的发展，人类的生活条件不仅发生了翻天覆地的变化，而且经历了彻底的大变革。

以前，主人与仆人之间在衣、食、住以及生活状况等方面几乎没有多大差别，现在印第安人的生活环境就跟我们过去差不多。拜访印第安人苏族部落时，我在他们的棚屋里见到了族长。他们的族长从外表上看与其他人，甚至那些最贫穷的勇士，都没什么区别。但是现在，美国百万富翁的住宅与工人的住所有着巨大的反差，而这一差别显示出跟随现代文明而来的各种变化。对于这种变化，人们没有加以指责，而是将其视为非常有益的事情而表示热烈的欢迎。为了那些在文学艺术方面有着伟大成就的有志之士，人们才建造某些精美的房屋，这些建筑属于创造人类文明的劳动者。我们人类的进步正体现于此。与普遍的道德腐朽相比，这种巨大的反差要好上上百倍。财富是诞生梅西西纳斯[①]的必然要素。当然，“过去的美好时

---

① 盖乌斯·梅西西纳斯（公元前70—8年）：罗马帝国君主奥古斯都的谋臣，优秀的外交家、诗人。在西方，他的名字是文学艺术的象征。

光”也许并不那么“美好”。过去的主仆双方不会有现在的良好生活条件。文明会随着时光的流逝而消失殆尽，所以，如果回到过去，无论对富人还是穷人都是灾难性的，尤其是穷人。所以不管这种变化是好是坏，我们都应努力去接受它，并尽最大可能去改善它。对于不可避免的社会发展进行谴责，只是浪费光阴罢了。

无数的事实证明，社会变革已经到来，制造业就是一个最好的例子。随着科学的进步、发明创造的不断出现，制造业已经进入到各行各业。从前，物品往往是在家庭的炉灶边或是个人小作坊里制造出来。雇主和工人的生活完全一样，工人们往往在雇主家里吃住，雇主和他们一起工作。即使这些工人独立开业成为新的雇主，他们的生活也不会发生多大变化，只是在运用当初雇主的经验去教育后辈的学徒们。在那个时候，这些从事工业活动的人对于国家的发展几乎没有什么发言权，所以在各行业谋生的人在社会上甚至政治上都是平等的。

在这种条件下制造出来的产品必然是粗糙的，但是价格却很高。然而到了当今这个时代，商品都变得物美价廉，我们的上一代对此实在难以置信。商业世界就是如此，消费者因为同类产品之间的竞争而得到益处，穷人们也能买得起过去富人才能享用的物品，过去的奢侈品如今已经变成了日常必需品。现代工人的生活远比上几代的农民要好得多，现在的农民无论穿着还是住房都更奢华，比过去的地主生活得更加奢侈。而现在的地主则比过去的国王拥有的珍藏、名画还要多，他们经常受到更为尊贵、高雅的宴会邀请。

当然，这种对民众有益的社会变革也让人们付出了沉重的代价。成千上万的工人汇聚在工厂里、矿山中，常年难得见到雇主一面，在他们眼中，雇主就是一个神秘的存在，双方极少有交流沟通的机会。这样一来，冷漠的等级制度就形成了，这种冷冰冰的关系也造成人们之间缺乏信任。各阶层之间互不关心，甚至相互瞧不起。数以千计的雇主迫于竞争的压力，不得不实行最为严苛的经济法则，其中最为突出的问题就是支付给工人的薪酬问题，由此经常引发雇主与雇员、劳资双方、富人与穷人之间的冲突。人类社会也因此失去了和谐。

我们不仅为价格低廉的舒适与奢侈商品付出了巨大的代价，同时也为竞争的法则付出了同样巨大的代价。然而，竞争促进了物质的快速发展，使我们的生活条件更加优越，所以竞争给我们带来的好处远比竞争的代价要大得多。无论竞争是良性的还是恶性的，我们都必须承认，我们的生活条件已经发生了改变，我们无法逃避，我们还没有发现任何别的方式能够取代它。竞争在各方面确保了适者生存的法则，所以它是最好的方案，尽管它对某些人来说过于残酷。因此，我们应把竞争视为有益的、能促进人类不断发展进步的关键因素去认同它、接受它，进而接纳身边诸如掌握在少数人手中的商机、行业垄断之类的不平等。只有接受这个现实，我们才能为那些具有独特才能的商业人才提供平台，让他们尽情地发挥才能。其实，不管在哪里，也不管在哪种法律或条件下，那些杰出的人才总是能获得巨额收益。无数事实充分证明了这一点。

眼光独到的企业家往往不太担心资本的问题，而把人才的招揽当成重中之重，这是因为优秀的人才能够迅速为他创造财富，而资本如果交给庸才管理很快就会消失殆尽。优秀的人才善于运作公司或企业的巨额资金，为公司的投资项目努力奋斗，毫无疑问，这些人必然会得到高于他们付出的报酬，自然也能积累大量的财富。企业或公司赚不到钱，必然会走向倒闭，所以优秀人才不可能原地踏步，处于中间地带，他们或者一直向前冲，或者落伍被淘汰。这些人是企业成败的关键，他们不仅要赚回资本的利息，还要为公司创造利润，赚钱是他们唯一要做的事情。在自由经济的条件下，如果一个老板能够拥有足够的优秀人才，就能很快收回成本，获得巨额收益。这就是人们常说的经营规律，这一规律在其他领域也是有益的。

这些就是人类社会赖以存在的基础，违背这些基础是极不明智的行为。因为这些基础比我们尝试过的任何其他规则，都更有利于人类的发展进步。时至今日，我们还无法确定任何其他新的替代模式的效果。社会上有一些学者或无政府主义者总是企图推翻现有的社会秩序，他们的做法其实是在攻击人类文明的基石，因为人类文明正是这样诞生的：勤劳能干的人告诉那些懒惰平庸的人，“付出才有回报”，世上不存在不劳而获，只有将不劳而获的人从人们之中分离出来，才能消灭原始共产主义。一旦人们认清了这一规律，很快就会直面这样的结论，即劳动者可以自由支配他的劳动所得，富翁可以自由支配他的巨额财富。换句话说，“私有财产神圣不可侵犯”的原则是物质文明得以建立的基础。人类社会如果要进步，或者维持现状，就必须允许所有人能够“心无旁骛地坐在葡萄架下或无花果树下”享受幸福的生活。对于试图以原始共产主义来取代强烈的个人主义的人，我们可以这样回答：人类早年对原始共产主义的尝试是失败的。人类之所以能够从以往的野蛮时代发展到现在，正是因为个人主义替代了原始共产主义。我们之所以能够摆脱悲惨的生活，过上现在美好的生活，正是因为那些有能力和活力的人创造并积累了大量的财富。如果我们放弃了现存的个人主义这块基石，我们能够生活得更好吗？

每个人必须参加劳动，不仅是为自己，还要为兄弟姐妹，与他们一起分享劳动所得，这是人类最为高尚的生活理想。这种理想可以促使人们进入瑞典学者斯韦登伯格所说的天堂。斯韦登伯格说，在天堂里，天使们从与他人分享而不是自己的劳作中收获快乐。如果我们承认了这一点，那么上述问题的答案只有一个：这是一场革命而不是进化。如果人类的生活会因为摒弃个人主义这一生存基础而变得更加美好，那么人类必须改变自己永远劳作这一本性。这在当下这个时代是不现实的。尽管它在理论上对人们有着极大的诱惑力，但是它很可能要在很久远之后的社会才会实现。

做好当下的工作，为后代探索可行的道路，是我们当前的责任。我们的任务就是在现有条件下，将人性之树推向更有利的方向，促使其结出良好的果实。假如我们很费劲地将它连根拔起的话，那么我们就是在犯罪。如果我们同意将个人主义、私有制、财富的积累以及竞争法则毁灭掉，无异于在毁灭一个达不到我们理想形象的人，即使他已经是人类的最高存在形式。这些定律是社会发展到现在所能产生的最好结果，是人类经验的最高结晶。在理想主义者眼中，这些定律可能还不是太完美，但是它们已经是人类当前所能达到的最高成就，尽管它们在运行过程中会存在不公平的现象。

当然，为了人类利益的最大化，财富不得不集中到少数人手中。如果我们能够接受现实，或许可以获得更好的结果。但是，我们必然会面临另一个问题：假如这些定律是人类文明建立的基石，而且财富集中到了少数人的手中，那么，我们应该如何正确管理这些财富呢？如果上述法则是正确的话，这个问题或许是我们面临的唯一问题。对于这个伟大的问题，我坚信我能找到一个真正的解决方案。但我要提醒一点，我在这里所说的财富并不是经过多年努力而积攒下来的财产，这种财产不是财富，而是一种生活能力，是每个人的付出所应获得的回报，它应该用来维持舒适的生活和家人的教育。每个人都应该获得这种财产，人们的这种行为也与社会利益的最大化相符合。

人们对于剩余财富的处理可以采取以下三种方式：一，将它们留给子孙后代；二，拿它们做公益事业；三，让它们的拥有者在活着的时候自由处置。到目前为此，世上由少数人持有的大部分财富往往采取的是前两种处置方式。下面让我们对这几种方式进行逐个分析。

第一种方式可以说是最不聪明的处置方式。在君主制国家中，绝大部分不动产及财富往往由长子继承。父母为了满足自己的虚荣心，常常将姓氏、名望及头衔完完全全地传给后代子孙。然而，在当下的欧洲，这一阶层的人们通常无法实现这个心愿。那些继承财产的人经常走向贫困潦倒的境地，或因为他们挥霍无度，或因为土地贬值。那些财富往往难以维持一个世袭的社会阶层，即便在具备严苛继承权的英国也是如此，后代继承而来的土地用不了多久就被陌生人拿走。在共和制国家里，子女之间的财富分配要公平得多，尽管如此，那些聪慧的人仍忍不住会问：人类为什么要把大部分的财富留给子女呢？如果是因为财富拥有者疼爱自己的孩子，那么这种疼爱岂不是很错误吗？事实证明，这样做对孩子并不好，会成为孩子的一种负担。这种做法对国家也不利。所以，除了给妻子、孩子提供适当的收入及生活补贴外，不要再将财富留给家人，如果非要把财产留给儿子们的话，那就要想想后果了。因为给他们留下巨额财富通常是坏处多于好处。聪明之人很快就会发现，这种处理财富的方式一点也不恰当，与家人及国家的最大利益相冲突。

然而，如果父母没有教会子女独立谋生的手段，那么他们也不应该置子女于穷困之中而不顾。如果父母将子女教育成游手好闲之人，那么他们就应该给子女留下适当的财富；如果父母将子女培养成具有高尚情操的人，让他们明白应为公共服务献身而不是一味地追求财富，那么他们也应该适度地给子女留下财富。当然，后一种行为是很值得赞赏的。社会上有不少生于百万富翁之家的孩子没有被金钱所迷惑，尽管拥有巨额财富，仍然专注于社会服务业。这样的例子并不多，这些人的后代是社会的优秀公民，是国家极为宝贵的财富。我们应该认识到，这种情况是社会的一种例外，而不是普遍现象。聪明之人只要想想给子女留下巨额财产的不良后果，就会明白："给后世留下万能的财富，等于给他们埋下了祸根。"能够鼓励后代子孙大有作为的绝对不是巨额财产，而是家庭荣誉。

处理财富的第二种方式，就是在去世的时候将财富捐赠出去，用于公共事业。这有一个前提条件，那就是财富的拥有者愿意在自己死后才希望这个世界变得更加美好。这种处置方式的结果无不证明，这些人去世后，他们所捐赠的财产并没有按照他们的意愿去运用。这样的例子数不胜数，遗赠者的真正目标通常难以实现，他们的期望往往被世人漠视。世人运用这些遗赠的方式，在很多情况下被证明是一种极其愚蠢的行为。因为将财富用于为社会谋福利更需要智慧，往往比赚取财富需要的智慧还要多。另外，人们不应该去称赞那些迫于形势压力才去捐赠的行为，也不应该去感谢那些在死后才将财富运用于公益事业的人。因为去世时才将财富留给社会可以说是一种无奈之举，如果人们死后能将财富带走的话，那些人绝对不会这样做。这种做法中没有包含恩泽，人们对之不必心怀感恩。这种遗赠算不上是什么福音，难怪没有人会去祝福它。

现在政府对死后留下的巨额财产收取的税收越来越重，这种现象表明人们的观念正发生着良好的转变，值得称道。目前宾夕法尼亚的遗产税一般为10%，特殊情况例外。最近英国国会也提出了增加遗产税的议案，而且新的遗产税采取的是累进税制，这一点相当重要。遗产税也许是所有税收中最为合理的。将这些财富恰当地运用于公共事业，对社会是非常有利的。一个人的财富来源于社会，如果他在活着的时候累积了大量财富，那么，社会（在这里，社会主要以国家的形式）理所当然应享有其中的一部分。国家通过征收沉重的遗产税，让那些自私的富翁明白，他们虽然富有，但并不值得人们尊重，这是对他们的一种指责。

在征收遗产税这个问题上，国家还应该不断创新。毫无疑问，一个富翁去世后应该交纳多少遗产税，国家是很难限定的。但是必须推行累进制遗产税。遗产税税率必须随着金额的增长而提高，当然，留给家人的适度的抚养费不应该征税。放高利贷者是非常狠的，通常收取 50% 的利息，对那些拥有百万财产的富翁也应该这样，征收他们财产的 50% 用于社会公共事业。

在这种政策的督促下，富人们在活着的时候就会更为妥善地管理自己的财富，这对社会是很有好处的，国家要重视这一点。这样做会让那些去世后能够被世人称道的人，比那些希望去世时留下巨额财富的人更加引人关注，所以这种政策不会挫伤企业的根基，也不会消弱人们积累财富的积极性。重要的是，向国家贡献一大笔财富将成为一种极为高尚的志向。

下面我们再来谈谈处置巨额财富的最后一种方式。这种方式能够很好地解决当下社会存在的贫富不均问题，让穷人与富人彼此谅解，和谐相处。这种做法能够为社会创造更为和谐的氛围，远比那些激进分子要彻底革新这个社会要理想得多。强烈的个人主义是这种方式得以成立的基础，而且我们已经做好了一切准备，只要愿意，我们随时随地就可以行动。我们的国家将因为采取这种方式而变得更加美好，集中在少数人手中的财富也会因为用于公益事业而惠及普通大众。这些财富通过少数人的管理流向社会，更能有效提升人类的文明，改善人们的生活状况，这要比在全民中分配一笔笔小钱更能发挥效用。由于公共事业会让广大民众得到好处，所以每个人，哪怕是最穷的人都明白并极为赞成将巨额财富汇聚在少数同胞手中，然后用于公共事业。如果将这些财富分成小额发给每一个人，那么时经多年之后，民众也只能积攒下很少的财富，所以人们都认为前者对民众更有价值。

举个例子来说，为了帮助纽约更多的人改变命运，库珀先生专门设立了库珀研究所。试想一下，如果他在世时将这些财富用于给公众发工资——工资并不是社会救济，而是劳动者的劳动所得，这种方式可以说是最为公平的——那么与前者相比，哪种方式更有利于广大民众呢？由此可见，目前的财富积累法则更有利于人类状况的改善。这些财富假如被分成小额分发给公众，那么人们很可能将之用于吃喝上，或是花费在别的地方。就算人们运用它来改善自己的生活状况——这是那些小钱的最佳作用——那么这样做是否有利于整个人类的发展与进步也值得怀疑，所以这种做法根本无法与库珀研究所长久地为人类社会作贡献相提并论。这个问题值得那些想要彻底革新社会的激进分子深思。

下面我再举一个例子：蒂尔登先生在去世的时候遗赠了500万美元，在纽约市建立一座免费图书馆。说起这件事，我忍不住想，假如蒂尔登先生能够利用晚年的时间好好管理这笔巨额财富，结果可能会好很多。如果他真的这样做了，就不会出现有人上诉的情况，他的心愿也不会因受到种种阻碍而难以实现。我们设想一下，最后蒂尔登先生的数百万美元能够在纽约建成一座公共图书馆，那么藏书中所蕴含的智慧宝藏将会世世代代向广大民众免费开放，当地人将从中受到多大的恩惠啊！这种方式带给人们的福祉远比将这几百万美元分发给民众要大得多，要久远得多。对于这一点，任何明智之人都会深信不疑，即使那些狂热的共产主义拥护者也无法干脆地予以否定。

在这个世界上，即使是最令我们得意的作品也不会完美无暇，因为我们的生命是有限的，机会和视野也是狭窄的。但是，社会还是为富人们提供了从事这些极有价值的善行的机会，这一点值得人们感恩。他们能够运用有限的生命为公众谋福利，使广大民众从中受益，这也让他们的人生变得更加尊贵、显赫。

人们并不能像托尔斯泰伯爵所倡导的那样，通过效法耶稣基督来实现最尊贵的生活，但是我们可以秉持基督的精神，与时俱进，并采取与当前时代相契合的方式做有利于广大民众的事情。这才是基督教义的本质，如果我们以这种精神为生命的要义，便一定能拥有最尊贵的生活。

事实上，富人肩负着义不容辞的责任，那就是成为社会中朴实无华、谦逊谨慎的典型模范，不炫耀，不张扬，除了满足家人适度的生活需求外，将所有的剩余财富视为社会委托给自己管理的信托基金，我们有责任将之用于对社会最有益的事业上。如此一来，富人就变成了穷人的信托人和经理人，他们用自己的卓越才能、丰富经验以及管理能力全心全意为穷人服务。

那么，富人们为家人留下多少钱才是“适度”的呢？这是我们面临的一个难题。我们很难界定简单朴素与挥霍无度的标准，它应该根据不同的情况有所区别。就像我们无法界定什么是好态度，什么是好品位，什么是适度的原则一样，我们也无法规定一个具体的数目和行为，但它们是公众都认可的原则，公众轻而易举就能知道谁没有遵守这些原则。就像人们的穿着打扮一样，那些在财富上出尽风头的行为肯定是违反原则的。如果某个家庭喜欢摆阔，生活奢华，在家居、饮食或装饰上铺张浪费，我们很容易看出这家人的品质与修养。同样，对剩余财富是恰当运用还是滥用，是把钱慷慨地运用于公益事业还是一味地积累财富，是在活着时就妥善地管理财富还是去世后才进行捐助，这些也能帮助我们判断一个人的本质和修养。公众的眼睛是雪亮的，他们会做出公正的判断，而且这个判断通常不会错。

说到这里，相信每个人都知道了处置剩余财富的最佳方式。记住，滥施善行只会阻碍社会的进步，妥善地、有智慧地管理财富才是最明智的行为。就算把富人的百万家产扔进大海，也比滥施善行，鼓励那些懒人、醉汉以及不值得尊重的人强。就目前来看，在慈善事业中，95%的善款未能得到合理使用，不仅没有解决或缓和问题，反倒制造了不幸。据一个著名的哲学著作作者说，有一天他去拜访朋友，在路上遇到了一个乞丐，于是施舍了25美分给那个乞丐。他说他很怀疑这钱是不是能用于正途，因为他既不了解这个乞丐的生活习惯，也不知道乞丐把钱用在何处。这个作者说他非常崇拜哲学家赫伯特·斯宾塞，但是他那天晚上向乞丐施舍的25美分显然欠缺考虑，它所带来的坏处恐怕比他此生向真正的慈善机构捐赠的钱带来的好处要多得多。他为了满足自己的同情心，为了不让自己陷入被乞丐纠缠的麻烦中，不认真斟酌就施舍了，或许这次施舍是他此生做出的最自私、最糟糕的一件事，尽管他在其他各方面都是一位值得称道的人。

当进行慈善活动的时候，我们要遵循一个原则，即去帮助那些愿意自助、努力自助的人，向那些希望改善生活的人提供一些门路，帮助那些追求进步的人走向自助的道路。我们只是提供帮助，绝对不能大包大揽。不管是对个人还是整个人类，滥用施舍都是毫无用处的。有志之士如果不是遇到意外或事故，如果不到万不得已的时候，是不会轻易向人求助的，这些人才是最值得资助的，也更值得我们尊重。当然，我们还要具体情况具体分析，有些求助是不能忽视的，这个时候只要我们及时伸出援助之手，就能起到良好的效果。然而，求助的人实在太多，捐助者不可能对每个人的具体情况都了解得一清二楚，所以明智地向他人提供捐赠的例子并不多。由于救助那些不值得的人所带来的坏处远远比去帮助那些值得帮助的人所带来的好处多，所以，真正的社会改革家对前者通常更为谨慎，总是尽最大的可能去避免救济那些不值得救助的人，防止把钱交给那些无所事事的人。

富人们应当以彼得·库珀、巴尔的摩的伊诺克·普拉特、布鲁克林的普拉特先生以及斯坦福参议员等人为榜样。这些人知道，将财富用于帮助有志之士实现理想才是最有益于社会的，比如建立对人们的身心健康有利的免费图书馆、公园和娱乐设施等，展示那些能够提升公众审美、令人身心愉悦的艺术品，设置一些能够改善人们生活状况的公共机构。这种处置剩余财富的方式对他们的同胞更为有益，能够让公众长久受益，是最好的处理方式。

这样处理财富，可以有效解决贫富分化问题。财富积累和财产分配都是自由进行的，不受任何干预。个人主义继续盛行，百万富翁只是受穷人委托，暂时管理巨额财富。他们最终会把这些财富运用于社会，使社会生活更加美好，而且将财富交给他们管理要比社会自己管理要好得多。这些优秀人士代表着社会发展到一个崭新的阶段，我们可以清楚地认识到，将剩余财富交到那些机智敏感，热情勤奋，并常常用它们来做公益慈善的人手中，是处理剩余财富的最佳方法。这一新阶段很快就能到来。很多人直到去世，他们的巨额财富还留在企业中没有妥善运用，或者根本无法运用，只是死后被迫留给了公众，所以这种人不会得到公众的同情与尊敬。对于那些生前原本有能力妥善管理财富，而死后被迫留下巨额财富的人，将“没有人哭泣，没有人尊重，没有人称颂”，不管最后他带不走的那些财富用在何处。公众往往会这样评价这种人：“拥有巨额财富而去世是极为羞耻的。”

这就是我所说的财富的福音，我认为一旦我们认真地遵循它，终有一天能够解决贫富分化的问题，而且“地球会因它而和平，世界会因它而美丽。”